Литературный альманах

Творческое Содружество

HERTFORDSHIRE PRESS

HERTFORDSHIRE PRESS

Published in United Kindom
Hertfordshire Press Ltd © 2015
Suite 125, 43 Bedford Street
Covent Garden, London
WC2E 9HA

e-mail: publisher@hertfordshirepress.com
www.hertfordshirepress.com

Литературный альманах

Творческое Содружество

№ 1/2015

Редактор: Александр Кацев
Литературный редактор: Екатерина Башманова
Директор Конкурса: Анна Лари
Иллюстратор: Варвара Перекрест

По вопросам приобретения и распространения обращаться:
Анастасия Носкова E-mail: noskova@ocamagazine.com

British Library Catalogue in Publication Data
A catalogue record for this book is available from the British Library
Library of Congress in Publication Data
A catalogue record for this book has been requested

ISBN: 978-1-910886-01-4

КАТЕГОРИЯ ЛИТЕРАТУРНОЕ ПРОИЗВЕДЕНИЕ

КАТЕГОРИЯ ЛИТЕРАТУРНЫЙ ПЕРЕВОД

КАТЕГОРИЯ ИЛЛЮСТРАЦИЯ

КАТЕГОРИЯ ВИДЕОФИЛЬМ

УЧАСТНИКИ ФЕСТИВАЛЯ OECABF-2014

ФЕСТИВАЛЬ "OPEN EURASIA AND CENTRAL ASIA LITERATURE FESTIFAL & BOOK FORUM - 2015"

Колонка Редактора

Предваряя шелест журнальных страниц

Перед Вами новый журнал, который демонстрирует современную литературу, создаваемую как правило, молодыми писателями, победителями конкурсов, представляющими географию постсоветского пространства. В их больших и малых произведениях воплотились менталитет различных этнических групп, традиции национальной культуры транслируемые в русское культурно-языковое пространство. Образованный читатель, каким является раскрывший этот журнал, сможет почувствовать, как истоки, питающие пишущих, так и новаторские черты художественного пространства, которым является наш журнал.

Его имя «*Творческое содружество*» не случайно.

Написанное представляет собой различные грани мучительных поисков, о которых писал В. Маяковский «единого слова ради…» Экспериментальность предлагаемых произведений несомненна. (В скобках замечу, что литература и, шире, творчество, всегда эксперимент в большей или меньшей степени. Другой вопрос: «Насколько он удался?» И здесь один критерий: если появляется читатель, автор победил, если нет – произведение мертворожденное дитя. Временной разрыв между автором и читателем может быть огромен).

Авторы, издатели, все, кто создавал журнал, надеются, что читатель найдет нас, а мы – читателя для творческого диалога, интересной беседы, общения, при котором забываешь наблюдать за часами.

Итак в путь.

Вас ожидают разные судьбы, необычные коллизии, другими словами, жизнь современника, того, который с Вами в будни и праздники, в толпе, обтекающей Вас ежедневно, делая одним из тех обыкновенных людей с необычной судьбой, представших на страницах этого журнала.

Мы надеемся, что чтение станет приятным времяпрепровождением, и следующий номер журнала будет ожидаем. Как и нынешний, он сможет порадовать Вас.

Постоянно Ваши…

Александр Кацев

Содружество

Хамид Исмайлов - узбекский поэт
и писатель, в 1992 году был вынужден
покинуть Узбекистан. С того времени
живет в Лондоне, где в настоящее время
возглавляет службу ВВС по Центральной
Азии и Кавказу.

Книги Исмайлова изданы на узбекском,
русском, французском, немецком, турецком
и других языках. На родине, в Узбекистане,
его произведения запрещены. Хамид
Исмайлов занимается также переводческой
деятельностью: переводит русскую
и западную классическую литературу
на узбекский язык, а узбекскую и персидскую
классику - на русский и некоторые
иностранные языки. Его роман «Железная
дорога», написанный еще до отъезда
из Узбекистана, был переведен на английский
язык известным английским переводчиком
Робертом Чандлером и опубликован
в 2006 году.

Хамид
Исмайлов

Вундеркинд Ержан

В 1949—1989 годах на территории Семипалатинского испытательного ядерного полигона (СИЯП) было проведено в общей сложности 468 ядерных взрывов, в том числе 125 атмосферных, 343 под землей. Суммарная мощность ядерных зарядов, испытанных в атмосфере и над землей СИЯП (в населенной местности), в 2,5 тысячи раз превышает мощность бомбы, сброшенной американцами на Хиросиму в 1945 году.

Парламент Республики Казахстан
24 июня 2005 г.

Эта история началась весьма прозаически. Я ехал поездом по нескончаемой казахской степи: вот уже четвертую ночь путевые обходчики на глухих полустанках постукивали молотками по колесам, матерясь при этом по-казахски, и меня разбирала некая подспудная гордость: я понимал эту речь, разбросанную от края света и до края. Днями же тамбуры и проходы вагонов наполнялись все той же казахской речью, только теперь женской да детской: на каждом полустанке входили все новые и новые продавцы или, вернее, продавщицы то верблюжьей шерсти, то вяленой рыбы, а то и просто сушеных катышков кислого молока — курта.

Давно это, правда, было. Сегодня, может, уже не так, не знаю. Хотя вряд ли.

Итак, я стоял в тамбуре, глядя на скучную и однообразную — вот уже четвертый день — степь, когда в противоположном конце вагона появился мальчишка лет десяти-двенадцати со скрипкой в руках. И вдруг он начал играть на ней, да так удало и умело, что вмиг пораздвигались все двери купе и повысовывались головы заспанных пассажиров. Играл он не какую-нибудь цыганщину или же местный колорит, нет, играл он Брамса, знаменитый "Венгерский танец". Причем играл на ходу, двигаясь вдоль вагона в мою сторону. И вдруг, когда весь вагон поразевал вслед рты, он прервал музыку на полуноте, сбросил скрипку за плечо, как винтовку, чтобы толстым, недетским голосом прокричать: "Местный напиток — полная органика!". Сбросил с другого плеча холщовую сумку и вытащил огромную пластиковую бутылку то ли айрана, то ли кумыса, и я тут же бросился к нему, еще не зная зачем.

— Пацан, — сказал я, — почем твой кумыс?

— Во-первых, кумыс не мой, а лошадиный, потом это не кумыс, а айран, и, наконец, я не пацан! — ответил мальчишка беспримесным русским вызывающе-толстым голосом.

— Ну, не девчонка же ты! — как-то нелепо попытался я разрулить нештатную ситуацию.

— Я не баба, а мужик! Хошь испытать? Снимай рейтузы! — опять огрызнулся подросток на весь вагон.

Я не знал, сердиться ли на его грубость или же пойти на мировую и попытаться понять, отчего он такой ершистый; как бы то ни было — это его земля, здесь он хозяин, и я, смягчив свой тон, сказал:

— Я тебя чем-то обидел? Тогда прости... А Брамса ты играешь, как бог...

— А что меня обижать? Я сам кого хочешь обижу... Никакой я не пацан. Не смотри на мой рост, мне 27 лет. Понял?! — уже снизив голос до полушепота, произнес он.

И тут я и впрямь опешил...

* * *

Вот такое начало у этой истории. Как я сказал, выглядел он абсолютно нормальным мальчишкой 10–12 лет: никаких аномальных черт, по которым можно различить лилипута или карлика — никакой несоразмерности членов, никаких тебе возрастных морщин на лице, ничего такого.

Разумеется, я поначалу не поверил, и это было видно по моему лицу.

— Ну, на, посмотри мой паспорт, — заученным движением вынул он из внутреннего кармана документ.

Пока он продавал свой айран восхищенным теткам ("А где ты научился так играть? А «Очи черные» можешь? А «Катюшу?»), я как дурак всматривался поочередно то в документ, то в его лицо:

все сходилось, с фотографии на меня смотрело неиспорченное детское лицо.

— Как вас зовут? — улучив минутку, растерянно и беспомощно спросил я.

— Ержан, — бросил он и ткнул пальцем в паспорт.

— Можно и я куплю... твой... то есть айран, — как-то извинительно и нелепо пролепетал я, и он, забирая свой паспорт, ответил:

— Брамс, говоришь? Последняя бутылка, забирай, все продал...

Мы зашли в купе за деньгами, и, поскольку старик напротив меня беспробудно спал, я предложил Ержану присесть: дескать, в ногах правды нет...

— А где она есть? — опять колюче вопросил он, причем вопрос, казалось, был обращен не ко мне, а к этому поезду, пилящему по степи, к этой степи, сгорающей на земле, к этой земле, скитающейся среди света и тьмы, к этой тьме, что...

Часть первая

До

Родился Ержан на полустанке Кара-Шаган Восточно-Казахстанской железной дороги в семье своего деда Даулета-темиржола, путевого обходчика, одного из тех, кто по ночам стучат молотками по колесам да торомозным колодкам, а днями — вслед редкому телефонному звонку от диспетчера — выходят передвигать стрелку, когда какой-нибудь усталый товарняк пережидает, пока пронесется через полустанок какой-нибудь скорый или литерный пассажирский поезд наподобие нашего.

Хотя и родился Ержан в семье у своего деда, в метрике его под графой "Отец" стоял жирный прочерк, и значилась одна лишь "Мать" — Каньшат — дочь Даулета-Темиржола, жившая тут же — на полустанке, называвшемся всеми почему-то "точкой", в одном из двух железнодорожных домов, в котором кроме деда да матери с Ержаном жила еще и бабка Улбарсын да ее младший сын Кепек-нагаши. Во втором пристанционном доме жила семья сменщика деда Даулета — покойного Нурпеиса, угодившего под внештатный поезд: вдовая бабка Шолпан-шеше, ее сын Шакен с городской невестой Байчичек и их дочь Айсулу, что была на год младше Ержана.

Вот и все население Кара-Шагана, если не считать с полусотни овец, пяток коров, трех ишачков, двух верблюдов да коня Айгыра на обе семьи. Правда, был еще пес Капты, который жил большей частью у Айсулу, и потому Ержан не держал его за своего, как не принимал он в расчет и выводка пыльных кур с парой горластых петухов, поскольку те размножались и убывали непонятным образом, так что никто из карашаганцев никогда не знал им счета.

Я сказал о размножении непонятным образом. Дело в том, что мать Ержана, Канышат, понесла его бог весть от кого и бог весть как. Отец тогда ее проклял, и все, что знал Ержан со слов своей бабки Улбарсын, — это то, что в шестнадцатилетнем возрасте Канышат побежала в степь за шелковым платком, который сдул ветер, а тот, будто дразня, заманивал ее все дальше и глубже, по направлению к закату солнца, а дальше шло уже нечто сказочное, из чего Ержан никак не мог вывести смысла: вдруг то самое заходящее солнце взмыло обратно в небо, по земле от горизонта пошла дрожь, внезапно свистящий ветер осекся на мгновение и со всего рахмаху пустился обратно, поскольку за ним с небывалым гиком, вздымая степную пыль до небес, несся черный ураган, и когда Канышат, ни жива ни мертва, обнаружила себя на дне оврага, над ней, исцарапанной и окровавленной, стояло некое существо, похожее на пришельца, — в скафандре и неземной одежде.

Словом, тогда и зачала Канышат, и спустя три месяца, когда ее беременность стала явной, Даулет-аке жестоко избил и проклял ее, и если бы не Кепек и Шакен, оттащившие старика от полумертвой дочери, не жить бы на этом свете ни Канышат, ни ее сыну Ержану...

Но с тех пор Канышат не проронила ни слова.

* * *

И хотя мать с тех пор не проронила ни слова, женщинам, и особенно двум бабкам — Улбарсын и Шолпан, как говаривал дед, дай только посудачить. Ержан помнит, как лютыми зимними ночами, когда свистящая поземка прорывалась сквозь все щели в окна, он забирался под верблюжье одеяло к бабке, и та рассказывала свои бесконечные сказки.

— На девятом небе у Тенгри растет священное дерево — Кайын, на ветках которого, словно листик, висит кут.

— А что такое кут? — спрашивал все еще дрожащий Ержан, удивляясь сходству этого слова со словом "кет" — "зад".

— Это счастье, это когда тепло и сытно, — отвечала бабка и продолжала свой нескончаемый шепот: — Когда тебе предстояло родиться, твой кут упал с этого дерева в наш дом через дымоход. Все по воле Тенгри и матери нашей Умай. Кут упал в живот твоей матери и принял в ее утробе вид красного червячка...

— Ты *его* вычесываешь из моего зада?

Бабка всхохатывала и той же морщинистой рукой, которой только что чесала его попу, дабы уберечь мальчика от глистов, шлепала его по щечке:

— Болтун ты маленький, спи, а то Умай-матушка рассердится и отнимет твой кут!

В другую ночь он оставался у бабки Шолпан из-за сладенькой Айсулу, которой он уже надкусил ухо, чтобы впоследствии жениться; теперь уже Шолпан-шеше рассказывала ему о его рождении, вплетая сказку о сыне Тенгри — Гесере.

— Тенгри послал Гесера на землю, в одно степное государство, где не было правителя.

— Это к нам, что ли? — тут же встревал Ержан, но Шолпан-шеше осекала его одним лишь лукаво-страшным взглядом и продолжала.

— Чтобы никто не узнал его, Гесер сошел на землю безобразным сопливым мальчишкой, таким, как ты! — и тут бабка Шолпан ущипывала Ержана за нос. Ержан на это хныкал, и тогда, боясь разбудить спящую в люльке Айсулу, бабка отпускала его нос, принюхивалась ласково ко лбу и продолжала свой сказ:

— Только вот Кара-Чотон — такой же дядя, каким тебе приходится Кепек-нагаши, узнал, что Гесер не простой мальчишка, а божественного происхождения, и стал преследовать его, чтобы уничтожить племянника, пока тот не вырос. Но Тенгри всегда спасал Гесера от злых проделок Кара-Чотона. Когда Гесеру исполнилось двенадцать лет, Тенгри послал ему лучшего на земле скакуна, и Гесер выиграл байгу — скачки за обладание красавицей Урмай-сулу и завоевал трон того степного государства.

— Казахст... — начинал было Ержан, но, увидев острые глаза шеше, тут же смолкал. Та продолжала:

— Но недолго наслаждался храбрый Гесер своим счастьем и покоем. С севера на его страну напал страшный демон Лубсан. Правда, жена людоеда Лубсана — Тумен Джергалан влюбилась в Гесера и выдала тому тайну своего мужа. Гесер воспользовался тайной и убил Лубсана, тогда Тумен Джергалан напоила его напитком забвенья, чтобы привязать Гесера к себе. Гесер выпил напиток, забыл про свою любимую Урмай-сулу и остался у Тумен Джергалан.

Между тем в степном государстве поднимается смута и Кара-Чотон женится насильно на Урмай-сулу. Но Тенгри не оставляет Гесера и избавляет его от наваждения у самого Мертвого озера, где он видит отражение своего волшебного коня. На этом коне он возвращается к себе в степное государство и разбивает Кара-Чотона, освобождая свою Урмай-сулу...

Правда, к этому времени согревшийся за теплой пазухой бабки Шолпан Ержан уже сладко спал, видя окончание этой сказки, рассказывавшей о его предстоящей жизни в своих пушистых детских снах...

* * *

Степные дороги — будь они даже железные — долги, однообразны, и коротать их приходится лишь разговором. Рассказ Ержана тек, как провода в окне поезда — от столба к столбу, от столба к столбу, и, казалось, стук колес придавал его рассказу такт за тактом, такт за тактом. Так и глубокое детство он вспоминал как безостановочную беготню из своего дома к дому Айсулу, нет, не только поглядеть на безъязыкую красавицу, которой он надкусил ухо в знак ранней помолвки, но чаще всего ради блестящих железок Шакена-коке, тех, что он привозил со своей вахты, на которой пропадал месяцами. Работал он где-то в степи, но об этом речь впереди. Как впереди речь и о телевизоре, ради которого Ержан бегал опять же к Шакену-коке, после того, как тот однажды привез из города это чудо, поглотившее их с тех пор навсегда.

***

А до того... До того:

— Бабкам дай только помолоть языком! — говаривал дед, привязывая весенними днями малыша пояском к спине и взбираясь на пепельного коня. Они скакали галопом в степь, туда, за железную дорогу, которую дед оставлял на попечение своему сыну Кепеку. Они скакали молча по влажной и разбухающей травой и тюльпанами степи, скакали, казалось, просто так, и ветер, еще холодный по бокам, обжигал трескающиеся щеки Ержана.

Однажды они доскакали до оврага и до холмов, редко рассыпаных за оврагом, и дед только бросил:

— Вот здесь мы тебя и нашли, улым...

А там, за оврагом, с шумной весенней речкой на дне, за деревянным навесным мостом Шайтан-копрюком росла по всей степи колючая проволока, и дед, лишь махнув в ту сторону своей камчой, да осаживая своего распарившегося скакуна, сказал непонятное слово: "Зона!" — и в ушах малыша зазвенела муха, а точнее, овод, что кружится ленивыми днями над их коровами — овод, обернувшийся вдруг звонким именем "Зона"...

Так появился в жизни Ержана этот овод, жужжавший своей непонятностью над его детским воображением. И там, оказывается, работал на своей вахте дядя Шакен.

***

И хотя дед Даулет называл бабок болтушками, но та сказка о Гесере запала Ержану в душу не меньше, чем игра деда на домбре, и пока бабка Улбарсын готовилась вымыть мальчишке голову кислым молоком, Ержан выспрашивал ее о признаках Гесера: дескать, а как его узнать? Бабка то ли для того, чтобы отвязаться от верткого внука, то ли чтобы успокоить его на час-другой, бросала:

— Когда Гесер был безобразным и сопливым мальчишкой, у него не было шошака — пиписьки.

И пока его бабка выщипывала на весеннем солнце всякую мелкую живность, забившуюся в швы его трусов, запомнивший ее слова Ержан убегал за соседний дом к Айсулу, где вместе с этой двухлеткой рассматривал поочередно то свою неисчезающую, но сморщенную пипиську, то завидное отсутствие этой самой пиписьки у сопливой Айсулу.

С тем же рвением он следил за своим ленивым дядькой Кепеком-нагаши — не начнет ли тот преследовать его до смерти. Но тот большей частью валялся на единственной во всем доме железной кровати, заменяя ночами своего стареющего отца на стрелке или же на обходе ночных составов с наследственным молоточком.

Иной раз он приходил к утру вдрызг пьяным и начинал ни с того ни с сего переворачивать весь дом с ног на голову, ругаясь и матерясь, и хотя Ержан, разбуженный охающей и ахающей бабкой, был уже готов к коварным преследованиям своего Кара-Чотона, но тот все больше кричал, что уедет отсюда навсегда, что все ему здесь обрыдло, е...ть он хотел эту вонючую жизнь! — и, вскакивая на отцовского пепельного коня, мчался в необъятную степь, где вместе с рассеивающейся тьмой пропадали его голос, фигура, гнев...

* * *

Я сказал, что мальчишке запало в душу не только бабкино сказание, но и дедова домбра. Да настолько, что он без спросу стал снимать ее с высокого гвоздика на стене, пока дед ходил колотить молоточком по своим вагонам, и принимался тренькать, изображая насупленного деда с его хриплым голосом. Очень скоро он начал улавливать какие-то знакомые мелодии, а потом, как отслеживал поведение своего нагаши Кепека, так же стал отслеживать игру своего деда на домбре, и на следующий день в его отсутствие, пока бабка болталась у Шолпан-шеше, рьяно повторял тот самый бег пальцев по шейке домбры. Очень быстро и незаметно он научился чуть ли не всему репертуару деда Даулета, но застукал его за этим делом не дед, да и не бабка, а нагаши Кепек, опять завалившийся не в свою комнату по пьянке. Как он целовал каждый палец мальчишки, как облизывал их пьяными слюнями: "Ай, кара кюш! Ай кара таус!" — "Ай, неземная сила! Ай, неземной звук!" — качал он своей буйной головой. В тот вечер чуть отрезвевший Кепек собрал обе семьи перед домом и, вызвав из двери своего племянника-трехлетку, объявил его концерт. Свой первый в жизни концерт Ержан дал, сидя на пороге своего дома.

* * *

Правда, расчувствовавшийся дед тут же перенастроил свою домбру с правой настройки на левую, так, чтобы мальчишке было легче петь, и кроме того, каждый вечер стал теперь специально заниматься с Ержаном, вспоминая забытые старинные мелодии и жиры — древние песни. За три месяца Ержан освоил все то, что дед накопил за всю свою жизнь. Мальчишка впитывал всю вековую мудрость казаха, сохраняемую в песнях, как степная земля впитывает весенние дожди, превращая их в зеленый жузгун и терескен, да в алые маки и тюльпаны.

Бийик тауха жарасар
Ыхынан тиген панасы.
Терен сайха жарасар
Тобылгалы саласы.

Высоченной горе идет
Тень, падающая от нее.
Глубокой речке к лицу
Берег, покрытый таволгой.
Мужественному джигиту идет
Копье, взятое в руки.
Богатому джигиту к лицу
Польза, что он приносит людям.
Аксакалу к лицу
Благословение тех, кто его окружает.
Богачке идет
Ее бурдюк с кумысом.
Невестке к лицу
Ее грудной младенец.
Когда девчушка достигает пятнадцати лет,
Сплетен вокруг нее больше, чем у нее косичек.
Единственный, кто виноват в этой лжи, —
Белая ворона средь родни.

Слушая эти песни четырехлетнего Ержана, Шакен-коке, любитель повторять одну и ту же фразу: "Мы не только догоним, но и обгоним американцев!" — вдруг привез ему в подарок с очередной вахты не блестящую железку и не стеклянную колбу, а что-то похожее на домбру, но в тысячу раз более аккуратное и блестящее, то, что он назвал неказахским словом "скрипка".

* * *

И струн на ней было не три, а четыре. Первые дни Ержан попробовал играть на ней как на домбре, но звук был какой-то глухой и зажатый. Правда, потом Шакен-коке вынул из своего портфеля еще и палку—не палку, камчу—не камчу, которую назвал "смычком", и вручил ее Ержану, чтобы тот играл себе на здоровье на настоящей скрипке. "Дай, покажу!" — сказал он и стал тереть ту самую палку о струны, но те не издавали никакого звука. Тогда дед рассмеялся и, сказав хитро: "Всему нужна смазка!" — пошел искать в своих закромах эту самую смазку, которая оказалась чем-то вроде засохшего древесного клея или воска. Он взял в руки и скрипку, и смычок, обмазал их, и вдруг, когда прикоснулся смычком к струнам, они и впрямь заскрипели. "Дай! Дай! Коке привез ее мне!" — выхватил скрипку Ержан и стал извлекать звуки изо всех четырех струн. Он извел в тот день всех домочадцев, но, разумеется, никакой музыки у него не получалось. Ближе к вечеру бог весть откуда, напившись, пришел домой Кепек-нагаши и, увидев племянника со скрипкой, вдруг заплакал и сказал: "Я знаю болгарина-скрипача! Правда, он педик! Но завтра же поедем к нему!"

* * *

Не кто иной, как нагаши и усадил на следующий день Ержана с собой на верблюда и двинулся наперерез железной дороге в степь. Они ехали долго, пока не приехали к каким-то вагончикам, экскаваторам, всякой технике. Чем тут люди занимались, не совсем понятно, железной дороги рядом не видно, а всякого железа навалом. Они слезли с верблюда и, привязав его к одинокому кусту тамариска, зашли в один из вагончиков. Там в прокуренном помещении сидело несколько человек, играя в какую-то шумную игру, и видя, как закашлялся Ержан, Кепек-нагаши быстро вызвал оттуда человека и впрямь по имени Петко, чтобы вывести племянника опять наружу. Петко вышел не скоро. Это был невысокий человек с очень быстрыми глазами и блеющим голосом. Кепек-нагаши заговорил с ним на чужом языке, которого Ержан тогда еще не понимал, но несколько раз он произнес слово наподобие "таланы" — дескать, "из степи", указывая на своего "жиена" — племянника. Петко под зорким и неусыпным взглядом Кепека пощупал руки Ержана, его предплечья, плечи, как казахи ощупывают жеребца или ягненка, потом стал что-то невнятное спрашивать. Ержан пытался докопаться или, вернее, догадаться о смысле его слов: "Кокте би захип" — "В небе танец слепца": — спрашивает ли этот дядя о какой-то песне? Но тут приходил на помощь нагаши: "Атын калай?" — "Как тебя зовут?" "Атым Ержан", — отвечал Ержан. Словом, повел Петко Ержана с Кепеком-нагаши в крайний вагончик, взял в руки скрипку, принюхался к ней, потом попробовал смычок на язык и, спросив что-то у Кепека, расхохотался. Он хохотал долго, тем временем очищал чем-то едким на запах и струны, и смычок, потом достал нечто похожее на древесную смолу и стал то мелкими кругами, то крупными движениями водить ею по смычку.

Когда он заиграл на скрипке, звук ее был столь чист, что даже слепец увидел бы в синем небе танец чистого воздуха, ясного солнца, белоснежных облаков, радостных птиц...

Это был первый урок.

* * *

Не прошло и пяти занятий (добрейший Петко без особых объяснений играл на своей скрипке, а Ержан лишь повторял его движения да заучивал черных и белых птичек, сидящих на проводах и названных совсем уж немузыкальным Кепеком-нагаши "нотами"), как ревнивый дед Даулет решил взять Ержана с собой и с домброй в город Семей: дескать, покажу его настоящим мастерам-жирау. Ехали они в товарном вагоне, в котором по станциям развозили железнодорожный буханочный хлеб. Друг деда Толеген раздавал на каждом полустанке замерзшие буханки, а они с дедом лежали в глубине вагона на толеновских толстых тулупах, глядя то на лес рук, тянущихся за хлебом к вагону, то на кружащуюся вокруг них огромным мельничным жерновом степь, по которой сыпалась обильная мука снега.

Там, в дороге, где бежали в обратную сторону столбы и летели по дуге провода, дед с Толегеном опять стали махать руками в направлении степи с колючей проволокой, и Ержан опять услышал то звонкое, забытое звучание: "Зона", и опять жужжащий овод закружил над его сознанием, приснившись ночью роем музыкальных нот и разбудив его утром огромной жужжащей мухой, то кружащей над ним, то сидящей бесстыдно на носу...

Старики уже пили свой чай с сухим молоком, макая в него горбушку последней непроданной буханки. Поезд стучал по мерзлым рельсам. Из чуть приоткрытой двери вагона несло свирепым степным морозом. И вдруг, словно по велению этой огромной мухи, все тени в вагоне резко сдвинулись вбок, потом гул, сильнее, чем жужжание этой мухи в самое ухо, страшнее, чем грохотание вагона и пустых металлических ящиков из-под хлеба, вдавился в ушные перепонки, и весь вагон пошел плясать вместе с рассыпавшимися ящиками. Старики пропали в щели просвета, муха закружила землю под ногами, а вместе с ней и вагон, и то ли ее мохнатые лапы, то ли толстые тулупы дяди Толегена поволокли мальчишку неведомо в какую мохнатую и гремучую темноту...

Зона! — так он запомнил тот мушиный день, когда развороченные ее крыльями вагоны валялись в степи, а дед Даулет и окровавленный дед Толеген, спасшие ребенка из ее мохнатых лап, укутывали его в тулуп и плакали своими скупыми старческими слезами...

Так и не доехали они тогда с дедом до Семея. Видать, не судьба была выучиться у великих мастеров-жирау. На дрезине, напоминающей одновременно и маленький тепловоз, и жилой вагончик, их повезли обратно в Кара-Шаган. Степь на обратном пути была хмурая, как лица людей вокруг них: свинцовые тучи неслись по небу без дождя и снега, какие-то полые — ни гром не гремел в них, ни молния не сверкала. Было странно, как быстро мчатся тучи, тогда как на земле воздух был стоячий, и даже скорость дрезины не раскачивала его.

Через день они были уже дома, без городских подарков, с

пустыми руками. Правда, люди с дрезины оставили им несколько буханок железнодорожного хлеба и мешок российской картошки и уехали дальше в степь по своим непонятным делам. Уехать-то они уехали, но небо не светлело после них несколько дней, и никто не выходил на улицу, кроме самого деда на редкий поезд, даже писать все ходили в медный тазик, который изредка выплескивал из своего окна Кепек-нагаши, как всегда матерясь и проклиная всех.

Моча их покраснела, словно бы от стыда, особенно у Ержана. Женщины, как водится, тараторили об "акыр заман" — конце света, дед же, когда не спал, крутил ушко своей маленькой радиолы, ловя то писк, то свист, то шипение, а потом какую-то странную казахскую речь, которая то и дело повторяла непонятное слово, похожее на имя Толеген: "Взрыв, Толигон".

Погиб, что ли, дедовский друг Толеген? Только почему тогда дед не вскочит на своего пепельного коня и не поскачет на его поминки, как он делал всегда, когда умирали люди?

* * *

Просидели они все эти дни в доме без всякого дела, даже музыкой мальчишке не давали заниматься. Наконец, на четвертый день, когда обе семьи опять собрались вместе в одном доме и дед Даулет зарезал на "кудаи" барана, которого тут же разделали, сварили и съели, тот же дед после еды обильно рыгнул и, взяв одну из костей барана, положил ее на колени Байчичек. "А теперь покажи, что ты все еще джигит!" — предложил он Шакену-коке, и тот, встав со своего места, сложил руки за спиной. Дед их связал пояском, и тогда Шакен-байке подошел к своей жене и, не сгибая колен, стал нагибаться под всеобщее улюлюканье, чтобы схватить зубами ту кость. То же самое сделал следом Кепек-нагаши, подняв кость с колен своей молчаливой сестры Канышат. Потом ту же самую кость положили на колени трехлетки Айсулу и заставили под всеобщий смех Ержана нагибаться за этой костью. Нагнуться-то Ержан нагнулся, да, видать, съел слишком много сухого мяса, так что в минуту, когда кость оказалась в его зубах, он оглушительно и продолжительно пукнул на весь дом. Вот было смеху-то!

"Бомба!" — кричал из-под морщин дед. "Атомная!" — добавлял

ученый Шакен-коке и прибавлял: "Как пить дать не только догоним, но и обгоним американцев!" "Сейчас и ракета пойдет!" — не упускал своего шанса сострить и Кепек-нагаши.

Так они разделались с тем взрывом.

* * *

Тем летом Ержана как уже выросшего мальчишку Шакен-аке взял на выпас общего стада в пойму реки, куда его самого брал раньше дед. Трава там была все еще зеленой, и скот разбредался по дну широкого оврага во все еще свежее, невыжженное раздолье. По оврагу реял запах прохлады, и после жгучего даже поутру, голого степного солнца тень тамарисков и саксаула прихватывала и остужала капли вязкого пота на их горячих лицах. Пес Капты бегал, высунув свой огненный язык, и сбивал разбредающееся стадо в управляемую кучу, и потому Шакен-аке с Ержаном, привязав коня к основанию дальнего куста, легли на забыто-прохладную землю.

Через час-другой, оставив стадо на попечение беспокойного пса Капты, они сели на коня и поскакали по стремнине в ту сторону, где степь окружала колючая проволока. Шакен-аке, видать, знал дорогу, оврагами да ярами они оказались в той самой Зоне, которая оводом терзала все эти годы мальчишеское любопытство Ержана. Сидя за спиной дяди Шакена, он озирался со всем рвением по сторонам, но степь была как степь: маленькое, колючее, как гвоздь, солнце в бескрайнем усталом небе, выжженная стерня и неподвижно-гудящий, стоялый воздух между ними. Правда, земля здесь была немного краснее, да пыль под копытами коня чуть толще обычного.

Они скакали долго, Шакен молчал всю дорогу, как будто прислушивался к звукам степи, и только когда солнце осталось за спиной, вдруг сказал: "Караши, газ..." — "Смотри-ка, гусь..." Ержан вытянулся вбок, чтобы увидеть живность, а может быть, и озеро, но впереди из земли тянуло вверх бетонную шею некое странное сооружение, подобное тем, что дед на Толегеновском поезде называл "элеваторами". Поодаль в низких лучах солнца темнели другие, непонятные сооружения.

С полчаса они скакали до того не гуся, но "журавля" —

огромной бетонной глыбы, скореженной наполовину, как будто оплывшей набок. Ержан глядел изо всех глаз, но Шакен-аке не стал задерживаться, а направил коня иноходью к тем, другим строеньям, оказавшимся развалинами домов.

Хоть и мал был Ержан, но он видел в степи развалины казахских кочевий и кладбищ: округлых, как будто бы время и природа, жалея, мало-помалу срезали им углы и выступы. Эти же строения будто обломали на ходу, на лету, рамы торчали наперекор стенам, стены вспарывали крышу, крыши вонзались в фундамент. Никогда Ержан не видел ничего более страшного и похожего на то, что его бабка Улбарсын описывала словами "акыр заман" — конец света...

— А Айсулу видела это? — спросил он тогда со страхом у Шакен-аке. Тот помотал головой и добавил, как и всегда: "Если мы не только не догоним, но и не обгоним американцев, весь мир будет таким!"

* * *

Шакен-коке часто обсуждал с дедом Даулетом третью мировую войну, к которой он так усердно готовился на своей вахте. Из-за этих разговоров, неизбывного ли страха перед Зоной или вида последнего мертвого города — Ержану то и дело стала сниться та самая третья мировая война: она, как правило, появлялась с неба, синего и спокойного, — то какие-то самолетики вдруг начинали атаковать американский бомбардировщик, то ночные звезды врассыпную бегали по ночному небу, но всегда эти сны кончались свинцовым небом, гулом, от которого выла скотина, внезапным ярким сполохом и ядовитым грибом, встающим над землей как албасты.

Вот опять: высокое небо и бумажные самолетики, тянущие за собой овечий пузырь грибовидного облака. Непонятные — через рупор — слова Шакена-коке: "Паника американизма — все с неба — ведь сказано в сказке об акыр замане: и сошествие бомб на землю, как излияние геенны огненной". И дальше Шакен-коке продолжает, как радио: "И только земли нам бояться нечего — отсюда подвоха нет — черная, как мать в трауре, каждого обнимет и внесет в свое чрево — родившее — опустевшее и воспаленное...

Мы путешественники — и над нами небо во вражеских самолетах".

Ержан просыпался и видел, что дед и Шакен-коке так и не закончили своего спора о третьей мировой войне.

* * *

Поезд шел по бесконечной казахской степи, и провода на столбах с их пустельгами да сайками, жаворонками да сизоворонками и еще бог весть с какой летучей живностью плыли вослед от столба к столбу, от столба к столбу, как ноты неведомой музыки от такта к такту, от такта к такту. Разговорившийся мой собеседник плюнул на свои коммерческие обязанности и, договорившись с проводником, ехал уже рядом с нами в свой дальний Семей. И поезд, и вагон жили своей обычной жизнью, я где-то уже описывал эти поезда. Мой сокупейник — старый казах — проснулся, но, не оборачиваясь в нашу сторону, продолжал, покряхтывая, лежать на боку и, видать, тоже вполуха слушал то, что рассказывал о своей жизни Ержан.

Мы выпили по стакану железнодорожного чаю — любезность проводника, заполучившего наличного пассажира в карман, и Ержан продолжил свой рассказ.

* * *

Мальчишка не по дням, а по часам обучался не только музыке, играя уже к лету этюды Крейцера, Мазаса и Роде, но и русскому языку, правда, с неким болгарским привкусом, который сохранился у него до сих пор. Так, время от времени он приговаривал: "Ти що?" — как бы испытывая реакцию слушателя. Кепек-нагаши хоть и замечал, что теперь эти двое вполне обходятся без его переводов, не в лад, невпопад, все же умудрялся вмешиваться: то протянет жиену свой засморканный платочек: дескать, подложи его под подбородок, то выхватит в перерыв смычок из рук Ержана и оборвет с каким-то особым усердием лопнувший волос. Но как бы то ни было, он никогда не оставлял своего племяша-четырехлетку с Петко наедине в ПМКовском степном вагончике.

Поначалу Ержан научился понимать лишь музыкальные

окрики Петко: "Верхний смычок! Смычок идет вниз! Третий палец! Вторая струна! Сильней звук! Плавное движение!" — эти фразы снились ему вместе со звуками скрипки, округляясь в разноцветные ноты. Никогда его сны не были так веселы, ноты ходили, как человечки — эта толстая и важная, с огромным пузом, эти же — тонконогие и семенящие, они сливались в яркие картины: когда нарочно давишь на глаза, и разноцветная капуста начинает распускаться под кулачками, так же эти картины расплывались перед ним каждую ночь. И чтобы поделиться с Айсулу этими картинками, он подбирался к ней сзади и крепко-крепко давил ей на глаза, приговаривая на непонятном языке: "Какаяэтонота? Звукострее! Пальцыпальцыпальцы! Гдесмычокближекмостику!"

***

Он все лучше и лучше понимал по-русски, а еще и расспрашивал долгой дорогой своего нагаши, который как-никак отслужил в Советской Армии, о том или ином слове, заучивая его наперед, на всякий случай. Правда, как оказалось, язык, выученный Кепеком в армии, был далеко не музыкальным: "Че ты пердишь из жопы?" — говорил он, когда малыш начинал гаммы с четвертой струны, или, заметив в кармане жиена металлическую коробочку канифоли, которую Петко положил перед уходом, он спрашивал: "Зачем спиздил это?" Всякий раз, когда хваткий Ержан пытался употребить заученное дома выражение в разговоре с Петко, тот, любовно взиравший на мальчугана, давился смехом, приговаривая: "Ну, ты даешь, малыш!"

Так и осталась в сознании Ержана эта фраза как высшая, самая веселая похвала, и он точно так же похлопывал по спинке свою Айсулу и восклицал: "Ну, ты даешь, малыш!"

***

Однажды, пользуясь тем, что это все-таки он купил скрипку Ержану, а не Кепек-нагаши (который несколько раз исковерканно повторил это самое имя — Педик, Педик), на урок музыки мальчика повез Шакен-коке. И вместо урока — дескать, ты тут попиликай сам, — они проболтали с Петко чуть ли не три часа, и потом уже, когда Шакен-коке за ужином рассказывал всему семейству, кто же такой на самом деле Петко, Ержан узнал, что тот, оказывается, кончил Московскую консерваторию (еще одно непонятное слово в русско-музыкальный лексикон Ержана) у самого Ойстраха ("Ой, страх!" – приговаривала всегда городская женге – невестка Байчичек, когда пугалась чего-либо, и сейчас она не преминула сплюнуть себе за пазуху, выкликнув это самое: "Ой, страх!"). "Он тебе не калам-балам!" – заметил тогда Шакен-коке, правда, так и не узнавший, почему же Петко оказался здесь, на ПМК, в семи километрах от Кара-Шагана.

Когда Ержан в следующую поездку рассказал все это Кепеку-нагаши, тот лишь махнул рукой: – Шакен не знает ни хера! – "Мен билем! – Я знаю!" – но говорить, почему Петко оказался здесь, посреди казахской степи, он не стал.

* * *

А раз, узнав, что на ПМК есть душ, в дорогу на музыкальный урок собрался и дед Даулет, который все еще ревновал своего внука, изменившего со скрипкой его домбре. Было знойное лето, пот тек по его морщинистой шее и расходился кислым запахом. Все это чуял сидевший за его спиной Ержан. А потому, как только приехали к уже отработавшему свою смену и чисто причесанному Петко, вместо скрипичного урока они полезли сразу же под душ. Там, за брезентовой оградой, дед хоть и не снимал своих подштанников, но пока он тщательно тер голову, сморщенный мешочек коричневых яиц выглянул наружу, и неугомонный Ержан, весь в брызгах дедовского мыла, тут же спросил: "Ата, неге сенде еките жумуртка?" – "Дед, а почему у тебя два яйца?" Дед поначалу растерялся, стал тут же подтягивать подштанники, но все же ответил: "Вот у меня двое детей, поэтому и два яйца". – "А у Шакена что, тогда одно, да?" – воскликнул удивленно малыш. "А у Кепека, получается, нет, да?"

Дед не знал, что ответить, и только брызгал водой...

* * *

Дед так прикипел к Петко тогда, что ранней осенью вызвал его через Кепека на лисью охоту. Дед Даулет, как рассказывал Кепек-нагаши, прежде держал охотничьего беркута, который из годовалого балапана вырастал в кантубита, тырнека, тастулека, и вплоть до двенадцатилетнего шогела. Дед теперь называл Ержана "музбалаком"; узнав эту историю, Ержан понял, что его прозвище не имеет ничего общего с музыкой: дед использовал имена своего беркута. С рождением внука птица то ли умерла, то ли была отпущена на волю, а может быть, дед попросту счел, что в его семье вылупился новый беркутенок. Словом, ежегодная охота в тех тугаях, где был зачат Ержан, приказала долго жить вместе с пропавшим из дедовской жизни беркутом.

И вот теперь в честь "музбалака" и его учителя дед решил вывести все мужское население Кара-Шагана на лисью охоту. Кепек рассказывал, как легко они охотились в прежние времена: Капты выгонял лисицу из норы, а беркут хватал ее с воздуха. Но на этот раз дед решил взять лису живьем — старинным способом. Уговор был таков: как только Капты вынюхивает и выгоняет лисицу из норы, а та, чтобы отвлечь собаку от своих еще не окрепших детенышей, побежит, запутывая следы, дед Даулет вместе с Петко и Ержаном-музбалаком станут гнать ее по степи так, чтобы низкое солнце оставалось у них за спиной.

Затем Шакен-коке, который будет поджидать их на расстоянии крика, завидев лисицу, выскочит сбоку и резко развернет погоню в сторону от солнца, то есть даст лисе "калтарыс" — поворот на 90 градусов. Затем его сменит Кепек, который, завидев лису, тоже выскочит на коне со стороны и развернет погоню еще на 90 градусов, так, что солнце будет теперь светить прямо в глаза хитрой лисице. Тем временем дед, Петко и музбалак с гиканьем и воплями выйдут на этот раз не сбоку, а навстречу, лицом к лицу, и... Ержан с уважением посмотрел на двустволку деда.

Все произошло, как и распланировал дед. Капты с ворчанием выковырял лисицу из норы, она бросилась было в сторону солнца, но дед заулюлюкал так, что лисица на мгновение застыла, потом, сообразив, бросилась мимо Капты в обратную сторону и гон начался. Капты летел во всю прыть, не успевая гавкать, зато дед улюлюкал на всю степь. Привязанный поясом, Ержан сидел за его широкой спиной, а то уж точно бы оглох. Петко тоже сверещал на чужом, взятом напрокат коне. Так продолжалось минут пять, пока дед не одернул своего коня, и теперь Ержан не только услышал, но и увидел, как Шакен-коке дал лисе тот самый "калтарыс" — разворот, и та понеслась вбок от них. Растерянный Капты на мгновение было остановился, но дед гаркнул: "Бас!" — "Дави!" — и пес, гавкнув наконец во всю грудь, рванул в новом направлении.

Маленькими точками пересеклись Шакен-коке и Кепек-нагаши — и тут же исчезли из беркутьих глаз мальчика: дед развернул коня в направлении от солнца. Зато шум погони стал приближаться и нарастать. "Ата, корейши! Ата, корейши!" — "Дед, дай глянуть!" — что было сил закричал Ержан, и тогда дед каким-то неуловимым движением, не снимая пояса, развернул его, усадил прямо перед собой и слегка дернул уздечку, чтобы конь склонил голову набок, открывая Ержану вид на степь. Так, наверное, он обращался со своим беркутом, — не без гордости за деда подумал Ержан.

Лисы в степи он не видел, но видел скачущего с гиком и улюлюканьем Кепека-нагаши, а потом чуть впереди заметил и выцветший клубок Капты. Ближе, еще ближе, еще ближе, и вдруг Ержан углядел пыльную точку, несущуюся в их сторону: "Ата, ата, керши!" — "Дед, смотри!" — сердце его затрепыхало между азартом и жалостью, сейчас дед достанет ружье, привязанное между путлищем и подпругой, и... Но дед застыл на мгновенье и вдруг, хлестнув коня, с оглушительным гиком и улюлюканьем, которые слились с улюлюканьем и гиком и Петко, и Кепека, бросился прямиком навстречу лисе. Сейчас она в страхе бросится прямо на нас, думал испуганный музбалак, но вдруг лиса, запутавшаяся в открытой степи, свалилась и покатилась кубарем под напором собственной скорости. И прежде, чем Капта перегрыз ей горло, дед на лету набросил на нее сеть, да так умело и точно, что лиса, обернув ее вокруг себя два раза, застыла калачиком.

Так они поймали ту лисицу живьем, Ержан видел ее побежденные глаза, полные отчаяния и тоски. Но Петко сказал деду что-то умное, вроде того, что цель — не цель, а дорога к этой цели, — и дед согласился с гостем: отогнав Капты с Кепеком и махнув рукой от досады, отпустил растерянную лисицу обратно в степь.

* * *

Зато вдруг прискакал выпавший на это время из погони Шакен-коке. У него было что-то за пазухой. И он торжествующе вытащил лисенка, так же, как его мать, запутавшегося в сети: вот, будет теперь котенок Айсулу и Ержану! Ержан хоть и перехватил укоризненный взгляд Петко, но, подумав, как обрадуется живому лисенку Айсулу, сделал вид, что ничего не заметил.

Потом дома, когда дед зарезал-таки в честь гостя барана и, освежевав его, приготовил и голову, и бесбармак, и ишек-шабак, после обильного ужина он взял в руки свою домбру и, запев гостевой жыр, стал пояснять Петко, что и здесь, как и на лисьей охоте, за "калтарысом" идет "калтарыс", вплоть до последнего "улуу калтарыса", когда и слушатель, как лиса, попадает в силки жырау:

Достыныз зор,
Дуспанын кор,
Бар тилекке жетсениз,
Сансыз бакыт,
Алтын такыт —
Барша жаннан отсаныз...

Друзья сильны,
Враг унижен,
Когда исполнятся желанья.
Неизмеримое счастье,
Золотой престол, —
Там, в мире теней.
Оставит печаль,
Появится само по себе
Все, что душе угодно.
Где это все?
И какая в том польза? —
Коль не сможете унести с собой и волоса.

"Калтарыс", — вставлял здесь дед и продолжал:
Мир хитер,
Как поток воды,
Мы упали в него соломинками.
Несет нас день за днем,
И мы качаемся,
Умножая свои труды и муки.
Где о камень,
Где о куст

Бьемся.
И от воды,
И от гула
Спасемся, только сойдя на нет.

"Калтарыс!", — восклицал дед и махал рукой Петко,

Мир течет,
Шелестит,
Вливается в вечное озеро.
Одна — рано,
Другая — позже,
Соломинки собираются вместе.
Достигнув озера,
Остановившись,
Все там находят свой покой.

"Улуу калтарыс!", — рычал дед и внезапно притихшим голосом допевал:

Успокоившись,
Умиротворившись,
Поток воды затихает в затоне...

Пока они пели эти песни, лисенок, принесший столько радости Айсулу, незаметно выскользнул из их дома, и его тут же загрыз Капты. Сколько было слез и крика, пока Кепек закапывал маленькое, с котенка, пушистое тело. С тех пор каждую ночь Ержан слышал какой-то вой — и догадывался, что это не Айсулу плачет по лисенку, а отпущенная в степь мать-лисица приходит к их двору, чтобы выпросить обратно своего детеныша. И Капты при этом начинал не лаять, а скулить, как перед атомным взрывом...

* * *

Той осенью по настоянью городской женге Байчичек, Шакен-коке купил в городе радиолу, и настоящее окно в мир открылось для всего двухсемейного населения Кара-Шагана. Вот это была радиола так радиола! — не чета дедовской охрипшей и осипшей

"Стреле". По утрам Шакен-коке врубал на весь полустанок утреннюю зарядку с преподавателем Гордеевым и пианистом Потаповым. Потом наступал черед деда Даулета слушать вместе с Шакеном гимн Советского Союза и "Последние известия", вслед за чем Шакен повторял свое неизменное: "Мы не только догоним, но и обгоним Америку!" Затем, когда дед уходил на свои пути, женщины слушали всякую местную чепуху и радиопостановки по второй казахстанской программе. Когда женщины уходили доить коров или же за хворостом в степь, да если еще Шакен-коке был на вахте, к радиоле приникал Кепек-нагаши и, втыкая в радиолу всякие провода, вылавливал какую-то бесноватую музыку, под которую он трясся и без выпивки.

Что же до детей, Ержану добрый Петко дал как-то две долгоиграющие пластинки, одну под названием "Лендик кофам", а вторую под непонятным именем "Динрит". Эти две пластинки они крутили бесконечно, пока не приходили взрослые и не отправляли детей спать. На одной играла скрипка, да так красиво, будто Петко решил больше не отвлекаться на замечания Ержану, а просто играть. На другой звучало что-то вроде песен, которые ловил Кепек-нагаши, но и в них была все та же чистота и необыкновенная радость. "Хайуан акеле, хайуан акеле, хайуан акеле..." — пел, засыпая у себя дома, Ержан, а в соседнем доме ему вторила незасыпающая Айсулу: "Улу акем баласеней, улу акем баласеней!"

* * *

Тому, кто не жил в степи, трудно понять, как можно существовать среди этой пустоты на все девять сторон. Но те, кто живет здесь веками, знают, как изменчива и богата степь, как текуче и разноцветно небо над ней, как переменчив и подвижен воздух вокруг, как разнообразна и неисчислима степная растительность, как много кругом всякой живности и зверья. То пыльная буря возьмется ниоткуда, то желтый смерч завертит воздух издалека, как женщины вертят в веревки верблюжью шерсть, то огромное и тяжелое небо нависнет всем своим весом над притихшей и покорной землей...

Взрослея, Ержан стал все чаще присматриваться к дороге, по которой они ехали к Петко, и эта дорога казалась ему музыкой, такой же плавной и разнозвучной. На кустиках жузгуна и солянки качались ноты ветра, землеройки и суслики подпевали вторыми и третьими голосами.

Дома суровое и морщинистое лицо деда казалось ему скрипичным концертом Баха, который он только начал разучивать; надоедливая бодрость Шакена-коке — "Венским маршем" Крейслера, за который они решили и вовсе не браться; бестолковые действия Кепека — этюдами Гавинье, а розовощекое личико его Айсулу — почему-то "Зимой" Вивальди, которую с упоением играл посреди позднего казахского лета болгарин Петко.

Только вот женщины, включая и городскую женге Байчичек, все еще ассоциировались у него с однообразными звуками старинной домбры...

* * *

Радость степи, радость музыки, радость детства... На фоне этих безоблачных мотивов почти всегда — то едва слышно, то вдруг, непонятно с чего выступая на первый план, звучала и другая мелодия: ожидание чего-то неминуемого, страшного, безобразного... Это приходило гулом, дрожью, а то и ураганом из Зоны. Шакен-коке, как правило, бывал в это время на вахте, но в тех редких случаях, когда он оказывался дома, дед, Шакен и Кепек, запертые в одной из семей на несколько дней, бесконечно спорили между собой. Шакен, на которого была возложена роль ответчика за все, загорался, как сама степь во время взрыва, и поучал остальных: дескать, мало того, что атомная бомба — это наш, советский ответ на гонку вооружений, но взрывы нужны и для мирных целей, чтобы строить коммунизм! "Мы обязательно должны не только догнать, но и обогнать американцев! На случай третьей мировой войны!" — завершал он пламенную речь своей коронной фразой. "Ты не читай нам агитацию!" — горячился дед, отвоевавший две мировые войны — первую в окопах на тыловых работах, а вторую — дойдя пешком до Эльбы, где он братался с американцами. "Нет на свете ничего, из-за чего стоило бы воевать! Я понимаю — железная дорога: и людей возит, и товары — всем польза! А какая польза от твоего атома-патома?! Всю степь сделали нежилой! Ни песчанки, ни лисы уже не встретишь!"

"У мужиков уже не стоит!" — непонятно вступал Кепек, на что Шакен как-то стыдливо отводил глаза.

Однажды, поздней осенью Шакен съездил в город и привез домой телевизор. "Если не я, пусть он образовывает вас!" — сказал он всем, устанавливая его на самом видном месте в доме.

* * *

С появлением телевизора в доме Шакена-коке радиола как-то сама по себе перекочевала в дом деда Даулета, и Дин Рид запел теперь прямо для Ержана. "Жашуд байлуп жеурикоуа, жеурикоуа, жеурикоуа, жашуд байлуп жеурикоуа бозген замлып нау!" — подпевал Ержан по-казахски. "Лиза, лиза, лиза, лизабет", — вторила по-казахски ему и Дину Риду краснощекая Айсулу. Их время теперь четко разделилось на дни и вечера. Дни, которые нужно было пережить — за музыкой, за Дином Ридом, за беготней по степи, за выходом к вагонам на запасном пути — за чем угодно, и вечера, до которых нужно было дожить, чтобы погружаться как в сон в этот маленький телевизор, светящий в скорой осенней темноте синим притягательным светом. Мультики, концерты, кино, новости, а особенно музыка, которую Шакен-коке по-хозяйски назвал "Время — вперед", музыка, подобная жизни Ержана и Айсулу, — они не пропускали ни одной передачи, пока, обессиленные, не вырубались прямо перед телевизором, валясь на кошму.

А однажды на Новый год в "Голубом огоньке" появился сам Дин Рид, точно такой же, как на обложке своей пластинки, высокий, стройный, красивый, и запел, как по заказу Айсулу, ее любимую песню "Лиза, лиза, лиза, лизабет". С тех пор, едва Ержан брался за скрипку, подбирая то Когана, то Дина Рида, он повязывал на шею материнский шелковый черный платок. Ни дать ни взять — галстук-бабочка. Как у Дина Рида.

Он твердо знал, на кого будет похожим, когда вырастет.

* * *

Ах, как Ержан хотел походить на Дина Рида! — спал и видел себя таким же красавцем с длинными волосами. Да что спал! Он и наяву представлял себя этим американцем, особенно когда смотрел на свою удлиняющуюся тень. Тогда он брал скрипку и, держа ее как гитару, начинал вертеться так, что и тень извивалась по земле в такт звукам: "Шуууийуани сектим, сектим, шуууйани уани тем, тайди идоу, у-у, у-у..." Он настолько свыкся с этим образом, что, когда ненароком заглядывал в материнское или бабкино зеркальце, удивлялся: ведь он-то ожидал увидеть там лицо, отпечатанное на конверте долгоиграющей пластинки.

Благодаря деду Даулету Ержан научился в свое время играть на домбре. Благодаря Шакену-коке он заполучил скрипку. Благодаря Кепеку-нагаши он обрел учителя Петко. Благодаря Петко он научился и музыке, и русскому, и даже заполучил Дина Рида. Благодаря Дину Риду он научился читать, поскольку хотел узнать все об этом высоком, красивом и счастливом человеке. Шакен-коке теперь привозил из города то газету, то журнал, то "Ровесник", то "Кругозор", откуда Ержан буковка за буковкой узнавал про жизнь своего кумира. Да и Петко, заслышав, что Ержан напевает со своего верблюда то "Марию, Марию, Марию", то "Ла бамбу", тоже нет-нет да и делился своими познаниями о Дине Риде, которого даже как-то видел на московской телестудии. Но восхищенный этими рассказами Ержан — в вечном присутствии нелепого Кепека — особо вида не подавал, поскольку знал уже, как ревнив был дед к его скрипке. Ведь и Петко, узнай он от Кепека, что Ержан время от времени отбрасывает смычок и хватает скрипку как гитару, тоже наверняка бы стал ревновать.

* * *

Кроме взрывов в Зоне лишь одно мучило Ержана тогда. Понаслышавшись споров о третьей мировой войне и насмотревшись ночных кошмаров, когда серебряные самолетики вдруг превращались в железных беркутов, налетающих на него как на лисенка, Ержан просыпался весь в поту и, боясь шевельнуться, с ужасом думал: а на чьей же стороне его американец Дин Рид?

Кому он мог рассказать про эти ночные страхи? Нет, перед Петко и перед остальными Ержан всерьез разыгрывал роль верного ученика Леонида Когана.

* * *

“Вундеркинд!” — сказал однажды Петко, глядя на мальчика влюбленными глазами, и это прозвище накрепко прицепилось к Ержану. Так теперь его звал Кепек-нагаши, от того быстро и охотно воспринял это слово Шакен-коке, который не только воскликнул: “Теперь мы точно обгоним американцев!”, но даже стал объяснять, что это слово означает в переводе с алманского, дескать, “вундер” это чудо, а “киндер” — это ребенок, мол, поэтому правильно будет говорить “вундеркиндер”. Так это слово заучил и дед Даулет, правда, бабки быстро оказашили его, называя своего внучка “булдур кимдир” — “этот кто-то”. Ержан быстро привык к этой кликухе, тем более что им хвалились при любом удобном случае: когда на раздаточном поезде приезжал друг деда Толеген, когда какой-нибудь пассажирский поезд останавливался на запасном пути, когда на ПМК к Петко приезжал участковый милиционер или окружной врач. В таких случаях кто-то из взрослых кричал: “Вундеркинд!”, и Ержан тотчас хватал свою скрипку и мчался на зов, чтобы сыграть им или “Каприз” Паганини, или первый концерт Вивальди из его “Весны”.

“Вундеркинд!” — соглашались и праздные пассажиры поезда, и устрашающие милиционер и доктор, и старый, добрый дядя Толеген.

***

После таких выступлений больше всех загорался дядя Шакен. “Его надо показать в консерватории! — восклицал он. — Вот возьму отпуск и поеду с ним в Алма-Ату!” Ержан приходил в ужас от этих слов. Прежде всего он думал, что его хотят законсервировать — даром, что ли, “консерватория”? — но даже после того, как Шакен-коке объяснил, что это такое, тот прошлый случай, когда дед Даулет решил взять его в город, а попал в “акырзаман”, пугал Ержана еще больше. И казалось, что остальные мужчины были тоже на его стороне. Дед махал рукой: “Вот пойдет в школу — все пройдет!” — как будто речь шла о какой-то простуде. Кепек-нагаши махал рукой с другой стороны: “Да не найдешь ты другого Петки. Твои Серики на домбрушке тренькают, а Петко хоть и Педик, у Ойстраха учился!” — и показывал на играющих в телевизоре: “Смотри, да мой жиен в сто раз лучше каждого из этих охломонов играет! Одна палка, два струна, я хозяин вся страна!" На это уже сердился дед, что, впрочем, мало что меняло.

Правда, в это время Ержана зазывала из соседней комнаты бабка Улбарсын: "Эй, булдур кимдир, келши, безимди басып койши!" — "Эй, вундеркинд, поди, намни-ка мне мои узлы!" Она бы уж точно не отпустила своего любимого массажиста никуда.

* * *

В семь лет Ержан пошел в школу. "Пошел" — это легко сказать. Школа находилась в поселке, что располагался в семи километрах от Кара-Шагана, и "пойти в школу" означало шагать ежедневно семь километров в одну сторону и семь километров обратно. В один из первых же походов дед заставил его навесить на одно плечо домбру, на другое скрипку, и там, в школе, когда учителя собрали всех в спортзале, сыграть и на том, и на другом инструменте. После этого его кличка "Вундеркинд" сама собой перекочевала из Кара-Шагана в школу. Правда, как и во всякой школе, ее укоротили до "Вунда". Теперь, когда в школу приезжали или проверяющие из района, или же собирались родители на собрание, а то и просто по поводу любой торжественной линейки, "Вунда" должен был играть то Курмангазы, то Чайковского.

Зимой, когда по степи зарыскали и завыли голодные волки да шакалы, дед стал возить его в школу на коне, и пока Ержан отогревался в классе, Даулет-Темиржол сидел в железнодорожной столовой. Это быстро ему надоело, и он, оповестив школьного директора, забрал на остаток зимы внука домой, опять оставив его один на один со скрипкой, с тетрадками и карандашами.

Тогда-то, долгими зимними вечерами, пока бабка Улбарсын перебирала под лампой верблюжью шерсть для последующей пряжи, Ержан научился рисовать все, что приходило ему в голову, все, что он успел увидеть за свою короткую пока жизнь. Тогда же он стал обучать грамоте свою Айсулу. И когда следующим летом та пошла в школу, то быстро стала лучшей в классе: ведь она знала то, что другим только предстояло узнать.

Отвозить в школу на верблюде в тесноте между двух горбов стал дядя Шакен. Когда же он пропадал на своей "вахте", догоняя и обгоняя американцев, дед Даулет сажал их обоих на ишачка и вручал им по засохшему початку кукурузы, чтобы Айсулу время от времени рассыпала зерно по дороге, так, мол, вы не потеряетесь. А потеряетесь — пустим кур по следу, и они вас отыщут, — говорил хитровато дед. Хотя как им было теряться, если вся дорога шла вдоль железной дороги. А потом дед наказал им, что солнце с утра должно светить им постоянно в лицо с правого глаза, ровно так же, как по возвращении.

Айсулу крепко цеплялась за худые плечи Ержана, и они скакали то по ветру, то против ветра, то сквозь смерч, то сквозь пыльную бурю, разбрасывая на первых порах кукурузные семена понапрасну. Впрочем, степные жаворонки да сизоворонки исправно склевывали всю иссохшуюся кукурузу. А солнце пряталось за быстрые осенние облака.

* * *

Но однажды, когда они ехали в школу солнечным осенним днем и Айсулу пела прямо в ухо Ержану одну из песен их Дина Рида, ослик подобрал выброшенную из поезда кочерыжку и, вместо того чтобы спокойно пережевать ее, остановившись при этом как будто для справления нужды, решил проглотить ее целиком на ходу и вдруг подавился. Внезапно он стал брыкаться и сбрасывать их со своей спины: сначала свалилась поющая Айсулу, за ней, на другую сторону, Ержан; осел дергался и хрипел, мотая головой из стороны в сторону. Ержан вскочил и бросился на него. Сначала хотел избить осла, но, увидев пену, идущую у него изо рта, не на шутку перепугался. Ослик не подпускал его к себе, брыкался, отбивался хвостом, щерил зубы и страшно хрипел. "Устасенши!" — "Держи!" — крикнул он, и маленькая Айсулу, сбросив на землю портфель, кинулась к удилам, чтобы, схватившись за них, потянуть голову ослика вниз к земле. Ержан тут же разжал ему пасть и всунул руку по локоть, чтобы, вцепившись сквозь пенистую мякоть ногтями в кочерыжку, потянуть ее изо всех сил на себя. Осел взвыл и впился зубами в руку Ержана, но тот, хотя матюкнулся по-взрослому: "Шешенди амина сикейин!" — но кочерыжку не отпустил и вытащил вместе с окровавленной рукой из пасти ишака, чтобы врезать ею ему между глаз! Ослик обиженно, но благодарно завыл: "И-а! И-и–а-а! И-и-а-а-а!" — и Айсулу, как какая-нибудь бабка Шолпан, тоже выругалась: "Олюп кетпейсинба! Хайван! Сахан не дедим?!" — и без дальнейших причитаний сняла с головы платок, облизала кровь, текущую по руке Ержана из-под задранного рукава и крепко перевязала рану...

В тот день они пропустили школу вместе...

* * *

Из чего вообще состояла их будничная жизнь? Налепить на заднюю стенку домов кизяка — их топлива на зиму. Поохотиться по товарным поездам, передыхающим на запасном пути: то сметешь с вагона, груженного углем, мешок-другой угольной пыли и крошки, а то выбьешь из восьми деревянных распорок, фиксирующих платформу, одну-другую на дрова, на стройматериал... — все это они делали вместе с Айсулу. Но больше всего они любили выносить кипяток и курт к случайному пассажирскому поезду, пережидающему какой-нибудь литерный товарняк, или же выходить к нему с домброй-полушкой... И тогда городские люди из неведомых земель — то золотозубые сарты, то желтоволосые урусы, то краснорубашные цыгане — давали им не только новенькие монетки да бумажные рубли, но кто — конфету, кто — плитку шоколада, кто — какую-нибудь ненужную городскую вещичку. Если заработанные сладости они делили пополам, то вещички Ержан щедро отдавал Айсулу, и у той в коробочках и ящичках их скопилась целая уйма: женская помада, комсомольские и пионерские значки, авторучка, брелок от ключей и даже огромные солнцезащитные очки.

Правда, пассажирские поезда пережидали здесь редко, все больше товарные, то с цементом, то с лесом, с которого можно было сдирать кору, то с песком, то с фарфоровой глиной, которую можно было жевать вместо черной смолы.

Зато с регулярностью, раз в неделю, все эти полустанки, называемые точками, объезжал вагон дяди Толегена, прицепляемый к тому или иному составу, и доставлял им железнодорожный хлеб, изредка муку для лепешек, сахар с солью и плиточный чай. Но к нему выходили уже сами взрослые.

* * *

Теперь и к Петко они ездили вдвоем, накрепко проинструктированные Кепеком, чтоб не расставались ни на минуту. К несчастью, ПМК Петко располагалось совсем в другой стороне, нежели школа: если начертить треугольник между домом, школой и Петко, то Петко находился на самой вершине. Той осенью, после очередной линейки, когда Ержан отыграл вместо горна и барабанов моцартовский марш, они решили не заезжать домой, а проехать неведомым доселе путем прямо к Петко. Тем более, что дедовским способом Ержан быстро рассчитал: если от дома в школу и из школы домой солнце светило им в правый глаз, то теперь, согласно русской приговорке Кепека-нагаши, оно должно светить им прямо в "жопу". Степь их совсем не пугала, особенно же водруженных на ишака — ни змея тебя не ужалит, ни каракурт, ни лиса не приблизится, ни коршун. Степь следила за ними, как широко раскрытый глаз, такой же огромный светлый глаз смотрел и сопровождал их сверху. Редкая могила выпирала из горизонта, черным пятнышком обозначая их путь. Но одна из этих выпирающих из земли точек странно шевелилась, и Ержан быстро понял: это одинокий волк, вышедший на свою предзимнюю охоту. Было видно, что тот поджидает свою добычу, и тогда Ержан сбросил с себя школьную гимнастерку, накрутил на руку и, используя ее вместо камчи, погнал ишака, улюлюкая изо всех сил и лупя гимнастеркой не только вьючное животное, но и пустой степной воздух. Айсулу тоже принялась вертеть своим джемпером и лупить ишака, визжа при этом так, что Ержан чуть не оглох. Волк, похоже, такого не ожидал и вдруг бросился наутек. Он бежал в том же направлении, куда и их ишачок, и выглядело это так, будто волк от них убегает, а они стремятся его догнать. Так они проскакали почти полчаса, пока волк внезапно не пропал, а они в конце концов увидели и вагончики, и экскаваторы, словом, благополучно добрались до Петко.

Они не стали рассказывать о своем приключении, а потом, во время долгого урока, ударила такая гроза, что они разом забыли все, что было, и бросились заводить под крышу ишачка, который, от ужаса наложив под себя, дрожал каждой волосинкой своего короткого хвоста.

Дождь и гроза продолжались без остановки, кругом была тьма-тьмущая. В ту ночь они пропустили свой обязательный телевизор и остались ночевать в вагончике у Петко.

* * *

В тот вечер, когда Айсулу уснула в одной кровати с Ержаном, ближе к полуночи, слушая гул ветра и хлещущий по вагончику дождь, Ержан вдруг почуял чей-то взгляд на себе и, обернувшись, увидел Петко, стоящего над их кроватью. Тот тоже, видимо, почуял на себе взгляд мальчишки и как-то неловко стал поправлять сползающее одеяло. Ержан лежал ни жив ни мертв, не зная, чего ожидать, боясь больше не за себя, а за Айсулу, и слыша, как гулко бьется его сердце. Острый музыкальный слух Петко, видимо, уловил этот гулкий стук детского страха, он присел на край кровати и, проведя ладонью по волосам Ержана, сказал: "Спи, не бойся, я здесь…" Потом прибавил: "Хочешь, я тебе расскажу сказку о Вечном мальчике?" — и, не дожидаясь ответа, стал шептать над кроватью:

"Давным-давно жил мальчик, звали его Вольфганг. Знаешь, что означает это имя? Идущий волк. (Здесь Ержан вздрогнул: уж не послал ли волка в степь сам хитрый Петко?) Был этот мальчик так талантлив, что играл на любом инструменте с завязанными платком глазами. Однажды ночью, когда Вольфганг не спал, а высматривал среди звезд ноты для своей музыки, к нему спустилась с неба среброликая луна и стала, танцуя, увлекать его за собой — на улицу, на речку, на озеро. Музыка была столь завораживающа, что мальчишка шел и шел, совершенно не в силах ни опомниться, ни сопротивляться. Там, на озере, увлекая его и танцем, и песней, луна пошла по воде, и вслед за ней пошел мальчик. Глуше и глуше становилась музыка, все плотнее обступала его со всех сторон вода. И вот серебряная нить музыки оборвалась. Вечная немота наполнила уши, нутро и тело мальчика, и на последнем издыхании он взвыл по-волчьи…

Его спасли не то люди, не то русалки, не то эльфы. И с тех пор, хоть и жило, и росло его тело, но душа так и осталась в той ночи, на том озере, очарованная навеки луной, ее серебристой дорожкой, полной волшебной музыки… Вот и ты напоминаешь мне того вечного мальчика…", — шептал Петко, или это уже снилось Ержану, и не слова Петко, а, скорее, шорох серебристого дождя за окном досказывал эту сладкую и страшную сказку.

Наутро гроза хоть и прекратилась, но дождь все еще шел, и степь развезло так, что ишачку было не пройти и двух шагов. Поскольку работа Петко по такой погоде тоже стала, они, позавтракав, опять взялись за скрипку и опять стали заниматься то Бомом, то Генделем.

Прошел день, наступил вечер, но дождь не прекращался. Откуда им было знать, что все это время и дед Даулет, оставив на путях своего сына Кепека, и Шакен-коке, чуть не сойдя с ума из-за своей единственной дочери, объезжают кто на верблюде, кто на коне дома одноклассников Ержана и Айсулу и нигде не могут их найти...

Когда на третий день они приехали на бодром, отоспавшемся ишачке, под виноватым солнцем, не в школу, а сразу же домой, на одну кинулись с объятиями, а на второго с кнутом... А Кепек к обоим со странными расспросами...

* * *

После следующей школьной зимы, когда, пропуская уроки в особенно буранные дни, Ержан учил Айсулу музыке, счету и письму дома, он вдруг пришел к мысли, что должен остаться на второй год, чтобы Айсулу нагнала его, и тогда они будут сидеть всю жизнь за одной партой. И хотя Ержан читал, считал, рисовал лучше всех в классе, он стал то оставлять учебники дома, то забывать про домашние задания, то просто ставить кляксы в тетрадь.

Учителя попытались вызвать его родителей, но Ержан записок никому не передавал, не поедут же сами учителя за семь километров туда и семь обратно, чтобы жаловаться на его неуспеваемость. Словом, оставили его на второй год. Дед, узнав об этом, хотел было отхлестать внука все тем же кнутом, но бабка заступилась, сказав, что музыка совсем уж затюкала бедного мальчишку, и на всякий случай прогнала его на несколько дней в соседний дом к Шолпан-шеше. Та поохала, поохала, сказала, что, пока ее зять Шакен на вахте, Ержан побудет мужчиной в их доме, и успокоилась. Надо сказать, что в отсутствие Шакена по хозяйству обычно помогал им Кепек.

Теперь же в этот гремучий зной стал Ержан гонять общее стадо к далекой пойме в оврагах, к высохшей за лето речке. Там стадо выискивало редкие ощипки тас-биюргуна и, переворачивая рогами залежавшиеся валуны, слизывало с обратной стороны оставшуюся влагу.

Безжалостное, голое солнце колотило прямо в темя; ни выжженные, бездыханные кусты тамариска, ни криворукий саксаул уже не укрывали полностью ни лица, ни головы. Ержан повязывал голову майкой, а когда совсем становилось невтерпеж, бережно поливал обгорающую кожу водой из солдатской фляжки Шакена, и тогда или корова, или блаженная овца начинали слизывать шершавым языком влагу с его кожи, тем самым чуть успокаивая зуд.

По вечерам, когда он, обгорелый, возвращался опять в дом Шолпан-шеше, та вместе с внучкой обмазывали то его спину, то грудь кислым молоком, и жизнь возвращалась под маленькими ладошками его Айсулу...

* * *

Второй раз второй класс он начал за одной партой с Айсулу, и они стали учиться, соревнуясь друг с другом в пятерках. Учителя не могли нарадоваться на него, считая, что шефство, которое взяла над второгодником примерная отличница Айсулу, сработало. Но кто из них знал, что дома шефствовал как раз Ержан: это он делал рисунки в двух экземплярах, отдавая лучший Айсулу, это он решал трудные задачи и подсказывал во время диктантов. Поскольку он был выше и здоровее этой мелкоты на год, то и заступался за нее он, не давая Айсулу никому в обиду.

Однажды на уроке родной речи вдруг задребезжали стекла, парты заходили ходуном, и черная доска с грохотом сорвалась со стены, прихлопнув собой перепуганную учительницу, хромоножку Кымбат. Ержан бросился к ней на помощь и не только вытащил ее из-под доски, чтобы та сумела проковылять, согласно инструкции, под дверной косяк, но и, скомандовав всем забраться под парты, сам выбил все еще дребезжащее стекло и, порезанный, вытащил наружу свою Айсулу.

Гул еще раз прошел по земле, спустя некоторое время проплыла гудящая воздушная волна, сорвавшая со школы всю черепицу, и настала жуткая тишина. Овцы не блеяли, собаки не лаяли, ишаки не орали, и даже вездесущие мухи не жужжали. Одна Айсулу, личиком в пыль, шептала свою бисмиллу...

* * *

Той же осенью отец Айсулу, дядя Шакен, организовал для всего их класса долгую автобусную экскурсию в городок ядерщиков, где он работал на своей "вахте". День они ехали разбитыми и пыльными степными дорогами, на ночь остались ночевать в спортзале местной школы, а с утра их, умытых и очистившихся от пыли, повели на так называемый "опытный реактор". Правда, на сам реактор не пустили, но в красном уголке Ержан и Айсулу отыграли положенные пьесы и даже дуэт. Дальше им показали фильм о мирном освоении атома. Потом дядя Шакен, облаченный, как и другие взрослые, в белый халат и белую шапочку, объявил, что именно здесь они делают все, чтобы не только догнать, но и обогнать Америку, а затем стал объяснять с помощью всяких разноцветных шариков, посаженных на толстую проволоку, то, что он назвал "цепной реакцией". Он брал один шарик из одной грозди и вышибал им такой же из другой, сажая первый на опустевшее место. "Надо же было везти нас так далеко, чтобы рассказывать про пятнашки!" — думал про себя Ержан, зато Айсулу не только смотрела во все глаза, но и задавала отцу вопросы, называя его Шакеном Нурпеисовичем.

Потом им показывали фильм об атомном взрыве и позже, на площадке, даже учили, как вести себя при испытаниях и как пользоваться противогазами. Вот это было веселье! Дети носились по площадке, напялив противогазы и не узнавая друг друга. Но вдруг появился человек не только в противогазе, но и в резиновом комбинезоне и не по-земному направился прямо к Айсулу, чтобы схватить ее своими клешнями-крагами, и когда она закричала, а Ержан кинулся ей на выручку, человек сбросил с лица свой шлем. Это был хохочущий дядя Шакен. Но Ержану вдруг стало не по себе...

* * *

К вечеру дядя Шакен повез их на Мертвое озеро — озеро, образовавшееся от взрыва атомной бомбы, строго запретив пить или прикасаться к так называемой "тяжелой воде". Озеро было сказочным. Посреди ровной степи расстилалась изумрудная вода, в которой отражалось редкое залётное облачко. Ни движения, ни волны, ни зыби, ни дрожи — стеклянная, бутылочного цвета поверхность — и лишь осторожные отражения ребятишек, заглядывающих на прибрежное дно: не встретится ли в этой стоячей и плотной воде какая сказочная рыбина или другое чудище...

И в это время дядю Шакена позвал водитель автобуса, вдруг обнаруживший, что проколол в степи колесо. Дядя Шакен назначил Ержана старшим и побежал помогать поднять автобус на домкрат.

Дети остались одни. И тут Ержана охватило невероятное ощущение полноты жизни: бескрайняя степь, безграничное небо, бездонная вода, тихая Айсулу, стоящая рядом и глядящая на все это, его длинная, как Дин Рид, тень... Тогда, чтобы хоть как-то избыть это ощущение, он сбросил с себя футболку и брюки и на глазах у всех вошел в эту запретную воду, чтобы побарахтаться в ней, и потом, под восхищенно-перепуганное верещание детей, и особенно же Айсулу, вышел из воды, отряхнувшись как ни в чем не бывало, и опять облачился в свои парусиновые брюки и китайскую футболку.

Никто, разумеется, ябедничать не стал, зато все долго и с восхищением вспоминали неожиданную выходку Вундера.

Продолжение следует.....

Содружество

Родилась в Томске. По образованию журналист. На данный момент проживает в г. Бишкек. Работала на радио, телевидении, в газетах, сейчас - в международной организации, журналист. Замужем. Двое детей. Пишет рассказы и пьесы для детей, а также рассказы и повести для взрослых. Хобби – фотография, любит длинные неторопливые прогулки, занимается плаваньем.

Диана
Светличная

Про женщину

- Ибо Твое есть Царство и сила и слава во веки. Аминь. – Женщина закончила свою молитву и открыла глаза. Перед ней на столе горели две церковные свечи, стол был накрыт праздничной скатертью, в центре стоял пасхальный кулич, рядом с ним было блюдо с крашеными яйцами, ватрушками и сластями. По обе стороны от женщины сидели девочки - Настя - большеглазый ангел пятнадцати лет и Маша – непоседливый восьмилетний бесенок. Женщина перекрестилась, глядя сквозь тюль в серое от смога небо и, будто спохватившись, добавила, - Пусть все наши родные и близкие будут здоровы и счастливы! – в этих ее словах было столько жизненной силы, что пламя свечей затрепетало и едва не потухло.

- А те, кто нам не родной и не близкий, пусть катятся к чертям собачьим. – Скороговоркой проговорила Настя, за что тут же получила от матери по губам.

- Богохульница! В Пасху! – Руки женщины задрожали. Она уже давала себе обещание не бить дочь по лицу, но тут такое дело! Сутки у плиты с куличами, ночь в церкви, вся эта суета с утра пораньше, чтобы все как положено, чтобы красивый стол, чтобы молитва, чтобы все вместе. Да еще муж уехал ни свет, ни заря по каким-то сверхважным делам. «Все тяжелее в наше время жить по правилам. Везде видны проделки дьявола», - пронеслось в ее голове. Старшая дочь бросила на пол вышитую крестиком вафельную салфетку, соскочила с места и исчезла за захлопнутой дверью. Женщина подняла с пола салфетку, выключила кипящий чайник и криво улыбнулась младшей дочери.

- Мама, а что такое богохульница? - спросила ее та, ковыряя пальцем крашеное яйцо.

- Это, Машенька, такой плохой человек, который не уважает ни родителей, ни бога. За спасение души которого мы должны молиться.

- А зачем? – добравшись ковыряющим пальцем до кулича, продолжала девочка.

- Затем, что он нам родной, и мы его любим, - ответила ей женщина.

- А сколько у нас родных, за которых надо молиться? – восьмилетняя девочка требовала конкретики.

- Ну, у нас очень много родных. Я не считала. Я не перечисляю их всех по именам, а так и прошу бога, чтобы он всем нашим дал здоровья и счастья.

- А ты можешь попросить у бога еще и для Азизы здоровья, а то она всю весну болеет, мне в школе играть не с кем… Настя плачет, наверное, можно я к ней пойду?

Оставшись наедине с куличами, яйцами и первыми лучами солнца, пробивающимися сквозь пелену городского смога, женщина присела у окна, вздохнула и обратила внимание на копошащегося в цветочном горшке паучка. Глядя на него, почему-то хотелось плакать.

Женщине вдруг подумалось что ее жизнь ничем не отличается от возни этой бездуховной твари. Также как и он копошится она на своей кухне, так же как и к нему несправедлив к ней этот мир и в любую секунду может прихлопнуть ее большой пластмассовой мухобойкой. Хотя она-то духовное создание и живет по писанию и всеми силами тянется к свету. Жертвует щедро и обиды всем прощает, слов дурных не говорит, мужа почитает, родителей его, даже свекровь. Всем этим бездомным, немощным всегда подает, в детских приютах ее давно знают, дочки еще не успеют вырасти из своих вещей, а она сложит их курточки-кофточки в большой пакет и прямиком бездомным ребятишкам, жалко же их как котят. Кота вон своего ни разу не ударила, хотя он, скотина неблагодарная, то на белье вытошнит, то на ковер помочится. Другая выгнала бы давно такого негодяя и забыла. Но она не такая, нет, ее жирный кот сыт и расчесан, валяется на диванах. Родительский дом даже делить не стала, пусть брат инвалид живет в нем на всем готовом. И живет ведь и спасибо теперь не дождешься. Ну, да бог ему судья… Да, ударила дочь. Да, не в первый раз. Но бог свидетель, только из любви. Настя, конечно, добрый ребенок, доверчивый, этот Интернет да сверстники на нее влияют плохо. Все это американская культура, весь этот разврат и беспредел. Эта Америка – логово дьявола в красивом интерьере. Давно пора ввести цензуру и на телевидение и на Интернеты их, правильно предлагают депутаты, а то совсем потеряем мы нашу молодежь. То тату, то пирсинг, то волосы розовые. Только чтобы походить на этих развязных дев американских. Прежнее поколение другим было - скромнее, покорнее. Девочки сначала родителей слушались, потом мужей. И все довольны были. Ну, разве что ночью встанешь тихонько, закроешься в ванной и плачешь беззвучно и просишь у бога прощения за то, что муж с тобой вытворяет. Прилепилась жена к мужу своему и ничего тут не поделаешь, прости Господи! Придумал же создатель такое. Мужчины и пользуются. И прощаешь все мужу… И Ирку-одногруппницу, и Таньку-секретаршу, и… да сколько их было. Сначала сердцу больно было и за себя обидно, а потом безразлично стало. Это по юности главное справиться с эмоциями, они бурлят, кружат голову, но со временем они улетучиваются и понимаешь, что главное – это не вздохи и не подначивания чертей, а благообразность и здравый смысл. А все эти любовные истории - такая глупость и детство, все эти Анны Каренины, поезда, внезапно нахлынувшие страсти, смешно даже. Вот он паук, плетет свою паутину, сгорает страстью при виде мухи, совершает необдуманные поступки, конечно. Но мы же люди! В нас божье начало. Мы - другое!

- Мама, мамочка! Настя не открывает! – вырвал ее из плена мыслей голос младшей дочери.

- Опять закрылась в комнате? – сохраняя спокойствие, спросила женщина и направилась к комнате Насти.

- Настя, сегодня светлый праздник. Мы не должны ссориться. Открой дверь. Скоро приедет отец. Ты же не хочешь его расстроить. Какой пример ты подаешь Маше? Почему ты молчишь? Настя? – сердце женщины быстро забилось. Она забыла про благообразность и здравый смысл. На нее нахлынули чувства, ей стало очень страшно. – Что ты молчишь? Черт тебя подери! Я сейчас буду ломать дверь. Ответь мне сейчас же! Ответь мне, Настя!

Тишина была такой плотной, что ее хотелось разрубить топором. Хотелось заполнить ее своим криком. Младшая дочь женщины, никогда не видевшая свою мать в таком состоянии, сидела на полу, закрыв обеими руками уши. Ей тоже было страшно. Лицо женщины было бледным, сердце било под дых. Воображение рисовало страшные картины, перед глазами летали разноцветные мухи. Собравшись с силами, сделав небольшой разбег и превратившись в локомотив, неожиданно для себя женщина выбила добротную китайскую дверь и, не чувствуя от боли плечо, упала рядом с кроватью своей старшей дочери.

- Как же я вас всех ненавижу, мама. - Чужим холодным голосом произнесла ее дочь. Она лежала на своей кровати и смотрела в окно. – Не бойся, я ничего с собой не сделаю. И не потому, что как ты говоришь, это грех. А потому что на это нужны эмоции, а у меня, наверное, генетическая болезнь. Нет, у меня таких сильных эмоций, мама! И любви наверное тоже никогда не будет! Я умру, дыша одним с вами воздухом. Он по одной только этой причине мне уже противен. И я жду не дождусь совершеннолетия, только чтобы уехать от вас навсегда, пусть хоть в ад, пусть хоть к черту на рога, только чтобы подальше…

- Господи! Что же я не так делаю? – прошептала женщина. Бить дочку по лицу ей показалось бесполезным…

Рыбы в банке

Истеричная муха долбила своим хоботком мутное стекло, за окном галдела кучка людей перед которой домком тряс мятыми бумажками и повторял «трубы», кастрированный кот не терял надежды и, урча, любил махровый халат хозяйки, с шипением на плиту из кастрюли выпрыгивал мясной бульон, пыль хлопьями оседала на поверхности, предупреждая о скором начале знойного азиатского лета. Суета подменяла жизнь.

Николай Степанович сидел за большим кухонным столом, придерживая одной рукой костыль, а другой листая рекламную газету. С недавних пор он пристрастился к отечественной прессе и покупал все газеты, где имелись рубрики «требуется» и «сканворд». Когда именно страсть к информации овладела его рассудком – после увольнения или перелома, сказать трудно, но несколько неизвестных слов из сканворда дважды отвлекли его от мыслей о суициде.

После пышного юбилея в ресторане жизнь его словно пошла под откос. И главное так равномерно и последовательно пошла. Спустя неделю после высокопарных тостов про золотую середину жизни, отдел, где он числился начальником, упразднили и тех, кто помоложе, раскидали по филиалам, а перед ним развели руками и, выплатив выходное пособие, дали пинка под зад. Он еще и очухаться не успел от этих впечатлений, как в отчий дом со словами «все мужики козлы» вернулась недавно ушедшая замуж дочь. Если бы закончилось все на этом, можно было бы попробовать удариться в религию или начать пить, но ни то, ни другое успеть Николаю Степановичу не удалось, потому что еще через неделю сын разбил его машину, а через три дня Николай Степанович на ровном месте сломал ногу.

- Порча. - Авторитетно заявила соседка Галка, увидев Николая Степановича на костылях и начала с удвоенной силой строить ему глазки.

- Что я, сметана? Портиться? - Ответил на ее заявление Николай Степанович, но зерно сомнения упало на благодатную почву и ему стали сниться тревожные сны.

То идет он в порванной одежде по полю и начинается дождь, а укрыться негде. И тогда он пытается бежать, но ноги не слушаются и вязнут в мокрой земле, а земля оказывается болотом, которое с жадностью голодного зверя пытается его поглотить. Он кричит, сопротивляется, но его никто не слышит и дождь усиливается, грязные ручьи текут по его щекам и тело все глубже погружается в трясину… То будто заходит он в свой гараж, а там не горит свет, он хочет поменять лампочку, подходит к шкафу, чтобы взять новую, открывает дверцу, а оттуда на него валятся куски человеческих тел. И вроде как он узнает их. Вот рука жены, нога дочери, голова сына. Он в ужасе пытается закрыть дверцу, но она не поддается, вместо этого закрываются ворота гаража, и наступает мрак, а из шкафчика на него все сыплется и сыплется что-то влажное и холодное…

Впрочем, заканчиваются все его сны одинаково, он получает под дых и просыпается. Это во сне жена обычно задевает его своей крупной мясистой коленкой. Николай Степанович открывает глаза и чуть отдышавшись, начинает перебирать в памяти события последних лет. Все пытается понять, где допустил ошибку, что сделал не так, где был слишком мягок, где недопустимо тверд. Где оступился на работе, почему после стольких лет, его так просто вышвырнули, с чем он не смог справиться, под кого не смог подстроиться…. А иногда уставится на спящее, припухшее лицо женщины, что лежит с открытым ртом на соседней подушке и не может понять, что она делает с ним рядом. Приоткроет для верности одеяло, осмотрит обмякшее бесформенное тело, даже иной раз ноздрями как конь поведет, потом выдохнет, откинется на свою подушку и, не моргая, смотрит в потолок: «Как все это могло случиться с ним?»

- Что так сложно окно открыть? – Услышал за спиной Николай Степанович высокий голос жены и вздрогнул от неожиданности. Насекомое на «б», самка которого съедает самца сразу после спаривания, полностью овладело его сознанием, он даже не услышал как кто-то вошел в квартиру.

- Обязательно нужно проникать в квартиру как ниндзя? Всю жизнь крадешься со спины. – Поговорил сам с собой Николай Степанович.

- Бульон весь выкипел, в квартире как в бане, а мы тут как обычно сканворды думаем. Я вообще не знаю, как тебя держали на работе, у тебя же мозг атрофирован! - Еще совсем недавно Ниночка закатывая глаза и не без кокетства жаловалась подругам: «Знаете, каково это жить с человеком, который просто всем необходим? На работе же без него ни на шаг, все на нем на одном. И все эти загранкомандировки постоянные…» - Ну и что ты на меня уставился? Окно открой!

Николай Степанович встал и, направляясь к окну, задел ногой в гипсе табурет. Табурет упал на сидящего рядом кота. Кот метнулся на подоконник и снес с него цветок в горшке. Горшок разбился, цветок сломался, земля рассыпалась по всей кухне. Николай Степанович замер и, прислонившись к стене, решил, чтобы исключить дальнейшие разрушения, больше не двигаться. Стоя на здоровой ноге, он отчетливо ощущал дрожь в загипсованном колене.

- Чудовищное порождение Андерсена! И мать твоя оловянная ложка! – Выругалась жена и, сверкнув глазами, вылетела прочь из кухни.

Николай Степанович мысленно переварил ее ругательство и все-таки приоткрыл окно. Дышать в квартире становилось все труднее.

Не то, чтобы язвительные замечания жены были для него в новинку. Нет, острой на язык она была с юности. Но тогда все эти ее подковырки забавляли его, добавляли перчика в их отношения, он восхищался трезвостью ее мысли, метафорам и полету фантазии. Даже его мать, та еще мастер слова, иной раз не знала, что ответить снохе и за глаза с чувством описывала ее родне: «Щупленькая как птичка, но как рот откроет, спасайся, кто может. С виду ангел, внутри же чертовка». Молодой, добродушный Коля смеялся над словами матери и души не чаял в Ниночке. С годами Ниночка отяжелела и телом и характером. Одно дело, когда оловянным солдатиком тебя называет воздушное существо в прозрачной маечке, и совсем другое, когда стокилограммовое чудовище с беспощадным взглядом зовет тебя сыном оловянной ложки.

В дверь позвонили. Николай Степанович бросился на звук, как собака Павлова и снова, забыв про гипс, налетел в прихожей на старое трюмо, с края которого слетела декоративная фарфоровая пепельница. Через секунду в тесной прихожей была Ниночка.

- Ты это специально, да? – Прошипела она и, открыв дверь, набросилась на стоявшую на пороге дочь.

- Вик, ну когда ты уже не будешь забывать ключи? Вот же они висят! Что так трудно взять их? – Голос Нины срывался.

- Что тут у вас произошло? – Поприветствовала родителей дочь.

- Ничего особенного. Просто отец, разрушив свою жизнь, решил разрушить и мою. – Голос Нины взлетел, и она театрально заплакала. Увидев разгром на кухне, и поняв, кому придется все это убирать, Виктория тяжело выдохнула.

- Все мужики одинаковые. – Приподняв носик, заключила она. Николай Степанович узнал в дочери молодую жену и, тряхнув, словно от наваждения, головой, зажмурился.

- Пожалуй, я пойду, прогуляюсь. – Неуверенно, словно отпрашиваясь, пролепетал Николай Степанович и, как был в старой застиранной футболке с дыркой на плече, так и пошел.

- Конечно, иди! Отдохни! Ты же не ставил полдня капельницы молодым засранкам... – Услышал он уже на лестничной площадке из-за закрытой двери голос жены.

Яркий свет ударил в глаза Николаю Степановичу, стоило ему только приоткрыть подъездную дверь. Запах мочи и цветущей сирени закружили голову. Он словно старик оперся о дверь и почувствовал себя потерявшимся мальчиком. Когда-то в детстве, мама потеряла его на рынке, и он так же беспомощно стоял у мясного павильона и не знал, что делать.

Когда каждый день ходишь на работу или по делам и маршрут твой расписан по минутам, дорога из дома кажется ничем непримечательной и до боли знакомой. Но когда тебя никто нигде не ждет, не знаешь, как преодолеть и несколько метров. Просто не знаешь, в какую сторону идти и все вокруг кажется чужим и враждебным.

- Николай Степанович, вам помочь опуститься? – Услышал он за спиной голос соседки Галки.

- Ниже уже некуда… - Пробубнил сам себе он и, словно солдат из фильмов о Великой Отечественной, опираясь о костыли, спустился с крыльца и заковылял вперед. Все равно куда, лишь бы подальше от дома.

Он шел, чуть опустив голову, потому как ему казалось, что все смотрят на его костыли, на его гипс, на его рваную футболку. Ему казалось, что над ним похихикивают две молодые девчонки, только что обогнавшие его. Ему казалось, что он вызывает у прохожих жалость и презрение. Он привык выглядеть сильным, успешным. Ходить с высоко поднятой головой, в костюме и галстуке, в неловкие моменты поглядывать на часы, торопиться, не замечать никого вокруг.

В кармане его штанов забренчал мобильный. Он остановился и с тревогой нажал на зеленую кнопку.

- Пап, привет. Слушай, у меня проблемы. Мне срочно нужны деньги. – Сын говорил, как обычно, сбивчиво и громко, из трубки шел гул общественного места.

- Привет, сын… - С какой-то безнадегой в голосе проговорил Николай Степанович.

- Па, я говорю, мне нужны деньги. – Выкрикнул из трубки требовательный голос.

- Ну, так заработай! – Крикнул в ответ ему Николай Степанович.

- Так у меня же институт! – Прокричал ему сын.

- Ну, брось его! – Ответил Николай Степанович и нажал на красную кнопку.

Навстречу ему ехал мужчина на спортивном велосипеде. Он показался Николаю Степановичу совершенно счастливым. Николай Степанович даже обернулся ему вслед и попытался вспомнить, катался ли он когда-нибудь после школы на велосипеде. Оказалось, что нет. Последний раз он крутил педали в десятом классе перед экзаменами. Мать его еще гоняла за это, боялась, что не сдаст русский язык…

«Вот срастется кость и куплю себе велосипед. Мужик-то седой почти, а в глазах азарт…» - Он в первый раз после того, как его уволили с работы, дрогнул губой и подумал о чем-то приятном. В кармане снова зазвонил телефон.

- Ты, я смотрю, на старости лет совсем с катушек слетел! – Кричала из аппарата жена. – Ты зачем заставляешь Димку институт бросить, а?

Николай Степанович отключил телефон и обессиленный присел на разбитую скамейку. Страшно захотелось есть. Он представил, как было бы замечательно сейчас взять кружку свежего пива и пару палок сочного шашлыка. Но в кармане кроме выключенного телефона и счета за электричество ничего не было.

И тогда он поступил, как настоящий забулдыга. Подошел к ближайшему магазинчику и предложил свой телефон. Продавец, молодой парень в яркой майке, долго смотрел сначала на телефон, потом на дырку на футболке Николая Степановича, потом на его залысины, потом на костыли и снова на телефон. Когда мальчишка выложил ему на прилавок несколько мятых купюр, Николай Степанович почувствовал, что черная полоса в его жизни закончилась и, с видом человека выигравшего в лотерею, не чувствуя земли под костылями, вышел из магазина.

Дойдя до ближайшего кафе и выпив кружку пива, он немного расслабился и пока готовился его шашлык, сидел и смотрел по сторонам. За соседними столиками люди сидели небольшими компаниями, по пять, четыре, три, два человека. Он единственный дожидался своего шашлыка в одиночестве. Это его не смущало, но наводило на неприятные мысли.

«Когда я последний раз сидел так душевно с компанией? Не-не-не, ресторан и коллеги не в счет… Так, чтобы можно было поговорить… Чтобы послушали, поняли и разделили… Вот, мужик сидит с женщиной, вроде и не красавица она и мозгов может кот наплакал, а как смотрит на него, как слушает… Нинка бы щас тут устроила разнос официантам и что долго не несут, и что столики с крошками, и что салфеток нет… Да и вообще, не зашла бы она сюда. Побрезговала бы. Не говоря о том, чтобы слушать меня».

Николай Степанович выпил еще кружку пива и разглядывал окружающих людей уже облокотившись о спинку пластикового стула и вытянув ногу в гипсе во весь проход.

«Собственно, с кем бы я вообще мог прийти сюда?», - Николай Степанович напрягся, как перед прыжком и не прыгнул. Оказалось, нет у него ни друзей, ни приятелей, ни собутыльников. Потому что для дружбы особый талант нужен, много эта дружба отнимает душевных сил, а он все свои силы истратил на угоду Нинке. Приятелей тоже не завел, кому же приятно с подкаблучником общаться, ну, а собутыльники еще в юности отпали, как сомнения у маньяка при виде жертвы. Кто ж решится пить, когда все время рядом Нина.

Когда принесли шашлык, Николай Степанович уже был самим собой и улыбался официантке. И люди вокруг стали доброжелательнее и на свой внешний вид ему было наплевать. Он со смаком жевал жареное мясо и руками ел лук, он не боялся ни капель соуса на своих штанах, ни общественного мнения, ни счета. Ему было хорошо.

Выпив еще одну кружку пива и впервые в жизни оставив чаевые официантке, Николай Степанович, вышел из кафе и направился домой. За углом он обнаружил небольшой зоомагазин и с глазами ребенка вошел в него. В большом подсвеченном аквариуме плавала золотая рыбка, о которой он мечтал с детства. Животинка, на которую не было денег у его матери, которая не вписывалась в интерьер квартиры, по мнению его жены.

Глядя на висящих в воде рыб, Николай Степанович ощутил то, что в сканвордах занимает целых четырнадцать кубиков и по мнению эрудитов-составителей, является синонимом пресыщения и довольства.

- Дайте мне эту рыбу. – Дрожа от волнения сказал Николай Степанович продавщице. Он не мог в этот момент думать ни о том, что у него еще нет ни аквариума, ни всех этих приспособлений с трубками, ни корма, ничего. Он знал только одно – если он не купит эту рыбу сейчас, он не купит ее уже никогда.

- Я вам ее могу отсадить в банку. Но как же вы ее на костылях… - Девушка еще не успела договорить, как Николай Степанович отставил один костыль в сторону.

- Я один здесь оставлю, завтра сын за ним придет. И аквариум купит и все, что еще к нему нужно…

Когда Николай Степанович вошел в квартиру, у него перед глазами все поплыло, люстра закачалась, уши заложило.

- Господи! Коленька, что с тобой? Дай скорее сюда банку, пока не разбил. – Жена выглядела взволнованной и какой-то очень родной.

- Знаешь, Нина, я понял, из-за чего у нас все пошло под откос… Из-за нее… - Николай Степанович указал пальцем на рыбку в банке.

- Из-за рыбы? – Сморщившись, уточнила Нина.

- Из-за нее. – Ответил Николай Степанович, сползая вниз по стенке в зале, но при этом держа на весу ногу в гипсе. - Я же все для тебя жил, ни пил, ни гулял, на рыбалку даже с мужиками не ездил. А ты…

- Ну, что? Что я? – Как всегда перебила его жена.

- А ты меня даже мне не оставила. Все под себя, как клуша подгребла. Душу мою вытрясла. Кровь мою выпила. Сам виноват, конечно. Дурак. Влюбился в тебя и все тебе разрешил.

- Ну а рыба-то это тут при чем? – Взвизгнула Нина.

- А при том. Не помнишь уже, поди? Купить я ее хотел на день рождения себе, через неделю после свадьбы. А ты посчитала сколько аквариум стоить будет, разревелась. Сказала, что я только о себе думаю. И я поддался. И выпустил монстра на свободу… И ты и твоя мамаша… - Речь Николая Степановича становилась бессвязной и все более монотонной. Спустя пару минут он сполз по стенке окончательно и громко захрапел.

Нина подошла к мужу, беззлобно ткнула его кулаком в грудь, сняла с него обувь и накрыла старым пледом. Потом села на пол рядом со стеклянной тарой из зоомагазина и улыбнулась.

- Ну что, рыба? Добро пожаловать в нашу банку…

Уроки музыки

Длинный мазаный синей краской коридор музыкальной школы как бы шепчет своим прихожанам скрипучими половицами рассохшегося пола: «Жизнь бессмысленна и темна». Единственный просвет в этом длинном, наполненном какофонией звуков тоннеле – небольшое грязное окно, заставлено пыльными полусухими растениями в потрескавшихся горшках и служит прибежищем для деятельных насекомых. Пауки здесь плетут невероятные сети, а глупые мухи трепыхаются в них, как распятые мученики.

Настя смотрит на них с пониманием и тоской. Ей близки их переживания. Всякий раз, приведя сюда на занятия свою дочь, она неизменно идет к грязному окну с мухами. Будто сила притяжения срабатывает. Хотя иногда ей так хочется остановиться рядом с трындящими мамашами-бабками, что сидят на скамейках вдоль стен в ожидании. Срастись с ними, попасть в тон, влиться в их реку бреда.

Быть может, между рассказами о борщах и болезнях они поделятся с ней тайной своей радости, расскажут, как не сошли с ума на своих кухнях, как не задохнулись от невежества рядом с полками великих авторов, как не оглохли от пошлости, льющейся из динамиков в общественном транспорте и с экрана телевизора, как справились с человеческим хамством, как остались уверенными в себе, как просто решили остаться здесь…

Настя устала жить. Вернее, как-то в один момент, она вдруг поняла всю бесполезность утреннего пробуждения, общепринятого ритуала существования и всего того, что коротко и хлестко, называют «жизнью». Само слово ей даже вдруг опротивело - скользкое, аморфное, будто сквозь пальцы просачивается.

Окончив консерваторию по специальности «виолончель», она не специально вышла замуж за доброго и состоятельного человека, родила прекрасную девочку и навсегда разлюбила музыку. Просто разлюбила. Не было никакого душевного надлома, который в таких случаях ищут психологи, не было тяжелых жизненных условий, которые авторы приплетают в книжках главным героям, ничего такого не было.

Просто однажды утром Настя проснулась и поняла, что сделала здесь все. А также она поняла, что она не гений, а посредственность. Серая, среднестатистическая женщина, каких на Земле миллионы… Да, у нее есть свой персональный мужчина, свой собственный ребенок, квартира, машина, побрякушки… Все… Да, это все… Больше у нее ничего нет. И никогда не будет. Потому что если есть что-то еще, то с этим рождаются, об этом знают изначально…

Стоя возле окна с мухами, Настя преображалась, она выпрямляла плечи, всматривалась в паутину и бессознательно вслушивалась в порхающие за закрытыми дверями мелодии. За первой закрытой дверью, сотрясая стены школы, гремел хор. Среди общего хорового многоголосья Настя выделяла один тонюсенький неровный голосок. Иногда он фальшивил и выводил ее из равновесия.

«Зачем я привела ее сюда? По привычке… Просто потому, что когда-то также привели сюда и меня? Просто потому, что мне страшно признаться ей, что она такая же обычная как и я. И что гении больше не рождаются… И что мы пытаемся занять себя и своих детей каким-то подобием искусства… Просто, чтобы казаться себе чем-то…»

Перед ее глазами плыл туман и запутавшиеся в паутине мушки, уже казались ей маленькими чертиками, с трезубцами в лапках, они махали ей, приглашая в свою паутину, скалили зубы, подмигивали. Настя задержалась за подоконник и попыталась закрыть глаза.

«Вот сейчас, инсульт или инфаркт и никогда не возвращаться обратно. Никогда не возвращаться в этот дико синий коридор в это общество амбициозных лжецов. Не толкаться локтями в поисках живого и настоящего…»

Сколько раз Настя видела свой уход. Свое освобождение. Ей, как и любой женщине, хотелось чтобы это было красиво и безболезненно. Чтобы закрыть глаза - и ни боли, ни крови, ни сожаления. Она ни на секунду не сомневалась, что муж и дочь справятся и поймут все правильно.

Муж еще молодой и интересный мужчина найдет достойную женщину, которая будет радоваться его цветам, вниманию, подаркам, будет фаршировать ему рыбу и правильно запекать цыпленка.

Дочь в свои шесть лет поймет ее как женщина женщину и простит. А еще запомнит молодой и красивой….

В сумочке завибрировал мобильный. Настя никогда не позволила бы мобильному «петь». С нее хватало всех остальных звуков в этом мире. Но завибрировал телефон весьма энергично и заставил ее снова остаться.

Простуженный голос из трубки сообщил Насте, что она может забрать свой плащ из химчистки и что, если она хочет это сделать сегодня, то у нее остался только час времени…

За второй дверью кто-то с остервенением повторял гаммы. И каждый новый удар по клавишам отзывался в Насте ужасом. Она снова и снова вздрагивала и пыталась все сильнее вжать голову в плечи. От шепелявости в трубке у Насти свело зубы. Новые удары по клавишам показались ей звуками вбиваемых в крышку гроба гвоздей. Дышать стало трудно… Мухи уже не сопротивлялись, и, безжизненно распластавшись, гроздьями висели на пыльных решетках паутины.

За грязным стеклом потемнело. Серая, почти черная туча повисла над маленьким двориком музыкальной школы. Настя улыбнулась своему отражению в замызганном окне, будто в предвкушении чего-то долгожданного и большого…

Она никогда не ощущала ничего подобного, так, наверное, дети ждут чуда, а заключенные - освобождения… Ветер ударил ветвями спиленного тополя по стеклу, и Настя ощутила холодок, ползущий по ее ногам вверх. Этот холодок сковывал движения и будто обволакивал ее сознание. Звуки становились все менее раздражающими, грязь на стекле – менее отчетливой… И вдруг дверь хорового зала с шумом распахнулась и из нее выбежал маленький круглый человечек – с гладкой блестящей лысиной и большими синими глазами.

- Настенька, боялся уже не застать вас. Как вы, дорогая? – Марк Моисеевич преподавал хор в этой школе почти шестьдесят лет. И был учителем еще родителей Насти. Именно он настоял на том, чтобы Настя «попробовала виолончель» и теперь вот учил ее дочь.

- Марк Моисеевич, я нормально. Ну, как всегда… - Глядя в глаза этому открытому и доброму человеку, Настя всегда немного смущалась. Он для нее был загадкой. Вопреки другим преподавателям, он не кричал на фальшивящих, не вскидывал к небу руки, не закатывал глаз, а просто говорил: «Зато как душа поет!» Иногда он казался Насте немного ненормальным, и она даже подозревала у него проблемы со слухом.

- Настенька, ваша девочка – просто чудо! Она гениальна! Вы хоть понимаете это! – Его добрый смех, вечно нараспашку душа согрели ее изнутри, и она зачем-то совершенно не к месту прослезилась и обняла его за плечи.

- Спасибо, Марк Моисеевич. Как же… Знаю я всех ваших гениальных учеников… - Он обнял ее, как делал это тысячу раз при встрече, но Насте почему-то вдруг показалось, что она не ощутила его объятий…

- Настенька, гений ты мой самый чистый… - Ответил ей учитель и, улыбнувшись, побежал вперед. – Тороплюсь, дорогая. А ты не спеши… - С этими словами он исчез в толпе голосящих детей и их родителей.

К Насте вышла из класса дочь, вечно несобранная, растерянная. Настя улыбнулась и взяла у нее из рук ноты.

В вестибюле, как всегда, толпилось много народу. С одной стороны шли дети и родители с занятий, с другой стороны входили люди с букетами цветов в большой зал на концерт. Среди всей этой суматохи и суеты вдруг с улицы вбежала бледная женщина и сиплым голосов прорычала: «Скорую! Марка Моисеевича сбил трамвай…»

Владимир Лидский (Михайлов Владимир Леонидович), родился в 1957 г. в Москве. Окончил ВГИК, сценарно-киноведческий факультет. Поэт, прозаик, драматург, историк кино. Автор романов «Русский садизм», «Избиение младенцев», повестей, рассказов, сборников стихов «Семицветье» и «По ту сторону зеркала», нескольких киноведческих книг. Лауреат премий «Вольный стрелок: Серебряная пуля» (США), «Арча», Премии им. Алданова, финалист «Национального бестселлера», Премии Андрея Белого, Волошинского конкурса (проза и драматургия), конкурса «Баденвайлер» (Германия), лонг-листер премий «НОС», «Действующие лица» и др. Член Союза кинематографистов КР. Живёт в Бишкеке.

Владимир Лидский

«ИЗБИЕНИЕ МЛАДЕНЦЕВ»

фрагмент

... Эта остывающая лава на несколько вёрст растеклась по тираспольскому шляху, она продолжала течь, уже потеряв свой яростный огонь, свой нестерпимый жар, и её медленное, но неостановимое движение замедлялось всё более и более, потому что силы десяти тысяч человек, сонно бредущих в затылок друг другу, истощались, и люди уже не хотели и не могли идти дальше, с вожделением думая только о том, чтобы рухнуть в снег на обочине дороги и уснуть, уснуть, уснуть навсегда... Эти тени, эти полумертвецы из последних сил несли свои измученные тела, едва надеясь на спасение, и лишь ввиду той смутной надежды механически переставляли распухшие ноги... этот пепел погибающей отчизны ещё кружился над её заснеженными нивами, но уже стремился к земле, не желая более поддаваться враждебным вихрям истории...

Подводы и повозки, люди... впереди — броневой автомобиль, за ним — гусарский эскадрон на измученных конях, за гусарами — сапёрная рота, пулемётная команда и батальон немецких колонистов, кое-как вооружённых, а уж дальше — плохо организованный военный сброд под нетвёрдой командой самостийных командиров и — самое страшное — беженский обоз с плачущими детьми и никому не нужным домашним скарбом. Что думали увезти с собою эти люди? Как египетские фараоны хотели они взять в потусторонний мир свои насиженные клопами шкафы и резные столики с гнутыми ножками, бонбоньерки, граммофоны, пудовые альбомы с фотографическими карточками, изображающими патриархов семей, и клетки с полузадушенными морозом канарейками... Канарейки ехали и бонбоньерки тоже ехали, а измождённая пехота да истощавшие кадеты шли...

Время от времени впереди и по сторонам появлялись красные разъезды, но они не нападали, а лишь гарцевали в отдалении, опасаясь, видимо, броневика. Никита видел красных и наполнялся злобой, более всего досадуя на то, что они, как волки, обкладывают обоз и готовятся напасть, но выжидают... ему же хотелось схватки, крови, рубки, хотелось нести боль и смерть, хотелось рвать и жечь ненавистного врага, отобравшего всё — жизнь, молодость, Лялю, человеческое достоинство, ввергнувшего его, милого домашнего мальчика, любившего Пушкина и Некрасова, в пучину ненависти и страха. Когда конные разъезды красных исчезали, Никита засыпал. Он спал на ходу, мерно переставляя ноги, во сне слышал команды, храп лошадей, звяканье случайно соприкоснувшихся штыков и хмуро просыпался, при замедлении шага упираясь в фигуру идущего впереди товарища. Так сквозь мутную пелену сна протащились день, вечер, а потом наступила ночь. В бессознательной полудрёме кадеты шли и шли, и Никита уже не открывал глаза, потому что под сомкнутыми веками его была тьма и снаружи тоже была тьма, и какие-то звуки проносились мимо, не задевая сознания, но вот из ночной ветреной пустоты выполз вдруг тягучий, словно размытый морщинистою пенкою лунного света колокольный набат, и кадеты очнулись. Набат гудел, по колонне понеслись команды и невнятные слухи: передовые отряды приблизились к какому-то безымянному посёлку и его рабочие не хотят пропускать обоз, подготавливаясь к бою. Огромный людской хвост постепенно стал и замер. Кадеты тут же снова повалились в снег и мгновенно заснули.

Генерал Васильев, сберегая жизни людей, принял решение уклониться от боя и, несмотря на необходимость передышки, повернул в поля, чтобы обойти враждебный посёлок. Его приказом предписывалось идти на соединение с генералом Бредовым, отступавшим к польской границе. Бредов вёл двадцать тысяч бойцов и, догнав его арьергарды, можно было надеяться на спасение или хотя бы на участие в достойном бою вместе с регулярными войсками, и тогда уж задорого отдать свои жизни.

Обоз резко свернул с дороги и двинулся по снежной целине. Когда утреннее небо стало давать немного света, кадеты на первой же остановке принялись раскапывать снег в поисках замёрзших початков кукурузы. Никита уже не мог вспомнить, какой день пути за плечами и когда кадеты в последний раз ели. Царапая руки о ледяную ость злаков, о колючие стебли и обломки оставшихся в поле окаменевших растений, он искал кукурузные зёрна, и с углов его рта в покрытую серебристой коркой бугристую землю непроизвольно капала горькая слюна... Он думал, что уже ничто не заставит его волноваться или переживать, но с удивлением услышал вдруг своё часто забившееся сердце, когда застывшими пальцами прикоснулся к задубевшему кукурузному початку. Каменные зёрна вперемешку с песчаными крупицами скрипели на его зубах, и в желудок опускалось тяжёлое, но приятное тепло...

Днём обоз снова вывернул на тираспольскую дорогу, двигаться стало легче, но все, кто шёл пешим маршем, окончательно выбились из сил. То там, то сям люди в колонне падали в обморок, в кадетском строю упал Володя Критский и уронил свою винтовку прямо на Никиту. Его тёзка, орловский кадет Григоросулло, подхватил товарища, а с другой стороны подставил своё плечо Никита и так они пошли дальше, уже ни на что не уповая, ни на что не надеясь, без чувств, без мыслей...

На всех окрестных холмах снова гарцевали красные, кольцо их сужалось, и броневик, идущий впереди колонны, уже не раз огрызался короткими очередями в их сторону. Пули с утробным визгом пролетали над головами кадетов, и казалось, что на позиции врага несутся рои обезумевших пчёл, проснувшихся среди лютой зимы для яростной мести тому, кто нарушил их спячку, разворошил их уютное гнездо, и кто непременно поплатится за свою дерзость...

Утром второго февраля обоз подошёл к немецкой колонии Кандель. Добровольцев с кадетами вызвали вперёд. Мальчишки вышли на бугор, с которого хорошо видны были прозрачные окрестности. Никита глянул вниз, в ложбину. Там, слегка прикрытые лёгким флёром печного дыма, струящегося из труб на черепичных крышах, стояли аккуратные немецкие домики. Слева переливался и играл разноцветными бликами искусно огранённый солнцем бриллиант замёрзшего озера, круто поднимавшего дальний берег вверх, к малиновым стволам сосен, справа видна была стена аккуратного, присыпанного снежком кладбища, а впереди, в преддверии ложбины копошились какие-то чёрные фигурки, бегали, суетились и вдруг оттуда, снизу, яростно загрохотал пулемёт!

— Вперёд, кадеты! — крикнул полковник Рогойский, и кадеты, сорвавшись с пригорка, ринулись озверевшей толпой вниз, прямо на пулемёт, прямо на красную заставу!

Куда девались усталость и боль в распухших ногах, — на крыльях ярости слетели они вниз, счастливо избежав встреч с раскалённым металлом, и в бешенстве смели большевистский пулемётный расчёт! Дорога была свободна; обоз начал спускаться с холма и заполнять улицы, закрашивая белую, припорошенную снегом колонию, чёрным цветом, так, как если бы некто всемогущий для какой-то чёртовой надобности заливал адскими чернилами райские молочные реки...

Кадеты быстро заняли большую хату, в которой не было хозяев, и отрядили самых дерзких своих товарищей на поиски съестного. Товарищи не заставили себя долго ждать и через небольшое время принесли добытой у немцев-колонистов кукурузной муки, немного хлеба, картошки и даже щепотку соли. Боря Кущинский и Миша Журьяри взяли на себя обязанности кашеваров, поставили кипятить воду и приготовились варить мамалыгу. Остальные расслабились в тепле и неге обжитого привала. Почти все сразу задремали, но отдыха кадетам судьба дала не более получаса: посреди тишины и умиротворённого сопения вбежал, шумно стуча сапогами, посланец генерала Васильева и заполошным криком разбудил всех. Эстафету офицера подхватил полковник Рогойский:

— Кадеты, в ружьё!

На улице стали рваться снаряды, со всех сторон застрекотали пулемёты, гулко защёлкали винтовочные выстрелы. Красная артиллерия крошила сельцо.

Кадеты повыскакивали наружу и толпой побежали вперёд.

— В це-е-епь! — истошно заорал Рогойский, как только они покинули улицы и рассыпались по снежной целине околицы. — Первый взвод!.. Вправо, к кладбищенской стене! Третий взвод! Влево, к озеру!

Никита бежал вместе с товарищами, слышал их свистящее дыхание и боковым зрением видел тёмные пятна летящих рядом фигур. Яростная злоба снова захлёстывала его, поднималась в нём омерзительной тошнотворной волной и опять ему хотелось рвать глотки врагов и вгрызаться зубами в их смердящую плоть. Неукротимое бешенство и злобная ненависть несли его вперёд, он сжимал в руках винтовку и хотел убивать!

В разноцветьи озёрного льда Никита видел редкую отступающую цепь, которую теснили с холмов большевистские пулемёты, и ему хотелось туда, на лёд, на помощь своим погибающим братьям. Один упал, другой, третий...там и сям в цепи падали солдаты, а кадеты неслись вперёд, судорожно сжимая винтовки и оскаливая ноющие на морозе зубы.

По команде Рогойского они попадали в межевую канаву на краю поля и залегли. Справа от них возвышалась серая кладбищенская стена, за нею далеко вперёд просматривалось открытое пространство, левый фланг — в сторону озера — тоже был оголён. Красные обстреливали кадетов через кладбище, с противоположной его стены; одновременно, зайдя с левого фланга, они отрезали их от добровольческой роты, отчаянно сопротивлявшейся перед озером.

— Пулемёты к бою! — прокричал, чуть привстав, Рогойский. — Волховитинов — на «максим»! Никольский — на «льюис»!

«Льюис» ещё перед началом похода дал кадетам полковник Мамонтов, а «максим» был захвачен ими при штурме красной заставы на входе в колонию.

Глеб Никольский и Никита, выскочив из межевой канавы, разбежались по флангам, Глеб побежал направо, Никита — налево.

Впереди множились цепи красных, из боковых ложбин во фронт стала выдвигаться конница, формируясь в кулак, и авангард его украсил своею статною фигурой гарцующий на вороном коне боец с огромным полотнищем алого знамени в руках.

Никита хорошо видел противника: вот конники в странных островерхих шлемах, не торопясь, вынули из ножен шашки, и каждый положил свой бликующий под солнцем клинок себе на плечо, а над другим плечом виден был отставленный чуть в сторону винтовочный ствол... вот перед отрядом рядом со знаменем стала играющая под хозяином резвая каурая... поворот головы, короткое, неслышное издалека слово и медленное движение сабли вверх... весь отряд, как заворожённый, повторяет это роковое движение, решительно поднимая холодные клинки над головами... лошади в нетерпении топчутся на месте, ржут и фыркают, выпуская из ноздрей облачка пара и... шпоры!! Полетела вперёд конница по вздыбленной целине, в яростном снежном вихре, взметаемом чудовищными копытами, словно в пропасть, под наклоном, всё ускоряясь и ускоряясь, так, будто бы и не люди скакали на спинах бешеных животных, овеваемых сатанинским ураганом, а какие-то гигантские крылатые призраки, несущие смерть, смерть и смерть, и вот уже слышны стали дикие вопли, хриплое рычание и безумный храп одичавших вмиг коней... эти звуки, сливаясь в один бессмысленный гул, в шум громоздящегося морского вала, в грохот сорвавшейся горной лавины, приближались и, вслушиваясь в эту какофонию, вглядываясь в эту дьявольскую, на глазах вырастающую в размерах свору, Никита ощутил ни с чем несравнимый ужас — ужас преисподней, который неотвратимо надвигался, бессмысленно разевал свою зловонную, смердящую гнилыми зубами пасть и готовился поглотить его, всосать в своё кромешное слизистое нутро и навеки растворить саму сущность того, что было Никитой, того, что было живым тёплым человеком, который думал, любил и хотел жить... Он содрогнулся от гадливости и вцепился в холодную сталь «максима»; красные неслись на него и в метельной круговерти он уже различал светлые пятна перекошенных криками лиц, — сдвинув пулемёт на левый фланг атаки, он прижал гашетку и начал косить врагов... «максим» зашёлся от ярости и забился, словно в эпилептическом припадке, он рычал и изрыгал горячий свинец и рвался вслед за своим боезапасом, хрипя и задыхаясь, как срывающийся с поводка бешеный пёс, которого хлещут по морде жгучим прутом, а Никита, сливаясь со своим пулемётом в единое целое, вбирая в себя бескомпромиссную пулемётную душу и становясь продолжением его холодного стального тела, тоже трясся в экстазе ярости и стрелял, стрелял, стрелял; когда же напряжение его злобы и напряжение боя достигли предела, он разодрал рот и, подобно раненому хищнику, всегда непобедимому, а теперь поверженному, — закричал:

— А-а!!!!!!

И рядом с ним, так же дико, закричал маленький Авраменко, державший патронную коробку и следивший за пулемётной лентой.

Впереди упали с коней несколько кавалеристов, но атака не захлебнулась, дьявольский крылатый отряд с развевающимся на фоне белого метельного вихря красным знаменем продолжал лететь на позиции кадетов, и ещё свирепее становились лица приближающихся всадников, а Никита всё стрелял и стрелял, и уже понимал, что всего через несколько секунд эта лава сметёт оборонные цепи, и пойдут гулять неподкупные шашки по стриженным кадетским головам!

Кадеты яростно отстреливались, но пули со стороны

красных пехотных отрядов летели густо; напоённые горьким ядом классовой ненависти они без труда находили своих избранников, — вот упал раненый в живот Женя Никитин из Ташкентского корпуса и рухнул наземь орловец Володя Григороссуло, вот закричал и схватился за бедро Стойчев, а одессит Лёва Клобуков, инстинктивно сжимая голову ладонями, повалился навзничь, — пуля попала ему в глаз и жутко было видеть это юношеское лицо, искорёженное обезумевшим металлом... вот Никитин второй —Леонид, яростно отстреливаясь, вдруг вспыхнул лицом — его залитые кровью рот и подбородок пламенели, — пуля разорвала ему щёку, и кровь струёй полилась за воротник... чуть в стороне от цепи упал, взмахнув руками, словно прощаясь, горнист Тер-Никогосов, и латунь его горна, перекинутого через плечо, резко блеснула напоследок, на мгновение ослепив тех, кто видел смерть гордого тифлисца... И вот уже испустил дух Григороссуло, зарывшись головою в снег, а Женя Никитин в страшных мучениях шёпотом молил своих товарищей:

— Ребята, пристрелите меня... убейте... пожалуйста, убейте... не могу больше терпеть...

А разъярённый отряд красных кавалеристов, между тем, всё летел и летел вперёд, раздвигая упрямыми головами своих коней упругий морозный воздух, и вдруг на полном скаку разделился надвое и уже двумя потоками помчался вперёд, подобно бурной порожистой реке, решившей покорить как можно больше пространства, — впереди левого потока нёсся всадник со знаменем, трепещущим на ветру, следом за ним, в некотором отдалении летел ещё один, в фигуре которого Никите почудилось что-то знакомое, какое-то неуловимое сходство с кем-то из прошлой жизни; это ощущение длилось доли секунды, оно мелькнуло и пропало, потому что кавалеристы неслись прямо на Никиту, а он уже в панике продолжал стрелять и целил прямо в центр атакующих... и так, несмотря на панику, захотелось ему всмотреться в показавшуюся знакомой фигуру, что он чуть привстал, и тут же почувствовал лёгкий удар в плечо... тут движение всадников странно замедлилось, они плавно поплыли над снежной порошей, и знамя, под острым углом втыкающееся в небо, дрогнуло и стало клониться, его алое, словно окровавленное крыло беспомощно забилось в подбрюшьи коня, замедляющего свой бег, и видно было, как знаменосец подался вперёд, левой рукой обняв шею своего четвероногого друга, — чтобы не упасть... в это мгновение откуда-то сбоку вылетел другой всадник: подхватив знамя, готовое вот-вот выпасть из слабеющих рук раненого знаменосца, он гикнул и рванулся вперёд, а тот, другой, только что передавший эстафету, медленно сполз с лошади, уронил свои безвольные руки в снежную, взбаламученную скачкой кашу и, зацепившись ступнёй за стремя, несомый обезумевшей лошадью, полетел в самой гуще этой каши вслед своим захваченным азартом атаки товарищам. Левый фланг кадетов дрогнул и начал отступать. Мальчишки ринулись к околице колонии, пытаясь под стенами домов найти укрытие и спасение. Никита развернул раскалённый пулемёт и потащил его к ближайшей хате: под пулемётом шипел, соприкасаясь с металлом, грязный снег. Маленький Авраменко пытался помогать ему. Кадеты стали окапываться на входах в улицы, в палисадниках и под стенами домов. Никита оглянулся: красные продолжали свой стремительный полёт. Неловко повернувшись, он вдруг почувствовал резкую боль в плече, рукой прижал жёсткое сукно шинели и понял, что оно пропитано схватывающейся на морозе кровью. А красные кавалеристы в островерхих шлемах всё летели вперёд, уже совсем близко сверкали их шашки, и Никита опять ощутил неотвратимость смертного ужаса... успев отбежать к шаткому забору палисадника, он поднял голову и увидел, как из мутного снежного вихря вылетает прямо на него та самая знакомая фигура, она заслоняет собой белый свет, гигантская лошадь подымается на дыбы, и перед глазами Никиты встаёт резко пахнущий лошадиный круп в жёстких блестящих ворсинках... всадник заносит шашку и, отводя руку для удара открывает своё лицо... Никита вскрикивает — то лицо Жени, Евгения Гельвига, соседа, старшего друга, почти брата!! Никита выворачивает винтовку с плеча, судорожно передёргивает затвор и, упав в снег, вслепую стреляет! Уже закрывая глаза и погружаясь в сумрак бесчувствия, он видит на самом краю своего затухающего сознания пьяно зашатавшуюся лошадь и Женю, схватившегося рукой за шею... пальцы его руки становятся алыми, сквозь них медленно просачивается кровь, и Женя, страдальчески сморщившись, с усилием разворачивает коня и клонится куда-то вбок...

В последние мгновения Никита успевает ещё услышать

сердитый стрёкот пулемёта Никольского, развернувшего свой «льюис» от кладбищенской стены, и сквозь наползающую мглу видит: кони красных смешались... пехота вдалеке в нерешительности замешкалась, а пулемёт Никольского всё не умолкает, уже не в силах прекратить свой припадок; лошади, потерявшие всадников, мешают боевому порядку, кавалеристы сбиваются в беспорядочную кучу и хаотично отступают...

В этой передышке кадеты, также отступив в глубину села, вдруг осознали, что часть его занята красной пехотной частью, совершившей обходной манёвр и укрепившейся на западной окраине.

Пока было относительно тихо, Никита снял шинель и осмотрел рану, — слава Богу, пуля прошла навылет, и были задеты лишь мягкие ткани. Он отказался покинуть поля боя, товарищи перевязали его, и он снова взял в руки винтовку.

Всего полчаса было дано воинам на передышку, и вскоре улицы Канделя стали сотрясать снаряды, прилетающие с дальней железнодорожной ветки, где стоял большевистский бронепоезд. Орудия его били чуть ближе, чем того требовали задачи артподготовки, и лишь несколько шальных снарядов залетели на мощённую булыжником площадь колонии и разорвались возле кирхи, стены которой мгновенно покрылись выбоинами и щербинами от прилетевших осколков.

Когда замолчала артиллерия красных, кадеты вновь увидели за озером боевые порядки врага. Но красные не торопились наступать, выжидали.

К этому времени генерал Васильев сумел сорганизовать войска и привести в боевую готовность эскадрон павлоградских гусар, сапёрную роту с четырьмя пулемётами, броневик и единственную пушку при двух оставшихся снарядах.

Контратака!!

Какое ещё слово может показаться слаще тем бойцам, которые стояли насмерть и теряли в отчаянной схватке своих товарищей? Чем ещё можно подогреть чувство мести, и без того кипящее и клокочущее в преддверии новой схватки? Что может сказать им командир, чтобы уменьшить их нестерпимую боль, уврачевать их горящие раны, успокоить их плачущие души? Только одно: идите и убейте врага!

Так кадеты были снова подняты в бой. Рогойский и Реммерт

снова вывели их на линию огня; после построения раздалась команда:

— Дистанция — четыре шага, налево в цепь — ррр-а-а-зомкнись!

Мальчишки попадали в снег и со свежей злобой принялись обстреливать позиции красных. Сбоку, по левому краю озера вновь полетела хоть и потрёпанная, но всё ещё бойкая вражеская кавалерия. У Никиты упало сердце, — всё точно так же, как час назад, — то же знамя, те же летящие, подобно чёрным чудовищам, кони, те же шашки, взметнувшиеся над головами, но... уже, кажется, не так уверенно, не так слаженно скачут всадники и не так твёрдо зажаты в их руках сверкающие на солнце клинки и... да, да! Навстречу им летят павлоградские гусары и уже два снежных шлейфа в неудержимом стремлении друг к другу клубятся на льду озера, — расстояние между ними всё меньше и меньше, облако снежной взвеси вокруг них всё больше и больше, частокол клинков втыкается в низкие облака, кони снова звереют на ходу, и вот уже клин вгрызается в клин и — пошла рубка!

Кадеты тем временем начали отсекать дальнюю пехоту, часть сапёрной роты сражалась внутри колонии, вытесняя красных вон из Канделя к подножию дальних холмов, другая часть сапёров при двух пулемётах присоединилась к кадетам, и — бешеный кураж вперемешку с отчаянием захлестнул парней! Никита лупил из своего «максима» в диком возбуждении, забыв про усталость и боль в плече, и видел краем глаза, как гусары схлестнулись с красными, как там, на озере началась яростная свалка, как котовцы дрогнули, но не повернули коней, как павлоградцы отчаянно рубили врагов, потому что нельзя было им отступить, никак нельзя, — или здесь погибнуть в благородной схватке, или быть пленёнными и позорно расстрелянными... И вот они уже стали теснить котовцев, вот уже кони без седоков потерянно забегали по снежной ледяной столешнице, натыкаясь на убитых и поверженных. Красные устало и растерянно оборонялись, и видно было, что боевой азарт покинул их. Гусары теснили врага не силою оружия, но силою духа; клинки павлоградцев продолжали свою страшную работу, — кровь летела во все стороны, слышались крики, ругательства и стоны, и кто-то умирал под копытами коней, видя в вышине на фоне равнодушного неба гигантские чёрные фигуры сражающихся и скрещенные в роковом противоборстве шашки, а кто-то уже мёртвый гарцевал на вольной, потерявшей поводья лошади, привалившись пробитой грудью к её тёплой шее...

Тут Никита вдруг понял, что его «максим» работает соло, что давно уже не слышно пулемёта Никольского. Взглянув в сторону кладбища, он увидел бравого пулемётчика лежащим возле «льюиса» и почти в ту же минуту услышал шипящий голос Реммерта:

— Господа-а-а! Справа по одному-у-у... вперебежку — марш!

Кадеты вскочили и стали перебегать в сторону кладбища, откуда беспрерывно сыпались пули. Поняв, что пулемёт Никольского замолчал, красные подняли головы и стали ещё плотнее обстреливать зады кладбища, совсем смело показываясь над кладбищенской стеной. Но кадеты подтянулись; Никита с помощью маленького Авраменко подкатил пулемёт на новую позицию и опять начал строчить, выкашивая всех, кто находился в стороне от ограды кладбища. Остальные из винтовок снимали бойцов, которые прятались за могилами. Никита поймал себя на мысли, что он беспредельно раздражён, что его трясёт от бешенства, что он вне себя от гнева и хочет только одного: схватить пудовую дубину и крошить вражеские головы беспрерывно, бесконечно! Он до боли в пальцах сжал поворотные ручки «максима», вцепился в него мёртвой хваткой, ощерился, как затравленный волк и, всовывая перекошенное лицо в щиток пулемёта, затрясся с ним в совместной яростной злобе. Красные не выдержали натиска и... побежали! Вон их чёрные фигуры запетляли по белому снегу, вон их беззащитные спины открылись для возмездия... вон те, кто прятался за могилами, уже перемахивают через кладбищенскую стену... чу! — слышен откуда-то сверху клич Рогойского:

— Каде-е-ты! Вперёд!

И вскочив, резво, как хищники, преследующие ослабевшую добычу, понеслись кадеты вслед уносящемуся противнику, на ходу щёлкая затворами и выцеливая мечущиеся фигуры отступающих. Никита не мог с пулемётом поспеть за быстро удаляющимися товарищами, вдвоём с Авраменко они зацепили опорную дугу «максима» и двинулись в колонию. Оглянувшись, они увидели, как кадеты добивают оставшихся в арьергарде красных. Бешенство его не могло утихнуть, он всё клокотал, щерился и никак не мог успокоиться.

Наступали сумерки.

Никита с Авраменко вошли в колонию. На улицах там и сям лежали трупы – кадеты, пехотинцы, красные, белые. Никита стал снимать с убитых подсумки, вытряхивать патроны. Возле кирхи, прислонившись к стене, полусидел раненый красноармеец, нашпигованный осколками. Кадеты подошли ближе. Авраменко потянулся к патронной сумке врага, висевшей у него на поясе.

— Берите, берите, – прошептал красноармеец, – берите всё…

Авраменко снял подсумок, забрал винтовку, из кармана окровавленной шинели вынул гранату.

— Быстрее! – раздражённо сказал Никита.

Его продолжало трясти, болезненное возбуждение не хотело уходить, желудок сводила судорога боли, и волна дурноты подступала к горлу. Он не мог обуздать свою мстительную ярость, ему снова представилась огромная дубина, которую так хотелось обрушить на голову раненого.

Красноармеец протянул руку. Глядя в лицо Никите, с трудом проговорил:

— Не убивай, браток! Мы не коммунисты… мы – мобилизованные…

— Сука, сука, – прошипел Никита, сорвал с плеча винтовку, быстро передёрнул затвор и, не целясь, выстрелил…

Ермек Каримжанович родился 20 июля 1961 года, Алматинская область, СССР – писатель, сценарист и кинорежиссёр, мастер спорта международного класса по мини-футболу, член сборной Казахстана. Окончил факультет журналистики КазНУ им. Аль-Фараби (бывший КазГУ); затем отделение кинодраматургии ВСРК (Высшие курсы сценаристов и режиссеров в Москве. Мастера В.Фрид и А. Митта).

Ермек *Турсунов*

Мамлюк

Роман

(отрывок)

Черная мамба неслышно стелилась по пахучей влажной земле, и прошлогодняя палая листва податливо шуршала понизу. Неделю назад хайя[1] проглотила водяную крысу, поэтому она не собиралась сегодня охотиться. Ни сегодня, ни завтра, ни послезавтра...

Жирная болотная крыса уже перестала ворочаться в брюхе, и теперь чувствовала блаженную утробную сытость.

Она искала в непролазной глухой низине укромную яму или дупло в упавшем дереве, чтобы переждать предстоящий день. Многорукий мангровый лес низко нависал плотной кровлей над болотной сыростью, вывернув врастопырку шершавые корни. В гуще высоких крон заполошно кричали долгоклювые ибисы. Мохнатый паук с фиолетовым крестом на спине плел кругами липучую паутину.

Прошла еще одна ночь.

Над сырым лесом тонкой пеленой поплыла белесая дымка раннего рассвета. Солнце не спешило подниматься.

Вдруг разом все оборвалось. Смолкло. Затаилось. Мамба ощутила далекую земную дрожь. И замерла. Кто-то большой, шумливый, несуразно бежал через лес. Он приближался, топоча множеством ног. Он был слишком большим, чтобы его есть, и слишком беспечным, чтобы с ним драться.

Хайя сжалась в холодную мокрую пружину. И напрягла хвост. И чуть приподняла голову. И раскрыла пасть. И высунула раздвоенный язык. И попробовала воздух на вкус. Она почуяла горячий едкий пот. Она расслышала беспорядочное прерывистое дыхание. Она поняла, что она не знает, кто это. И она испугалась. Это была не добыча. Значит, это охотник.

Тут же из-за густых ветвей вырвалось сопящее нечто и напрямик, сквозь густой папоротник, ломая случайные ветки, понеслось прочь. В застывших зрачках мамбы замелькали полуголые тела. В воздухе пару раз свистнула плеть...

Затем шум стал удаляться. Затихать. Затем он исчез. Так же быстро, как и появился.

Через минуту ожили наверху птицы. Заохали. Заорали.

Оцепенение покинуло мамбу, и она медленно поползла в глушь вдоль теплых еще следов: земля остывала, изрытая бесчисленными детскими ступнями. Над их отпечатками игриво порхал цветастый мотылек.

В смятых кустах болтались серебряные нити разорванной паутины.

Так это было...
Пустое, брат мой. Пустое...

...Нет пределов речам человеческим.
Слова – что песок в пустыне.
Сыплются ниоткуда
и исчезают в никуда.
Лишь ветер играет с ними,
перекатывает с холма на холм.
И растут холмы в пустынях безбрежных,
как могилы
людских обещаний.
И нет им конца, нет начала.
Пустое ты затеял, брат мой, пустое.
Все сны пересказаны.
Все разговоры переговорены.
И песчинки пересеяны...
Перемешаны...

...И разве забыл ты
историю несчастного Юсуфа*?
Историю любимого сына Йакуба* –
последнего
из двенадцати сыновей его...

Жена Йакуба
– Рахиля* –
умерла,
когда рожала Юсуфа.
И остался сын без матери.
И любил его Йакуб
больше всех остальных
детей своих.
И завидовали ему
братья его.

Через земли аммонитян* и амореев*,
где жил Йакуб с сыновьями,
тянулись торговые пути.
И в один из дней
из Галаада* в страну Миср*
следовал караван измаильтян*,
груженый миррой* и камедью*.
И однажды
выманили братья
в поле юного Юсуфа,
схватили,
сорвали с него яркие одежды
и продали измаильтянам...
Так оказался Юсуф
на чужбине,
в стране фараонов,
где суждено ему было
пройти дорогами
постылого уничижения и обид.
Все глаза выплакал
безутешный Йакуб
в тоске по сыну.
Печаль стала неизменной юдолью его...

...С той поры и повелось:
обманывает брат брата,
идет на него войной,

свергает его идолов
и рушит его храмы.
Сжигает его дом
и продает в рабство
его детей.
Затем пирует
и строит на его костях
уже свои храмы.
Затем он слышит
Откровение
и молится своему Богу
Затем он кается в грехах
и молит о спасении своей души...
И не дано понять ему,
неприкаянному,
что Всевышний
создал ему эту землю
не для войны – но для мира.
А потому,
как только побеждает он
в своей войне,
то и не знает,
как поступить со своим миром.
И не ведает
по слепоте своей,
что не принадлежит ему
на этой земле
ничего,
кроме его времени.
Все остальное –
стада, сады, пищу, кров –
Всевышний отпускает ему
взаймы.

Таков уж удел человеческий –
от храма к храму.
Таков его путь:
от слепоты – к прозрению...

...Пустое ты затеял, брат мой, пустое.

Старик плеснул под ноги лошадям свежего кумыса, и небольшой кипчакский аул[4], столетиями различавший дорогу в пустынной степи по колодцам предков, двинулся вдоль поймы высохшей реки Берш[5] в сторону родовых пастбищ.

Впереди, на лошадях, – старшие. Они знают дорогу.

Чуть поотстав – остальные.

Плавно переступали верблюды с тяжелой поклажей. Волы, вздыхая, тащили двухколесные повозки. Меж ними толкался озорной жеребенок с черно-белыми отметинами на боках. Он дурачился, смешно взбрыкивая ногами, и визжал от восторга тонким прозрачным голосом...

В высокое утреннее небо устремился жаворонок.

За ним потянулось солнце. Все выше и выше.

Кочевье рассыпалось, разбрелось по весеннему полю. Легкий ветер затеял игру с остатками прошлогодней жухлой травы.

Махутбек и Калан, погодки лет семи-восьми, возились с закормленным мордатым щенком тобетом[6]. Тыкали его носом в глиняное кесе[7]. В какое-то белое варево. Тот отворачивался. Икал. Баловники не отставали.

– Махут! – окликнул сына Жамак со своего мухортого жеребца.

Худой, светловолосый мальчишка бросил забаву и побежал к отцу.

– Видишь, – показал тот камчой на косогор – туда, где под тихой тенью ветвей столпились дикие яблони. – Возьми свой лук и колчан.

Махутбек метнулся к арбе, где грузно тряслась мать. Стал рыться в котомках. Вытащил детский лук, сунул за пояс с дюжину стрел.

– Что ты задумал, сынок? – забеспокоилась Айек.

– Отец зовет, – бросил мальчик, спрыгивая с арбы.

– Не надоело? – недовольно вздохнула мать, глядя в спину убегающему сыну. – А ножи-то забыл! Эй! Махутбек! – спохватилась она.

Но тот уже ничего не слышал. Он запрыгнул на спину мухортому и устроился позади отца.

Гривастый жеребец ходко двинулся к косогору.

Крепыш Калан все это время завистливо посматривал на Махута, впихнув щенка за пазуху. Мордатый выглядывал из-за рваного ворота, высунув алый язычок.

Проезжая мимо, Махутбек состроил Калану рожу и показал худой зад.

В ответ приятель выразительно провел большим пальцем по шее.

* * *

Жамак выбрал место, отсчитал шаги.

Среди корявых ветвей, в мелкой листве, прятались зеленоватые – с перепелиное яйцо – яблочки.

Махутбек ждал, наблюдая за отцом. Тот метил ножом мишени.

Вернулся, опустился рядом. Мягкий порыв ветра колыхнул ковыль. Приземистые деревца зашелестели, взмахнули ветвями, словно крыльями.

Махутбек натянул, не спеша, тетиву. Свистнула острая стрела и сбила крайнее яблочко.

Пустил еще пару стрел. Они также уверенно поразили цели.

Отец довольно крякнул. Сплюнул через плечо:

– Теперь на звук.

Трижды, через секундные паузы, он щелкал камчой. Сын стрелял вслед за каждым щелчком. Две стрелы едва задели яблочки, шоркнув по кожуре. Третья пролетела мимо...

Махутбек насупился, сник. С него вмиг слетела мальчишеская удаль.

Расстроенный отец поднялся во весь свой исполинский рост.

Сын покорно шагнул к нему. Положил лук на землю. Вытянул руки ладонями вверх. И зажмурился.

Отец полоснул по ним камчой. Сын спрятал пылающие ладони под мышки, не издав ни звука.

Прошла минута. Жамак смотрел сверху на его макушку. Тоненькая косичка слегка подрагивала. Смягчился. Опустил широкую ладонь на темя сына:

– Поплачь, улым. – И не держи зла. Пусть твоя обида вытечет вместе со слезами. Когда-нибудь эта камча спасет тебе жизнь.

– Этот глаз ничего не видит... – пробухтел Махутбек. И глянул исподлобья. Слезы дрожали на его ресницах. На левой склере светилось матовое бельмо.

– Бог дал человеку две руки, две ноги, два глаза, – резко оборвал Жамак. – Не будет одного – останется второй.

Настоящий сарбаз[8] не говорит: у меня нет одного глаза. Он говорит: у меня есть один глаз! Этот твой глаз не помеха при стрельбе. Наоборот – тебе не к чему его закрывать, когда ты целишься.

Страна Миср*.
Остров Рауда*.
626 год хиджры

[1] Хайя (араб.) – змея.

[2] Раби (араб.) – название месяца май (по хиджре).

[3] Арбаа (араб.) – третий день недели, среда.

[4] Аул (тюрк.) – селение.

[5] Берш (тюрк.) – название реки в Зап. Казахстане и одного из кипчакских родов. Приближенные Бейбарса говорили, что «он тюрок, среди тюрков – кипчак, среди кипчаков – из рода Берш».

[6] Төбет (каз.) – порода сторожевых псов.

[7] Кесе (каз.) – пиала.

[8] Сарбаз (перс.) – воин.

Работает в Американском университете
в Центральной Азии. Декан
по внеучебной деятельности студентов,
по совместительству руководитель
молодежного театра "Дебют". Сценарист.
Писать и публиковать рассказы
и стихотворения начал лет 5-6 назад.
За это время издал пять книжек.
В литературных объединениях не состоит.
За короткую 50-летнюю жизнь успел
поработать: профессиональным футболистом,
тренером по футболу, учителем
в школе и преподавателем в различных
университетах, руководителем детского
театра, рабочим: маляром, слесарем,
мебельщиком и т.д. Около года жил в США.
Остальное время в Кыргызстане. Последние
15 лет работает в АУЦА. Кроме основной
работы по позиции преподает сценическое
искусство.

Николай Шульгин

Игра

(отрывок из повести «Фуфель»)

Ожидание

Первая игра в сезоне, как первый луч солнца после долгой зимы, как первый майский гром после грязных апрельских дождей и холодных ветров, как нечаянный взгляд девушки с остановки, после которого ты думаешь, что может не все потеряно?..

Издалека, на подходе, слышен гул и шелест стадиона. Чуть ближе мягкий мат верхних рядов Восточной. Хруст свежей редиски и смачный кряк, после которого хочется присоседиться.

Конечно, можно было купить билет на Западную, поближе к ложам, где сидят «специалисты». Но я не хочу. Я не хочу смотреть футбол с ними. Они, как врачи в роддоме – они не радуются появлению на свет ребенка под названием «гол». Они меряют его рулеткой, взвешивают на весах, привязывают на красную ножку клеёнчатую бирку. Они, может, и хотели бы поорать, как все нормальные «болелы», но там не положено. Там положено солидно сидеть и обсуждать «игровые обстоятельства, которые привели к взятию ворот».

В гробу я видел эти «обстоятельства»! Я кричу вместе с моей честно купленной Восточной. Становлюсь частью её, интуитивно, а не научно, чувствующей фальшь этого огромного оркестра под названием «Футбол», и страдающей от неё, как изысканный музыкант от скрипа железа по стеклу.

Я не пытаюсь идеализировать разномастную палитру наполняющую мою любимую Восточную. Там как везде. Среднее количество сволочей и несволочей, примерно, равное другим трибунам... Но там весело. Там даже у сволочи есть душа...душенька...душонка, которая ликует от победы и плачет от поражения...

Установка

Смесь надежды и страха царит в раздевалке. Новый выписанный из самой Москвы тренер суров, но не считает словесные фантазии полезными для выходящих на поле дрожащих существ. В установке подчеркнуто строг, сух, но демократичен:

«Кто сказал, что эти говнотопы сильнее нас?.. Призеры прошлогоднего первенства, где вы телепались в заду, как приставной вагон и чуть не рухнули с насыпи!.. Забыли нахрен всё что было до меня. До меня Вы не знали элементарных вещей. То есть:

Первое: поле ровное, мяч круглый, судьи «схвачены»! «Какого» еще надо знать, чтобы выходить и «драть»? Никакого!

Второе: тактика. Проста, как песня Ермака – в защите пожёстче, в полузащите попроще, в нападении - нет-нет, да и на...бни! Скажете, уже слышали? Слышали, да не дошло!

Я Вам не Вася Пупкин – я половину ваших фамилий не знаю. Мне на ... это не надо. Узнаю, когда надо будет в яму закапывать, а я «копать» умею. Так «опущу», что тебя ни в какой лиге не возьмут. На вокзал, вашу мать, и телегу в руки!..

Если ты, урод, соперника боишься больше чем меня - оставайся в раздевалке трусы чужие сторожить.

Больные есть? Понос не болезнь!.. Дуремар намажь Чмыря кровью сразу. Как нет крови?!. Высоси у него из пальца и намажь.

Вася-Коля на своем краю сразу «встреть». И «встреть» так, чтобы это была последняя ваша «встреча на Эльбе». Ему перелом, тебе желтая. От желтой не умирают.

Сзади не молчать! Смотри «дядя Фёдор», чтоб орал постоянно, как радио... Что орать?.. Какая в пень разница, лишь бы мату побольше. Соперник должен чувствовать, кто хозяин в доме. В Чикаго выигрывает только Чикаго!

Идем умирать! Кто с поля живой выйдет, лично отчитается, как это так – товарищ умер, а он живой!?... Всё. Переодеваться, массаж, разминка, вонючие мази и на поле. Дуремар старший!»

Главный тренер покидает раздевалку выходя к полю, как клоаку. Он брезгливо переступает через разбросанную амуницию с выражением лица человека, зашедшего в придорожный туалет, и ищущего - куда поставить ногу, чтобы не в «кучу»...

Костюм с иголочки, на голове шляпа, половину лица закрывают солнечные зеркальные очки, в руках тонкая черная трость. Трибуны притихли. Главный подошел к полю и по-хозяйски пощупал его тросточкой. Посмотрев на конец тросточки, он поднял руку, и, как из под земли, появился администратор с салфеткой. Главный вытер конец тросточки и бросил салфетку на беговую дорожку.

Медленно подняв голову на трибуны, он без эмоций осмотрел явку, причем солнечный зайчик от очков, как луч гиперболоида пробежался по болельщикам и еще больше их напряг. В сердцах заскорузлых автомехаников и базарных торговцев уже доходило до апогея ожидание действа. Они знали свою роль на зубок, видели режиссера и только ждали своей реплики, готовые умереть, но не сфальшивить...

Разминка

Разминка началась под сдержанные аплодисменты и такой же разминочный, вяловатый свист.

Звезда .лядь!

Где «звезда», покажите?

Вон – седьмой номер. Фефлов фамилия.

Ну, ясно, у нас, если и найдут кого, так обязательно фуфель.

Я слышал он «зашибает» здорово...

Зашибал! - утирается Петрович, – За Динамо начинал... А как «зажёгся», так и «сгорел»... Пока здоровье было играл, но все ниже и ниже. Наш его в Бердянске на вокзале нашел, под трубами зимовал?

Ну?

- Дал ментам стольник, они его связали и в купе. Пока до нас доехал «переболел».

И опохмелиться не дал?

Нет.

Сдохнуть же мог?

Видишь – не сдох.

Там не сдох. Тут сдохнет. С такими тренерами не живут.

Господи, а худой то какой! В чем душа держится?

«Номер семь», - вдруг прокашлялся динамик, – «мастер спорта международного класса Виталий Фефлов!».

Народ притих. Фефлов, как бы понимая, что все внимание на него, легко подбил мяч левой под правую внутреннюю, с правой на голову, покатил с головы на шею, подбросил затылком на жопу, жопой под удар, замахнулся... Но бить не стал, а резко убрал под себя и отпасовал.

- Технику, сука, не пропьешь, – заключил Петрович. - Сегодня что-то будет!.. Наливай....

Главный не спеша прохаживался по бровке, постукивая тростью по кончикам ботинок. Два человека в темных костюмах незаметно подошли к нему сзади и прошептали:

Пройдемте, пожалуйста, в ложу. «Сам» просит.

Ну, смотри, Палыч! - поздоровался мокрый Премьер. – Если «просрем», моей карьере - медный таз. Кто-то Первому настучал, что я в команду все бабки на ирригацию вбухал.

У меня «просрем» не бывает. У меня «Сталинград»! Как говорится или «призма» в дребезги или «графин» напополам!

Какой графин? Причем тут графин? Как Фефлов?

Фефлов нормально, но квартиру пока не давайте. Пусть пока на базе поживет, закрепится.

Ох, Господи, эти нас в прошлом году и тут и там, «как Тузик грелку» - по три-ноль... Хоть бы на первый раз попался какой середнячок...

Обломаем. Судей я «схватил». Это даже лучше - в первом туре сразу дадим понять, где хрен, а где палец...

Ты знай, Палыч... Если мне шпунт, то и тебя в грунт...

Сверли дырку для медали, премьер! По трупам пойдем....

Радио понравилось говорить громко и чисто и оно с удовольствием зажурчало:

«Главный судья матча, судья Всесоюзной категории Иван

Шаляпин город Москва. Судьи на линии...»

Последние напутствия «полководец» давал уже на кромке поля:

Ну и что, что свистел? Не торопитесь! Так. Фефлов играет в футбол, остальные идут на смерть. Чмырь! Что нужно делать с мячом, если не хрена не знаешь что с ним делать?

Отдать Фефлову!

Молодец солдат. Победа будет за нами! Всем посмертно присвою внеочередное звание ефрейтора. Вперед в гущу леса! И чтобы ни одна мандавошка назад не оглядывалась. Позади Москва!..

Палыч развернулся и размашисто зашагал на скамейку запасных.

Судья как ждал, дал еще одну длинную трель. Футболисты вздохнули и побежали. Грянул марш. Трибуны завыли, как двадцать тысяч голодных Маугли. Все братцы. Шутки в стороны. Поправляй щитки. Сейчас начнется!

Погнали!

По жребию начали гости. Короткий пас назад и заброс на ход крайнему «бегунку». Коля-Вася, согласно установке, «косанул» его не глядя. Тот полетел, как домино - «ноги-голова», называется, потом несколько раз перевернулся, чтобы окончательно убедить судью, что умер, и затих возле углового флажка.

Коля-Вася, пробегая мимо, согласно установке, с улыбкой сказал поверженному: «Это, мамочка, раз!»

Судья выдал длинный грозный свисток и показал виновнику команду «ко мне». Коля -Вася приложив руку к сердцу потрусил к арбитру:

Товарищ судья! Нечаянно! Думал достану в подкате. Простите на первый раз!

Бог простит! – арбитр фасонисто, как шпагу, вытащил желтую карточку и высоко поднял её над головой, давая понять, что «Москва» слезам не верит.

Трибуны дружно вступили в бой кличем:

«Судья – пидарас! Судья-пидарас!...»

«Хорошо начали», - вальяжно подумал Палыч и пыхнул сигарой в Дуремара:

Как думаешь, встанет?

Встать-то встанет, но «очко» не железное, «закосит», скорее всего...

Соображаешь, Айболит.

Дуремар подумал, что его переименовали навсегда и от удовольствия покраснел.

«Убиенного» выкатили за бровку и стали поливать из баллончика. На поле он не вернулся...

На стандарт в нашу штрафную двинулись громадные защитники соперника. «Наши», согласно установке, прихватили каждого сзади за трусы. Судья дал свисток. Подача!

Вратарь Федор с громовым криком:

Я-я-я-я-я! - Выскочил из ворот, вдарил по дороге коленом нападающему по печени и выбил мяч кулачиной к середине поля...

- Вышли лядь!!! - Добавил он для крепости духа и сам себе похлопал. Все метнулись из штрафной в поле, где защитник соперника неожиданно оробел и «выпнул» мяч в аут.

- Чмырю по бровке! - вынув сигару изо рта, рявкнул Кальян.

Кровавый Чмырь попихался с соперником на бровке и заработал новый аут. Аут вбросили в штрафную, где того же Чмыря вратарь одновременно с мячом огрел по уху и уронил на землю. Из уха пошла настоящая, густая чмырева кровь. Он размазал её по лицу, махнул рукой, что медпомощи не надо и бросился к судье. Свисток молчал.

Трибуны спели на бис:

Судья пидарас! Судья пидарас!...

Назревала битва, к которой соперник готов не был. Наивные призеры прошлого года приехали играть в футбол. Но им была предложена локальная война, со взрывами медицинских бронепоездов и стрельбой из-за угла разрывными патронами. Возле каждой до боли знакомой кочки нашими «басмачами» сопернику была навязана жесточайшая борьба. Мяч ни у кого не держался.

Возле Фуфеля (так прозвали болелы Фефлова) стояли

два крепких опекуна, которым была дана задача умереть, но не дать получить ему мяч.

Поскольку с самого начала Фуфель встал в центральном круге и никуда не уходил, изредка присаживаясь перевязать бутсы, крепкие румяные «хлопцы», готовые к борьбе топтались возле него без дела. Им хотелось в гущу борьбы, где кипела кровь и трещали кости. Где никто никому не давал играть, и где возникали мелкие стычки и тихие драки...

А тут ходил по полю какой-то полудедушка, и, не поднимая головы от травы, «искал грибы». Они его знать не знали и знать не хотели и, глядя на его тощее тело, в тайне надеялись, что как только он получит мяч – они нападут с двух сторон, и как Балаганов с Паниковским разведут этого лоха по принципу: «Кто хулиган? Я хулиган?». Наступят на ногу, провернут бутсу, ткнут пальцем в ребро... и конец.

На всякий случай один опекун прошептал в затишье:
- Моя кликуха «Кувалда Шульц», ты тихо упади, и тебя здоровым унесут!

Давай так, – сказал Фуфель, - вы меня не трогаете и я вас не трону. Мне убиваться за эту басмачую Республику тоже не в кайф.

О це дило! - Сказали крепкие хлопцы и побежали на угловой, который заработали их наполовину переломанные товарищи. К этому времени уже набежала сороковая минута говённого футбола, где в середине поля игроки охаживали друг друга по ногам, и главным солистом был судья, который громко свистел и красивыми жестами пугал гладиаторов удалениями.

По бровке метался тренер гостей, подсчитывая потери от боевых действий.

Угловой подавали справа...

«Будет выкручивать к точке», - уверенно принял решение «дядя Федор». Как положено все нападающие, как всегда, были взяты за трусы. Подача. Федя заорал «я!», и уверенно выпрыгнул на перехват, но... в последний момент споткнулся об, невесть откуда взявшегося кровавого Чмыря, и понял, что не успевает.

- Ой, не «я»! - запоздало вякнул вратарь... И забытые всеми, свободные от Фуфеля хлопцы, внесли крепкими украинскими грудями поникший хозяйский мяч в рапахнутые ворота. Трибуны выдохнули двадцатитысячный полустон-полукрик.

И наступила тишина...

Гости скромно порадовались, поняв наконец, что играют то с «дровами», и непонятно чего пугались в первом тайме. Их тренер снова выскочил на бровку, что-то крикнул, чтобы дать понять чумазым трибунам, что здесь мастера приехали давать класс, а он их дирижер.

Трибуны затихли. В тишине прозвучал зычный голос Петровича:

Где-ты Фуфель? Звезда грёбаная? Хорош грибы искать. Играй!

Какая-то группа вяло прокричала несколько раз :

Фу-фель пидарас!..

Но общая масса не поддержала... Общая масса поняла, что чуда не будет, что Фуфель просто фуфель, и не надо ждать гола, а надо «открывать», и вместо свадьбы начинать поминки. Зазвякали стаканы, народ погрустнел...

«Наши» разыграли мяч в центре, отдали мяч Фефлову, который отыграл его назад и еле успел подпрыгнуть, как две «косы» просвистели с разных сторон.

«Хлопцы свое дело добре знают», – вяло подумал Фуфель, а вслух сказал:

За невыполнение договора о перемирии - Гитлеру разорвали попку напополам.

Молчи, пердун старый, - отозвались осмелевшие хлопцы.

Макул, – ответил незнакомым хлопцам словом Фефлов и сел перевязывать шнурки.

На правительственной трибуне было тревожно.

«На борцов надо было ставить, а не на этих», - устало подумал премьер, - каюк мне!»

Не дожидаясь конца первого тайма, он зашел в комнату отдыха и ахнул стакан водки. Водка укрепила дух и Премьеру показалось, что он понял, в чем ошибка...

К тому времени первый тайм закончился и игроки цокали бутсами в раздевалки.

- Майор! – окликнул премьер. – Позови мне сюда этого «московского гостя».

- Слушаюсь, – учтиво прошептал начальник охраны и солидно направился под трибуны. Раздевалка хозяев была закрыта на ключ. Возле неё стоял Дуремар и докуривал сигару, которую ему, со словами:

- Ни одну рожу не пускать! – сунул, закрывая дверь, Кальян.

Майор сделал значительное лицо и сказал тихо и зловеще:

- Позовите Кальяна. Правительство просит в ложу.

- Поздно, генерал, - ответил циник Дуремар, - Он уже в аэропорту.

«Логично», - подумал майор и поспешил на трибуну...

В это время в раздевалке Альберт Палыч блистал остроумием:

«Я! Ой не я»!? Кто командует в штрафной? Карлсон, который живет на штанге?.. Почему два свободных остались?.. «Ком», ты какого делал на передней штанге. Тебе сказано все первые мячи твои хоть башку о них расколоти. А ты ..... ть за штангу прятаться?.. Ты я слышал, к нам из хоккея приблудился, так слушай, чего тебе говорят. Находишь в штрафной самого здорового, хватаешь его за трусы и выбиваешь мяч подальше...Чмырь, х... сын! Твоя задача зацепиться и заработать штрафной. Ищешь любой контакт с защитником и падаешь с криком в некошеные травы. Остальное не твое дело. Заработал и беги в штрафную. Встань возле вратаря и говори ему всякие гадости. Остальное не твое дело! Увидишь мяч - лети к нему, не увидишь, все равно лети на вратаря и сам падай. Главное его с мушки сбить. А ты своего сбил? Чего тебя понесло в свою штрафную?..

Я думал...

Думал?.. Береги свою единственную извилину, чтобы на очке тужиться, и не напрягай её по пустякам!... Шубин, Муса – топчите там, кого попало. Вы свежие вам само то. Мусса, твоя тема – зацепился, брюхом мяч прикрыл и ищи контакт. Чуть кто коснется - падай и умирай. Можешь по-настоящему. Два свистка за тайм дашь – памятник тебе поставлю в штрафной. По пояс в землю врою и бронзовой краской покрашу... Молодые садятся. Молодцы, потрепали нервы, попинались. Дыхалочку им маленько сбили. Это хорошо. Сейчас они бросятся вас добивать. В штрафной будет Сталинград. Не дай бог кого провороните! Пленных не брать!.. Так же по всему полю на «первый» мяч... Они думают всё!.. Со мной «всё» не бывает!..

В середине тайма при таком темпе вступает «физика» – вот там и вспомните мне свои кошары, кроссы в горах и то, как в бассейне топли. Продержаться 30 минут, и 15 будут ваши, если это не так - Чмырь возьмет лопату и закопает меня в его же яму!.. Помните, уроды, сейчас они не готовы к сопротивлению, они готовы вас добивать, и когда они поймут, что ничего не изменилось, и их, как били по ногам, так и бьют - они начнут вспоминать свою Одессу-маму и папу из Ростова....

Пошли! Другого шанса у вас не будет! Если сегодня «попадете» - половину спишут, а первым уйду я. А со мной уйдут ваши зарплаты, квартиры и машины без очереди. Алга! Аллах, как говорится, и в футболе акбар!...

Футболисты потянулись к выходу, переваривая информацию о том, что они, оказывается, еще не проиграли, и надо еще биться целый тайм. Ноги и души болели.

Последним согнувшись выходил Фефлов.

Ты Фуфель знай, - шепнул ему Кальян, – судью я «схватил». Он грамотный сучара - надо только дать повод. Остальное он «решит». Но если сами не пошевелимся, он репутацией рисковать не станет.

Фефлов не отреагровал. Допил чай, положил стакан на пол и пошел.

В раздевалке остался один главный, он поднял стакан с пола, поставил на стол и задумчиво вытащил новую сигару. Его эмоциональные силы были на исходе....

Трибуны при виде пузатого Мусы радостно взорвались: «Муса-самса! Муса-самса!» - подбадривая, и одновременно напоминая ему, что чуть, что - спишут в столовку шаурму лепить, чем занималась вся его дальняя и ближняя родня...

Гости кинулись на штурм, как саранча. Подачи с краев в штрафную летели, как мины одна за одной, без особой цели, но в самую кучу – авось Федя опять заложает и «посыпится», как это всегда бывало. Федя не ложал. Носил защитников по уэльсам, орал на сонного «Кома», который наконец проснулся, поймал кураж и выяснилось, что башка у него хоть и оловянная, но применяет он её строго по назначению. Ком шел к мячу, возвышаясь над толпой как Цезарь, и не замечал покалеченных им в борьбе врагов.

Остальные копошились, как могли. Бросались в подкаты, дышали хриплым дыханием в спины убегавших соперников, не давая тем поднять голову. Битва возобновилась с новой силой, но на этот раз только на одной половине поля – на половине хозяев. «Куда попало» отбитые мячи снова возвращались в Федину штрафную. Федя их ловил и старался подержать в руках, как можно дольше, давая своим схватить хоть немного воздуху. У судьи выбора не было, и на пятый раз он выдал «отцу Федору» «желтую» за затяжку времени...

Судья – пидарас! Судья – пидарас!!! - по инерции, но неуверенно прокричали трибуны и снова погрузились в уныние.

Ну что Петрович? «Призма»? Разливать остатки?..

Кочумай...Пождем пока... – опытный футбольный болельщик Петрович чуял что-то неладное во всей этой кутерьме, но врубиться никак не мог. Казалось, наших жали по полной. За середину поля за полтайма ни разу не вышли. Муса боролся со своим брюхом, и ему было не до мяча, и не до соперника. Но, вместе с тем, оборонительные сооружения работали справно, и бойцы с окопов назад не отходили. Даже Фуфель несколько раз вернулся назад и подстраховал кого надо, правда, это не понравилось Главному. Он вышел на бровку и зычно проорал:

Фефлов, растудыт твою медь! Может, ещё на ворота встанешь?

Фефлов уыбнулся и потопал вперед к Мусе, который хоть и не бегал, но был весь мокрый и запыханный.

Встань на правую бровку и стой там, как угловой флажок. За офсайдом следи.

Шеф сказал защитников напрягать...

Встань, говорят, «напрягальщик» и стой. Когда мяч будет у меня, откройся куда хочешь, мне не важно, не бойся, я увижу. На секунду оторвись от защитников, если они вообще о тебе не забыли.

Тем временем в штрафной Феди продолжался «Сталинград». Чувствовалось, что оборона работает из последних сил, но и нападение отбегавшее полтайма впустую, в надежде, что соперник «встанет», начинало нервничать и орать друг на друга. Вперед поперли даже тупые защитники, вконец забыв, что счет скользкий, поле в кочках, а мяч круглый.

Очередной угловой: в штрафной давка, нападающие теснят вратаря, тот отпихивается от них из последних сил. Орёт:

Товарищ судья!

Подача! Нападающие сминают Федю и вместе с ним запихивают мяч в ворота. Звучит свисток.

Всё! – выдохнул премьер и вышел в комнату отдыха, где от иностранной бутылки осталось на дне. Он закрыл глаза и выпил прямо из горлышка. Из левого глаза покатилась слеза.

«Сто лет не плакал», - подумал Премьер и еще подумал, - «Пенсия, так пенсия. Лишь бы не посадили»...

Тем временем на поле шли ожесточённые разборки. Судья определил не «взятие ворот», как хотели гости, а «нападение на вратаря». К слову сказать, совершенно справедливо. Но соперники настолько устали от этой пустой возни возле фединых ворот, что налетели на арбитра коршунами, ища хоть какого-то виноватого во всей этой невезухе. Трибуны неистово орали не поймешь чего. Даже «випы» неумело свистели в два пальца охваченные общим ажиотажем.

Судья полез в нагрудный карман за карточками и свидетели событий бросились в рассыпную.

Кровавый Чмырь, который уже ничего не видел, кроме косых кругов перед глазами, заметил, что кто-то в похожей форме рванулся налево и из последних сил лягнул мяч в ту сторону.

«Крепкие хлопцы» поняли, что они опоздали ровно на секунду. Фуфель принял «снаряд» одним движением, мгновенно развернулся и выдал Мусе «самсу». Прямо в ножки, не надо было даже останавливать. Муса тяжело дыша протащил мяч метров десять, увидя догоняющего защитника, подставил ему край живота, и почувствовав толчок, радостно упал.

Трибуны засвистели, заорали, заскандировали:

Муса! Муса! Муса!..

Муса воспрял и установил мяч для пробития. Сзади его кто-то похлопал по плечу и шепнул:

Иди в штрафную, попихайся там...

«Звезда говняная», - подумал Муса и потрусил к штрафной.

Муса! Муса! Муса! - скандировали трибуны, потому что раньше все штрафные бил Муса, и бил, кстати, неплохо

– Фуфеля на мыло! Дай Мусе! - бесилась Восточная.

Фефлов ни на что не обращал внимания. Легионер присел и стал перевязывать бутсу, предварительно подняв руку, и показав судье, что шнурки не в порядке. Опытный игрок делал паузу для тренера и соратников, чтобы перестроиться на атаку.

Ком вперед! - зычно прооорал Кальян. - Чмырь перед вратарем. Первый мяч!!!

Застоявшийся вратарь соперников стал неуверенно попихивать Чмыря, который разводил руками и показывал судье, что его толкают. Судья не обращал внимания. Дождавшись, когда Фефлов завяжет шнурок, он дал свисток на пробитие. Фуфель неожиданно без разбега, с лёгкого разворота резанул мяч вверх. Мяч долю секунды повисел над штрафной, и повинуясь какой-то непонятной подкрутке, камнем упал вниз прямо на голову Комлева. «Ком» махнул головой, мяч от его виска срезался в угол и ударился о стоящего там защитника... Спортивный снаряд заметался по штрафной в гуще игроков. Трибуны визжали. Наконец, какой-то шустрый защитник «высадил» мяч к центру поля.

Вышли! - визгливым от облегчения голосом заорал вратарь, и вся ватага своих и чужих ринулась к центральной линии.

Мяч взлетел в небеса и опустился на грудь тому же Фуфелю, который, к тому времени, переместился в центр.

Мяч боялся Фуфеля. Он, обычно не предсказуемый, звонкий и строптивый, когда касался Мастера, затихал, как собачонка и ждал приказа.

Фефлов подсёк мяч над травой, и подъемом мягко перекинул через выбегающую из штрафной ораву, бросившись им навстречу. Защитники «вдарили по тормозам», но опять им не хватило той единственной секунды, на которую их опередил лукавый мозг Мастера.

Фуфель выходил «один на один». За весь этот короткий промежуток времени трибуны даже не усели набрать воздуху в легкие. Они даже не поняли, что происходит, и почему судья не свистит вне игры запоздавшему Мусе, который деловито выносил живот из штрафной.

Быстрее всех сообразил, что к чему, опытный центральный защитник соперников, который извернувшись на бегу, вцепился в трусы Фефлова. Тот по инерции протащил бугая защитника и мяч еще метров пять, и рухнул на траву вблизи штрафной.

Вот тут начался ор! На поле полетели бутылки и другие

посторонние предметы. Одна бутылка, что само по себе уникально была недопита.

С поля! С поля! С поля!... - грянул стадион в едином порыве. Стало страшно.   Милиция, занимавшая первые ряды, поднялась, загавкали собаки... Соперники съежились, как пленные в ожидании расстрела, но судья не торопился. Он поставил мяч на место нарушения. Краем глаза обратил внимание, что на бровке Фефлов меняет разорванные трусы. Поманил пальцем нарушителя и что-то долго говорил ему, явно мучая окончательным решением. Когда тот почти успокоился, судья вытащил красную карточку на удаление и буднично показал защитнику.

Судья Молодец! Судья Молодец! - было ответом публики на это действие.

Оба тренера метались по бровке и что-то орали, но не слышали сами себя.

По свистку! – сказал арбитр и пошел двигать стенку.

Муса! Муса! Муса! - бесились трибуны, призывая своего любимца. У Мусы действительно был страшный удар. При всей своей полноте он мог собраться на доли секунды и пульнуть, как из пушки.

Но на этот раз Муса даже не пошевелился. Он понял, что на поле другой вожак. Он был опытный футболист и умел держать обиду в себе.

Фуфель вернулся в новых трусах. Бодро подбежал к мячу и крикнул:

Муса, бей, у меня что-то с ногой!

У Мусы от неожиданности задрожали ноги. Он понял, что не сможет ничего сделать. Что не готов ни морально, ни физически к такой ответственности. Фуфель передал ему мяч и тихо шепнул:

- Разбег делай подлиннее... и не бзди, я сам ударю.

Муса впервые в жизни понял, что такое настоящее счастье, и что пора на покой.

Муса! Муса! Банку!Банку!.. - надрывались трибуны.

Легендарный нападающий когда-то грозной команды вытер мяч о пузо и установил его на кочке.

Судья девять метров!.. - он с «полоборота» вошел в роль, - Чмырь на добивание сразу. Петя? Шубин! На добивание... Куда пошел?

- Ловуха, на силу будет бить! – орала «стенка», - В край отбивай... не вздумай ловить – там пуля!..

Фуфель индифферентно стоял в метре сбоку от мяча. Потом встал в стенку. Его оттуда вытолкал еще один игрок соперника, увеличив стенку еще на полметра и совсем закрыв от вратаря хитрого Мастера. Вытолканный Фуфель вернулся на свое место.

В глаза друг другу сквозь двухметровую щель между крайним в стенке и штангой смотрели нервный вратарь и ухмыляющийся Муса. Всё стихло...

Судья оглядевшись вокруг дал пронзительный свисток, отозвавшийся болью в сердце вратаря. Муса отошел еще на пять метров назад, несколько раз подпрыгнул перед разбегом и ...

Стоявший у мяча Фефлов сделал шаг вперед и короткий удар без разбега. Мяч прошелестел над кудрями «стеночников» и юркнул под перекладину...

Секунда тишины. За которую все кроме Мусы и Фефла соображали, что их «купили», как пацанов... и ГРОМ (!) трибун...

В громе после гола ничего не разберешь. Каждый орет своё. Обнимаются незнакомые люди. «Южные» прыгают, как сумасшедшие. Где-то из чрева начинается нарастающее: «Молодцы! Молодцы! Молодцы!»...

Ничего не понимающий премьер, выскочивший из ВИП комнаты, видит кучу малу из своих игроков, счет 1:1 на табло и медленно, но грозно багровеет.

Майор – это что же у Вас и отметить нечем? Одна нога...

Майор уже «работал» в рацию:

Третий, третий...я первый...давай вторую...Семь секунд, я сказал!!!

Кальян уже сидел среди запасных и обеспечивал им пассивное курение дорогущей гаванской сигары. Как будто ничего и не произошло. «Тридцатая минута» - отметил он про себя...

Гости бросились вперед, но тут же наткнулись на прессинг восставших из пепла «басмачей». Как в первом тайме все были прихвачены в момент получения. «Хавы» с корнем вырывали мячи у соперников и бросали вперед длинноногого Шубина, который на широком шаге добегая до флажка «стрелял»

в штрафную, где Чмырь и Муса бодались с защитниками
не на жизнь, а на смерть.

Вратарь «выручал» как мог. Соперник окончательно встал.
«Сталинград» переехал на другую сторону поля.

Трибуны орали беспрерывно, как бешеные. «Наши»
призёров «рвут»! Где видано? Петрович забыл о водке и впитывал
в себя весь футбольный нерв, отмахиваясь от протягиваемого
стакана.

На подбор, на подбор! Гады, на подбор... Кто-нибудь
догадается?..

Мячи выбитые защитниками, попадали к «хавам» гостей,
которые вышибали их подальше от ворот, не помышляя
о большем. «Хлопцы» Фефлова, получив мощный «развездон»
от тренера и капитана, снова окружили его и не отходили
ни на шаг. Фефлов увел их на бровку к середине поля и стал
перевязывать шнурки.

Ну, кандец тебе падла! – прохрипел один из опекунов, -
Получи только мяч. Разорву!

Мой юный, сопливый друг, закрой хлебало, а то уйдешь
отсюда в гипсе. Ты с кем разговариваешь, сынок?

В голосе Фуфеля было легкое раздражение, не более того.
«Хлопец» был глупый и ничего не понял.

Получи мяч, гадина! Я через «красную» тебе обе ноги
переломаю. Развалина старая!..

На поле тем временем продолжалась битва. Любимцы
публики Муса, Чмырь и Петя Шубин лютовали вовсю.
Соперники обескровленные удалением и тем, что два здоровых
лба должны были опекать Фуфеля, который пасся на своей
половине, еле дышали.

Не хватало последнего усилия, чтобы добить подранка.
Может быть, как раз этого Фуфеля, который снова возился
со своими шнурками в центре поля.

Ты, «Звезда»? Играть будешь или может тебе шнурки
погладить? - орали с трибун.

Основное время вышло. Судья чего-то поколдовал
и объявил три минуты дополнительно.

Команды доигрывали в центре. Выдохлись все.

Муса в центре поля возился с мячом, кроя его пузом
от защитников, которые не очень-то на него и наседали, и собрал

вокруг себя всё внимание соперника, демонстрируя, на забаву публике, финты на месте. Это он умел.

Довязавший очередной шнурок Фуфель, вдруг резко рванул влево, по дороге успев острыми шипами наступить хамоватому «хлопцу» на ступню и слегка крутануть бутсу для верности:

Муса! – крикнул Фуфель, перекрывая стоны «хлопца», и получил от Мусы «обратку» на ход. Мол, знай наших, и мы умеем пасовать!

Мастер получив мяч на ходу, как от стоячих ушел от двух защитников, и только хлопец, что поумней успел в прыжке «косануть» убегавшего ветерана в метре от штрафной, почти у самой линии... Судья дал свисток, обменялся взглядом с Фуфелем, и пошел назад, где орал и корчился от боли молодой, неуважающий мастеров игрок. Вокруг толпились и свои, и чужие. Арбитр начал разнимать мелкие стычки и раздавать желтые.

Трибуны орали:

Симулянт-пидарас! Симулянт-пидарас!

Врачи, наконец, вынесли его за бровку. Вся эта кровавая драма длилась минуты полторы, за которые лукавый Фуфель, что характерно, незаметно даже для публики, отвлечённой судьёй и беспорядками, хватаясь когтями за траву вполз в штрафную и «умер». «Умерев», поднял руку...и бросил её на поле без сил.

Дуремар! - рявкнул Главный.

Врач мелкой пташкой вмиг оказался возле Фефлова, облил его гетры кровью, и стал морозить из баллончика.

Хорош! Холодно! – остановил его Фуфель. – «Картину гони»! У меня все норме.

Дуремар вытащил нашатырный спирт и начал приводить «больного» в чувство.

Товарищ судья, – сказал подбежавшему арбитру Фуфель, - что это футбол или бои без правил - два раза за игру мяч получил, и чуть инвалидом не сделали. Ты глаза открой! Чем залил?

Смени вид спорта! – играл «МХАТ» судья. – Иди в артисты! Я слышал, там п....болов не хватает.

И показал Фефлову желтую карточку.

- За разговоры с арбитром!

- Жаль я тебя матом не покрыл! – надрывался Фуфель на глазах у своих и чужих, проверяя ногу на целостность.

Судья закончил запись, дал свисток и спокойно указал на пенальти.

Как!!!! - взревели защитники, – мы там сбивали – он сюда залетел!!!

Да, - сказал судья, – Облетел на крыльях любви всю штрафную. Новый ангел полей! Вы лучше своим молодым ноги свяжите – больше пользы будет...

Кто сбивал? – заорал капитан соперников. - Кто сбивал?!

Один из двух оставшихся хлопцев плакал не стесняясь слез.

- Я вам обоим сукам всё припомню... «Сожрём старикана!»... Он вас как детский сад развел. Вот теперь сосите леденцы!..

Время матча вышло, но по правилам пенальти пробивается даже в случае, если время вышло, тем более, что было куча «разборок».

Фефлов без лишних разговоров и хромоты спокойно поставил мяч на точку.

По свистку. Вратарь на линии.

Фефлов нагнулся к шнуркам и украдкой покосился на правый от вратаря угол.

Судья дал свисток, Фефлов неторопливо разбежался, дождался, когда вратарь кинется в правый угол и катнул мяч по центру.

С Новым годом, господа! - сказал Фуфель, но его никто не слышал.

Трибуны ревели. Соперники ругались между собой. А Фуфеля зарыли в кучу тел. На поле выбежали запасные и челядь...

На скамейке остался один Кальян. Сигара обожгла ему губы. Он отбросил её в сторону. Встал и двинулся под трибуны, ни на кого не глядя. «Разгонный» микроавтобус был наготове, но без водителя. Кальян подождал минуту, залез в машину и нажал на сигнал.

Прибежавшему водителю сказал:

Учись ссать в машине. Еще раз не застану на месте – уволю.

Водитель почтительно промолчал. Он видел всю игру и понимал, что везет Великого человека, и что ему будет, что рассказать внукам.

В гостиницу, - сказал Главный и откинулся на спинку кресла...

Анжела Постникова родилась и обрела тайну своего детства на пыльных станичных улочках и в тени густо-зеленых подворий хуторской жизни юга России. Природа, полная интригующих, зовущих вибраций ароматов, звуков, света, стала ее первым и единственным учителем на всю жизнь. Память чувств навсегда запечатлела как уроки красоты и силы – крутые песчаные берега быстротечной реки Кубани, горячее дыхание вольных степей, завораживающий плеск теплых волн Черного и Азовского морей и тихие, по ночам, молитвы бабушки.

Образование в школе и в Академии культуры получила в городе Краснодаре. Литературой и поэзией увлеклась с детских лет. Круг творческих интересов – человек в мире и мир в человеке. В Петербурге с 1996 года. Вольнослушателем в гуманитарных ВУЗах города получила дополнительные знания по психологии и философии. Воспитывает троих детей. Триптих «Кажется» первая публикация автора. Готовится к изданию четвертая книга А.Постниковой в жанре фэнтези – «Хаос.Планета Снов».В настоящее время получила Международные степени Доктора антропологии,Гранд – доктора психологии,профессора Оксфордской образовательной сети.

Анжела Постникова

Сон подарил мне осень

Легкая походка. Улыбка. А вокруг тепло ушедшего лета. Лето ушло, и легкий шлейф жары, высокого неба, яркой листвы еще плывет по привычке вслед за ним. Осень неуверенно всходит на престол. Величественная, грустная, но яркая, неотразимая, непредсказуемая. Она еще робка и едва-едва касается цветов, листьев, травы. Женщина улыбается и думает, что тоже входит в пору осени. Ее это немного удивляет. Иногда огорчает. Она еще к этому не готова. И неожиданно буйно в ее жизнь врывается то, о чем она даже не думает. Все давно позади, как ей кажется. Она не может чувствовать, как прежде. Но осенний ветерок считает иначе. Он ласково запутался в ее длинных волосах, и закинул их ей на лицо. Она улыбнулась ветру, и подставила счастливое лицо солнцу. Голубое небо прощалось с летом, а она наполнялась безграничной радостью. Казалось, осень подарила ей крылья. Она еще не умеет летать, но обязательно научится. «Конечно, научится». – Прожурчал неугомонный ручеек, поспешно убегая вдаль. Солнечный зайчик прыгнул из ручейка и отразился в огромных, сияющих глазах. Она присела у ручья, и осень подарила ей первые желтые листья, которые упали золотом к ее ногам. «Как хорошо!» - Думала она. «И почему я раньше не любила осень?»- Продолжала она размышлять. Где-то назойливо жужжала муха. Она продолжала жужжать и жужжать. От этого женщина проснулась. Прекрасные чувства, сказочная осень остались во сне. Муха жужжала все истеричнее и беспорядочно носилась под потолком дачного домика. Потом резко умолкла, и женщина услышала, как крохотное тельце насекомого ударилось о пол. «Муха умерла, потому что наступила осень». – Грустно подумала она. За окном стучал дождь. Рассвет серо, скучно наступал. Она взяла зеркальце и посмотрелась в него. Заспанное, смятое сном лицо сорокалетней женщины. Бледные губы. Растрепанные волосы с пробивающейся сединой. «Наступила осень». – Уныло подумала она. И отложила зеркальце подальше. В бесконечных хлопотах будничный, серый день пролетел незаметно. А ночью ей опять приснился давешний сон. Он подарил ей радость, счастье, безмятежность. И осень: величественную, грустную, но яркую, неотразимую, непредсказуемую. И еще он подарил ей крылья, на которых она обязательно научится летать не только в своем прекрасном, трогательном Сне.

Черный монах

Каждый день в деревне занят бесконечными хлопотами и заботами о большой семье. Муж и трое детей не могут обойтись без ее внимания. Комары безжалостно впиваются в ее неутомимые молодые ноги, грызут руки, лицо, шею. Она терпеливо отмахивается от гнуса и продолжает свою повседневную работу. Она любит семью. И любит делать жизнь в родном гнезде лучше и приятнее. Иногда налетает теплый летний ветер, отгоняет надоедливую мошкару и треплет растрепавшиеся от работы упрямые волосы молодой женщины. Устав, она присаживается в тень на прохладное крыльцо. Ее взгляд впитывает зелень листвы, пеструю яркость цветов, красоту летнего неба. Выглянуло яркое солнце, высветив новые краски природы, а женщина продолжала сидеть. Она хотела продлить мгновения уединения и полностью погрузиться в восторг неизведанных ранее чувств.

По характеру она сторонилась людей. Подруг у нее не было. Она не могла представить себя сидящей на скамеечке перед домом в окружении женщин, ведущих бесконечные разговоры ни о чем. Это навевало скуку, и она сторонилась посиделок, погружаясь в семейные заботы, бесконечные дела по дому. Она представить себе не могла поделиться с кем-то затаенным, что прятала в глубине своей ко всему восприимчивой, легко ранимой души. А внешне, ее принимали за строгую мать, даже суровую, хорошую, полную сил хозяйку, занятую бытом и воспитанием детей. Свою Тайну она хранила очень глубоко. Лишь изредка, оставаясь одна, вдалеке от людских любопытных глаз, она открывала свой тайник и купалась в лучах нежного чувства, как ребенок купается в любви своей мамы.

Пролетел еще один хлопотливый день. Вновь наступил вечер полный писков комаров, далеким лаем собак и перекличкой петухов. Деревня постепенно затихала. Женщина укладывала детей спать. Целовала их нежные, любимые мордашки, отвечала на их бесконечные вечерние вопросы, и незаметно все утихало, погружаясь в сон. Уставшая, засыпала и она.

И снилось ей, что она едет в автобусе. Куда едет, не знала. Она сидит и спокойно смотрит вперед. Рядом с ней стоит монах. Лица его она не видит. Он в черном монашеском одеянии, и капюшон закрывает его лицо. Она знает его. Он снится ей каждую ночь. Сон никогда не меняется. Ей хорошо оттого, что он стоит рядом. Она знает, что он намного моложе ее и очень красив. Он всегда молчит. Но его чувство к ней не требует слов. Оно так сильно и чисто, что каждая клеточка ее существа, словно кровью омывается им. Как долго они едут, она не знает. Но вот монах уходит вперед по проходу. Боль охватывает ее. Не вставая, она ищет его руку, хочет удержать его, но лишь слегка касается края рукава его длиннополой тоги. Автобус останавливается. Монах выходит. Она едет дальше одна.

Мелькнула осень, отшумев грустными дождями, и усыпав землю золотом вянущих листьев. А первые морозы и похрустывающие льдом лужи проложили дорогу зиме. Дни медленно тянулись один за другим. Все было по-прежнему. Днем женщина трудилась, поглощенная семейными заботами, а когда засыпала, видела Монаха в Черном, который молча ехал с ней куда-то. Утром, проснувшись, она чувствовала, что от сна оставалось только тонко-трепетное чувство, сплетенное с нежной грустью и еще что-то непередаваемое словами. И женщина бережно хранила это чувство в глубоких тайниках своей души, лишь изредка позволяя себе прикоснуться к нежности этих переживаний, скрашивая этими мгновениями серую повседневность окружающей ее жизни.

Она стояла у окна и слушала, как шуршат снежинки, сталкиваясь со стеклом. Белое покрывало снега успокаивало, радовало чистотой, навевало сон. Но грусть не покидала ее. Казалось, будто что-то незримое ускользает от нее, как едва слышный шепот неуловимой мелодии хрустальных снежинок.

Она прилегла и уснула. Как всегда, она оказалась в автобусе. Рядом стоял монах. Но лицо его, молодое, красивое – открыто. Он бережно взял ее за руку и легким пожатием пригласил за собой. Она спокойно доверилась ему и пошла за ним. Автобус остановился.

Они вышли вместе. И остались стоять среди роя сверкающих, звенящих хрустальными колокольчиками снежинок. Монах рассказал ей, что он давно умер, и только необыкновенная сила чистого и безграничного чувства к ней удерживает его в ее снах. И она, если пожелает, может уйти с ним. Он знает Путь. Женщина задумалась лишь на мгновение. Но за этот миг она мысленно простилась со всеми любимыми ею. И пошла за Черным Монахом сквозь звенящий хоровод холодных снежинок. Ее тайное чувство открылось как чудесные врата в иной, неведомый ей, но долгожданный мир. С каждым шагом свет и тепло нарастали. Казалось, снежинки стали одновременно превращаться в сверкающие струйки дождя и ласкающего пламени. Их души наполнялись неведомым чувством, к которому они стремились всю жизнь и в которое ушли со всей искренностью своих сердец.

Маленькая серая птичка

Он называл ее Маленькой Серой Птичкой. И прятал у себя в комнате от всего Мира. Когда он приходил с работы, то тщательно задергивал шторы, закрывал дверь на ключ, включал свет и садился в свое любимое кресло. Она усаживалась к нему на колено и смотрела прекрасными добрыми глазами. Он гладил ее, осторожно касаясь головки, и неотрывно смотрел, любуясь, наслаждаясь ее добротой, нежностью, привязанностью. Так и сидели они в тиши комнаты, - он и Маленькая, никому не известная, Серая Птичка. Никто даже не подозревал о ее существовании. И он боялся открыть Миру свое сокровище. Боялся, что Мир погубит это нежное создание.

Когда наступала ночь, он открывал шторы, окна. Они садились на подоконник и любовались ночным небом, а ветерок ласково овевал их и, наверное, что-то рассказывал, что понимали только он и она. Зимой окна не открывались. Он боялся застудить хрупкое создание. Через стекло, они следили за тихо падающим снегом, искрящемся в свете ночных фонарей. Наступила Весна. Все шло своим чередом. Он приходил дамой, запирал дверь, задергивал шторы и наслаждался обществом Маленькой

Серой Птички. Утром, когда он уходил, она еще спала, уютно устроившись на кроватке. Он запирал дверь и уходил, бросив нежный взгляд на нее.

Наступил вечер. Он вернулся домой. Вставил ключ в дверь и попытался его повернуть, но дверь открылась сама от легкого прикосновения. Бледность залила его щеки. Он замер, и почти безжизненный, зашел в комнату. Комната была пуста. Он искал Маленькую Серую Птичку в самых невероятных местах опустевшей комнаты. Он звал ее. Но страшное горе сломило его и, неистово рыдая, он упал на колени перед своим любимым креслом и умер, потому что знал, что его Маленькой Серой Птички больше нет, даже если она вернется из Мира к нему.

А через несколько минут после его смерти раздались тихие шаги на лестнице. Шум их затих у двери. Дверь медленно открылась, и вошла красивая невысокая девушка с длинными пепельно-серыми волосами. Глаза ее заполняли усталость и пустота. Она обвела взглядом комнату. Увидела его, стоявшего на коленях у кресла. Подошла. Тронула рукой волосы покойного. Еще раз оглянулась вокруг и ушла, не закрыв за собой дверь. Его «Маленькая Серая Птичка». Теперь это был кто-то Другой.

Ночь

Серый сумрак мягко окутывал дома, деревья, стушевывая резкие очертания предметов, и превращая все в мерцающий мираж. Сумрак сгущался, сгущался, пока Ночь не опустилась на засыпающую землю. Уютно затрещал сверчок. Вдалеке залаяла одинокая собака. На черное небо высыпали яркие, холодные звезды. Зажелтел серпик неполной луны.

Голый пятилетний ребенок выбежал на крыльцо огромного многоэтажного дома. Он судорожно плакал, трясясь всем своим чумазым тельцем от страха и холода. А где-то там, наверху, раздавался истеричный визг и грязные ругательства пьяной матери. Ночь протянула ребенку свои огромные, лохматые руки, и он укрылся в них, прячась от кошмара. Мальчик продолжал трястись и плакать, боясь, что его найдут. Его маленькое истерзанное сердечко громко билось. Казалось, что оно разорвет тонкую, бледную кожицу его худенького тела. Но Ночь надежно укрыла его в своих объятиях. В душе ребенка было также черно, как была черна Ночь. И в этом он был ей сродни. Вскоре он перестал плакать, прислушиваясь к шепоту Ночи. Тишина успокаивала его, делала сильнее. Маленький мальчик ощущал прикосновения теплого, застывшего в неге воздуха. Это напоминало ласку, которую ребенок не знал. И он замирал, на мгновение, забыв о своем страхе. Но страх возвращался и малыш, как затравленный зверек, быстро озирался по сторонам и глубже прятался в черноту Ночи. Ночь успокаивала его растревоженную душу легким ветерком, который играл листьями и касался осторожными дуновениями головы ребенка. Иногда пролетали зеленым огоньком светлячки. И маленькое существо замирало от восхищения. Страх постепенно утихал, и уставший мальчик тихонько прилег на траву, доверившись Ночи. Она прикрыла его краем своего черного покрывала и навеяла чудесные Сны, в которых подарила ребенку возможность впервые пережить радость и беззаботность детства. Будь Ночь чуточку длиннее, мальчик стал бы другим. Но времени было мало. Уже забрезжил рассвет. И малышу пришлось вернуться домой.

Незаметно пролетел день. Вновь вкрадчиво вполз задумчивый сумрак, а за ним вновь пришла Ночь. Она заглянула в окно, где жил маленький мальчик, и отпрянула от яркого обжигающего огня. Она успела заметить маленькое безжизненное тельце, которое жадно лизали языки пламени. И женщину, слепо тычущуюся в пьяном бреду в пожаре. Не задумываясь, Ночь стремительно протянула свои огромные лохматые лапы в пылающие окна и вырвала ребенка из пасти всепожирающего огня. Она полюбила это доверившееся ей существо и не могла оставить его беспомощного в вихрях жестокой и бесстрастной стихии. Ночь взмахнула своим черным, усыпанным сияющими звездами покрывалом, и мальчик превратился в, мерцающего изумрудным светом, светлячка. Она бережно опустила его в листья густого кустарника, стараясь успокоить, но светлячок, мгновение, помедлив, вдруг вспорхнул и стремительно полетел навстречу чудесному мерцающему облаку, сиявшему мириадами разноцветий его собратьев-светлячков. Такого счастья, такой радости, такого праздника он не испытывал никогда!

Поэт, писатель, переводчик. Окончил Московский Литературный институт им. А.М.Горького (1986 г., семинар Е.Исаева и В. Милькова). Официальный представитель Международной Федерации русскоязычных писателей (Лондон-Будапешт) в Кыргызстане, член Национального Союза Писателей, Союза журналистов Кыргызской Республики. Лауреат республиканской литературной премии им. Молдо Ниязa. Автор "Национального бестселлера" "Камила". Лауреат второй степени Open Central Asia Book Forum & Literature Festival 2012 в номинации "Литературное произведение".

Рахим Каримов

КАМИЛА

Роман отрывок

ЧАСТЬ ПЕРВАЯ

Глава 1

Белое, словно омытое молоком, лицо девушки было похоже на полную луну в ясную ночь. На нем под бахромой бровей сверкали черные глаза и огнем пылали губы, позаимствовавшие у гранат их пурпурную окраску. И все это было в обрамлении темных волос, заплетенных в толстые, длинные косы. Стройная фигура, гибкий стан, вся ее внешность очаровывали каждого, кто хоть раз видел Камилу. Наделенная природой столь щедро красотой, девушка была обделена в другом - она выросла сиротой. Это наложило опечаток и на ее характер. Камила была застенчивой и простодушной, часто придавалась грусти.

Айбарчин-апа, воспитавшая племянницу, своих детей не имела и потому всю нерастраченную материнскую любовь обратила на Камилу, заботясь о ней и оберегая, как родную дочь. Благодаря тете Камила выросла честной, порядочной, доброй девушкой. Как говорили люди, и внешностью и характером она очень походила на свою мать - Гуландомбегим...

Гуландом рано лишилась родителей и вместе с сестрой Айбарчин воспитывалась у дальних родственников. Она была умной, смышленой девочкой. Поэтому, став взрослой, смогла поступить в институт. В те дни, когда Гуландом стала студенткой, она была счастливее всех. И, если бы не встретила Максуда, может быть, ее судьба сложилась бы иначе. Ну, что тут поделаешь? Судьба есть судьба...

Максуд был однокурсником Гуландом. Впервые увидев его, она почувствовала, как тревожно забилось сердце, и под магическим взглядом Максуда руки и ноги девушки отказались повиноваться ее воле. И парень полюбил Гуландом с первой встречи. Куда бы он ни глядел, всюду видел огненный взор красивой девушки и как бы утопал в больших, бездонных глазах своей возлюбленной.

Они долгое время лишь взглядами объяснялись друг другу в любви. Но любовь день за днем разгоралась все сильнее и сильнее пока не запылала ярким пламенем, приносившим неподдельную радость и нестерпимую боль. Наконец, во время одной из студенческих хлопковых кампаний, Максуд решился - излил девушке свою душу, объяснившись в любви. И его исповедь, идущая из самого сердца, обожгла Гуландом, разбудила дремлющую в ней женщину. И здесь, на полевом стане, прошла их первая ночь любви. Разве есть на свете большее счастье, чем любить и быть любимым?!

* * *

Влюбленные были пьяны от переполнивших их чувств, не замечая ничего вокруг. Но, когда дело дошло до свадьбы, родители Максуда, состоятельные и уважаемые в городе люди, не дали согласия на женитьбу своего сына на дочери простого сельского арбакеша - извозчика.

В то время, когда родители Максуда, выбрав приглянувшуюся девушку, готовились к свадьбе, Гуландом была на сносях. Она упрекала себя за безоглядную доверчивость, за то, что поддалась чарам любви, и часто плакала. Избавиться от ребенка было слишком поздно. Ее успокаивали землячки - подруги, жившие в одной с ней комнате. Но Гуландом, представляя, как останется одна на белом свете со своим ребенком, не находила себе места.

Ночью перед свадьбой Максуда "скорая помощь" отвезла Гуландом в роддом. Она бредила, и в бреду произносила имя возлюбленного: "Максуд-ака, Максуд-ака." Роженица громко стонала, звала свою мать и плакала горькими слезами.

Когда раздался первый крик малышки, на улице уже рассвело. Но для Гуландом уже ничто не имело значения. К утру жизненные силы покинули ее...

Глава 2

Глядя на двухэтажный, роскошный дом - дворец в одном из престижных, с чистым воздухом районов города, многие вздыхали с нескрываемой завистью. В этот раз, несмотря на глубокую ночь, дом, утопающий в зелени чинар-великанов, светился множеством огней. Сквозь чугунный, узорчатый забор и листву деревьев виднелись прозрачные струйки воды, бьющей из великолепного фонтана посередине двора, разбрасывая фейерверк брызг, рвались ввысь и падали вниз, в хауз. Но легкое журчание воды заглушалось гомоном многочисленных гостей, громкой музыкой и песнями. Молодежь танцевала, а степенные аксакалы и дородные женщины оживленно обменивались мнениями. Только жених и невеста, сидевшие на почетном месте, чувствовали себя как-то неуютно.

* * *

В родильном доме плачет ребенок. К несчастью, ему, бедняжке, не довелось попробовать материнского молока. Отчего он плачет, не знают ни мать, которой уже нет в этом мире, ни отец, празднующий свою свадьбу. Лишь дежурная медсестра, ухаживая за малышкой, время от времени дает ей соску с бутылочкой молока.

* * *

У жениха на душе неспокойно. Он сидел рядом с похожей на куколку невестой, опустив голову. И не мог смотреть ей в глаза, мысленно успокаивая себя: "Рано или поздно все наладится".

Родители жениха радовались, любуясь молодыми, и от всей души желали им счастья. Кто же может пожелать своим детям плохого? Максуд - старший в семье и растили его, чуть ли не сдувая с него пылинки, исполняя все желания. Дильфуза же младшая дочь, значит - любимица. А породниться с ее семьей большая честь. Ведь родители девушки - уважаемые, почтенные люди. И родственники с обеих сторон - тоже люди состоятельные. Ни один из них на свадьбу не пришел пешком - все приехали на иномарках - автомашины наводнили всю махаллю...

* * *

Малышка, пососав молока из бутылочки, все же уснула. Приближался рассвет. Это для девочки была лишь вторая утренняя заря. Впереди ее ждала целая жизнь - светлые дни и темные ночи...

* * *

К утру утихла и свадебная суета. Неубранный двор опустел. Лишь валявшиеся пустые бутылки из-под водки и остатки фруктов на столах напоминали о недавнем веселье. Хозяйская прислуга торопилась подмести двор, убрать со столов и помыть посуду. Вот-вот начнется юзочди - открытие лица невесты. Сваты приедут, вся родня, женщины махалли соберутся.

* * *

Девочка, то ли испугавшись во сне, то ли по другой причине, опять проснулась и заплакала. К великому сожалению, у нее не было матери, которая бы откликнулась на ее зов. Весь роддом, все посетители со вчерашнего дня говорили о горькой судьбе Гуландом и об осиротевшей малышке. И вправду, плохая весть распространяется быстро...

Глава 3

Небольшая глиняная хижина - старая постройка, которая, того и гляди, вот-вот развалится, и огромный двор, огражденный обветшалыми лоскутами холщовых мешков, сразу же наводили на мысль, что эта семья без мужчины. Действительно, у Айбарчин-апы нет мужа - они давно развелись после семи лет, прожитых вместе. С тех пор, как Гуландом уехала учиться в город, Айбарчин-апа здесь одна-одинешенька. Позабыла ее сестра, позабросила. Последний раз виделись семь-восемь месяцев назад.

Айбарчин-апа встала чуть свет и пошла в огород. Вчера весь день ее веки подергивались, пробуждая в сердце тревожные предчувствия. Ночью ей почему-то приснилась Гуландом. Она все обнимала сестру и целовала, дарила ей золотые сережки. "Дай Бог, чтобы все было благополучно", - прошептала женщина.

В это время с улицы донесся голос:
- Айбарчин-апа, ай! Айбарчин-апа!
- Кто там? Иду, иду-у. Сейчас, сейчас...
- Это я, тетенька, Назира!
- А, это вы, сестренка. Здравствуйте. Каким ветром, милая? Что случилось? А где же Гуландом?
Но Назира молчала. Ну, как сообщить о том, что Гуландом больше нет, ее родной сестре? На девушке не было лица, дергались губы, она дрожала и что-то бормотала. Назира не успела произнести нужные слова - все было ясно и без них. Осознав все, Айбарчин-апа потеряла сознание и упала на пороге...

* * *

Женщины, пришедшие на юзочди, еле-еле поместились в шестнадцати комнатах, под потолком каждой из которых красовались хрустальные люстры, а отделка стен слепила глаза. В трех верхних комнатах, где было развешено сеп - приданое невесты, сидели сваты и близкие родственники, гордясь этими богатствами - бархатом и шелковыми тканями, одна краше другой, готовыми платьями, сшитыми по последнему слову моды, верхней одеждой. О дастархане, уставленном всевозможными угощениями, лучше и не говорить. Ой-бой, с ума можно сойти! Изобилие всего! Ведь Васила-апа и Мардон-ака много лет готовились к этому дню, трудясь не покладая рук и копя для своих трех сыновей и дочери.

* * *

Когда безжизненное тело Гуландом и ее живого младенца привезли в кишлак, все уже было подготовлено к печальному обряду. Односельчане пришли в дом Садыка-арбакеша сказать последнее "прости" одной из них.
Скоро будет прочитана "жаноза" - полагающаяся в этом случае молитва, а пока Айбарчин-апа во весь голос рыдает над анбаром - пурпурным погребальным покрывалом,

обтягивающим гроб-носилки. Плачут близкие, родные, соседки. О, если бы сейчас ожила Гуландом и взяла бы на руки свою крошечную дочурку, которая в своей колыбельке истошно кричит на весь кишлак!

...О, беспощадный мир! До чего ты бессердечен!

* * *

Все женщины, приглашенные на юзочди почти в одинаковой одежде. От платков до махси - калош повторяют друг друга. И лишь по лицу и росту можно их различить. Однако у всех свои судьбы, печали и радости. Одна жалуется на младшую сноху, другая рассказывает о завистливой невестке. Кто-то хвастает своим богатством, кто-то гордится детьми. Гости, которые говорят о том, о сем, к концу смотрин начинают беспокоиться о своих дастарханах. Со словами "Чтобы в каждом доме была свадьба" женщины берут для своих домочадцев гостинцы. А когда свекровь положила в руки невестки жир с мукой, чтобы ее руки всегда были в жире и муке, на улице уже стемнело...

Глава 4

Айбарчин-апа, как обычно, встала ни свет ни заря. Совершив утренний намаз, подоила корову и сварила аталу для Камилы. Накормив девочку, которая только начинала ходить, тетка постелила на арбу толстый тушак и усадила на него малышку. Следом и сама устроилась рядом. Покрикивая на осла, запряженного в арбу, оставшуюся от отца, Айбарчин-апа поехала из кишлака в поле работать на табачной плантации - сезон сбора табачного листа был в самом разгаре. В такое время нельзя упустить день - другой, потом их не наверстаешь. А ей девочку кормить надо.

* * *

Васила-апа и Мардон-ака стали бабушкой и дедушкой - у Максуда родился сын. Радости близких не было предела. Нарекли мальчика Сиявушем. Сегодня новорожденного привезут из роддома. Уже с утра в доме суета, хлопоты.

* * *

Камила уснула на арбе, стоящей в тени под раскидистой кроной тутовника. Ела лепешку и незаметно уснула, зажав в пухленькой ручонке недоеденный кусочек. А Айбарчин-апа тут же неподалеку нанизывала табачные листья на толстую длинную нитку для просушки. Дай Бог сил и здоровья поставить Камилу на ноги. "Девочка скоро научится говорить. Интересно, как она будет меня называть: Айбарчин-апа, тетя, или.... Да, это и не важно. Самое главное, чтобы была здоровой и счастливой", - подумала Айбарчин-апа.

* * *

Дильфузу с ребенком и родственников, забравших ее из роддома, привезли на четырех машинах. Маленького Сиявуша то дедушка берет на руки, то бабушка возьмет, то младшие братья мужа вырывают у матери из рук, а у них их сестренка - всем хочется подержать малыша. И каждый ревниво посматривает на остальных, чтобы кто-нибудь не нянчился с Сиявушем больше других.

* * *

Солнце опускается за горизонт. Уставшая, вымотавшаяся под палящими лучами Айбарчин-апа, наскоро помыв руки и лицо арычной водой, опять запрягла ишака в арбу, усадила Камилу и по пыльной дороге поехала обратно, домой, к своему ветхому домишке.

Рецензия на роман Рахима Каримова «Камила»

Сага о семье Алимовых

Умей прощать и не кажись, прощая,
Великодушней и мудрей других.
Р.Киплинг

Стоит найти ключи от счастья, как кто-то заменяет все замки. Закон жизни. А что есть литературное произведение, как не её отражение? Вот и в романе «Камила» перед нами проносятся судьбы героев, на первый взгляд, бесхитростные и непритязательные, но тем более примечательные, что они индивидуальны и самодостаточны. Все они вращаются вокруг главной героини, Камилы, явившей собой чистый и светлый образ, до конца сохранившей величие души, несмотря на все несчастья и несправедливость, которые должны были, казалось её ожесточить.

Композиция романа представляет собой переплетения сюжетов, общеизвестных в мировой литературе. Здесь и история Золушки, и история запретной любви… Это и семейная сага: ведь в романе подробно прописываются непростые судьбы каждого представителя этого благородного семейства, ничуть не застрахованного от бед и несчастий ни баснословным богатством, ни положением в обществе.

И вместе с тем этот роман нельзя назвать одним из многих. Искренность, простота, вера в лучшее в людях – такими чувствами проникнуто произведение, делая его немного наивным, но бесконечно светлым.

Когда испытания преодолены, истории наступает конец? Отнюдь. Наступает новый акт драмы под названием «Жизнь», идущая своим чередом, полная своих радостей и печалей.

Екатерина Башманова

Является выпускником Казахского
национального университета им. аль-Фараби
и колледжа Биркбек Лондонского
университета. Работала семь лет
на государственной службе в Министерстве
иностранных дел Республики Казахстан.
Имеет степень магистра и кандидата
исторических наук по специальности
международные отношения.
Пишет стихи с 16 лет.

Жулдуз
Байзакова

«Песни Темного Огня»

И песней темного огня
в лагуне море расстается
с последним яростным лучом...

Карминный дождь
внутри прольется.
Разбудит ястреб тишину...

Друзья твердят о вечной дружбе,
напрасно:
мотылек к огню,
когда тепло — тогда прижмется,
остынет — улетит во тьму...

И кукла, с африканской маской,
забыла обо мне —
ей лишь бы глупо посмеяться,
над тем, что я плачу судьбе...

Пушистый иней
пишет имя,
как будто на века...

Простить кого?
Простить во имя...?
На год иль на мгновенье? —
не поднимается рука...

Сонное облако
Сонное облако
коснулось воды
отражением
в полдень,
и в розовых стеблях
магнолии
чье-то крыло промелькнуло...

Там трудолюбивый паук
соткал паутину,
как песнь любви,
и звуки природы
сплелись
в жемчужный клубок...

И клочья тумана
неловко повисли
на малахите травы...

Тишина...
Водяная луна...
Мне озеро дышит в глаза,
в которых уснули цветы...

Мы заполняем собою пространство
Мы заполняем собою пространство
пространство заполняется нами
мною,
тобою,
каждым ищущим
откровенно и скрыто...
разреживаем
прореживаем
процеживаем
пространствА
в сумерках дня
постоянно
Мы заполняем собою пространство -
чем меньше внутри
тем больше снаружи
вовне
- и так непрестанно...
давайте лучше
заполним себя!

По прочтению сборника стихов Жулдуз Байзаковой «Песни
темного огня».

Рецензия

Поэзия вещь своеобразная и самобытная. Ее не так легко читать как прозу, в ней нет сюжета, который увлекал бы вас читать страницу за страницей. Ее нужно чувствовать, осязать, вбирать в себя. Стихи будят воображение, вызывают поток чувств и эмоций. А поэзия Жулдуз Байзаковой просто особенная...

Ее стихи очень непосредственные, эмоционально контрастные, иногда пронзительные по своей откровенности и накалу страстей. Они требуют полного погружения, чтения вдумчивого и неторопливого. Они завораживают и околдовывают. Ее стихи как дыхание: прерывистые, тонкие, наполненные аллегорическими фантастическими образами. Ее стихи как живопись: плотные, яркие, насыщенные красками. Поэзия Жулдуз Байзаковой совсем другой мир, в котором мы слышим отражение Артюра Рембо, Есано Акико и Константина Бальмонта. Это сплав модернизма-символизма, восточной поэзии с привкусом декаданса.

Стихи Ж. Б. это как бусины ручной работы – неравнозначные и неравноценные: одни тяжелые, мрачные с хаотичным сумбурным рисунком, другие легкие, многогранные, хорошо отшлифованные, звонкие, яркие, переливающиеся и искрящиеся на солнце. Читая ее книгу, мы видим неисчислимые переходы от неловких грустных напевов к восхитительным и воздушным сжатым формам.

Каждый приходит в поэзию со своими внутренними, душевными переживаниями, и они интересны нам только тогда, когда выделяясь своей яркой индивидуальностью, неповторимостью все-таки совпадают с нашим мироощущением, когда они близки нам по духу, когда мы можем сказать «да, у меня тоже было такое! Это про меня». В стихах Ж.Б. каждый найдет что-то близкое для себя, даже если все остальное покажется непонятным и отторгающим.

Энн Лари

Писать начала с 16 лет, сначала это были стихи, потом стала писать небольшие рассказы. Определенного жанра не придерживаюсь – у меня есть и фантастика и романтика. Печаталась в нескольких альманахах.

Люблю путешествовать, правда пока побывала всего в трех странах. Нравится изучать быт и культуру разных народов. Увлекаюсь фотографией; хотя я и любитель, но надеюсь, что мои снимки достаточно интересны.

Алшан
Гаир

Одна необыкновенная история

История эта началась давным-давно, когда в одном уездном городке было решено разбить сад на пустынной площадке из солончаковой твердой земли, находящейся практически в самом центре этого городка. Мэр и вся местная знать, да еще пара худощавых пронырливых журналюг с блокнотиками в руках, чинно выстроились по периметру площадки. Мэр, держа в одной руке саженец дерева, а в другой лопату, улыбаясь перед объективом фотокамеры, восседающей на треножнике и укрытой темным покрывалом, шагнул на площадку. Немного помешкав, он отложил саженец в сторону и вонзил лопату в твердую землю. Однако лопата встретила сопротивление твердой как камень земли и едва лишь своим кончиком зарылась на несколько миллиметров в землю. Мэр же, продолжая улыбаться, упорно толкал лопату вглубь, да так старательно, что его котелок сбился набок, а пенсне выскочило из глаза. Тут же подоспели помощники, аккуратно взяв из рук мэра лопату и подозвав слонявшегося неподалеку любопытного рабочего, вручили ее последнему. Когда с большим трудом была выкопана ямка, рабочего отогнали, и место подле нее, держа в одной руке саженец, а в другой лопату стоял, улыбаясь, мэр. Именно так он и был запечатлен фотоаппаратом. В архивах, где хранится вся периодика прошлых лет, можно найти газету с этим фотоснимком и статьей к нему.

В тот день мэром был посажен молодой дуб, тоненький с голыми ветками. Своим видом он вызывал у прохожих сострадание и, практически ни у кого не оставалось сомнения в том, что он благополучно засохнет через недельки полторы. Предполагалось, что именно этот дуб и должен был положить начало созданию тенистого сада в центре уездного городка.... В следующие дни были посажены и другие деревья – липы, клены, акации, но с меньшей помпой и торжественностью и уже, конечно же, без мэра и крупной местной знати. Однако через пару недель почти все деревья высохли, не прижившись на твердой не благодатной почве, и лишь акации и тот самый молодой дуб не только не высохли, а даже показали почки на своих тоненьких ветках.

Спустя несколько лет дуб и акации сильно выросли, раскинув в стороны свои ветви, одетые в красивую зеленую листву. Помимо них, на площадке не росло никаких деревьев. После тщетных попыток посадить еще дубы и другие деревья, жители городка сдались и отказались от своей мечты – раскинуть тенистый сад посреди городка. Однако подобие парка все же получилось, дуб и акации заполнили пустующие пространства, а их зеленые одеяния радовали глаз. По земле у «ног» деревьев растелилась сорная трава изумрудного цвета, скрывая от глаз унылую серость неплодородной земли. В целом, все выглядело очень мило. Весной этот маленький парк наполнялся терпким ароматом цветов акации, и часто под увесистыми гроздями белых цветов можно было увидеть парочки влюбленных, воркующих, огородившихся от всего мира не только ветками деревьев, но и дамскими зонтиками.

Городскими властями был нанят специальный работник, в обязанности которого входило ухаживать за парком, чтоб деревья не разрастались, и чтоб в целом вид у центральной части городка был довольно приличным. Вдоль дорожек были поставлены скамейки, красивые из дерева с резными подлокотниками и спинкой. Первую скамейку поставили под тем самым дубом, и при этом событии опять же присутствовал мэр. Вообще молодому дубу уделялось очень много внимания, так как он был единственным благородным деревом из всех растущих в парке. Но надо сказать, что сам дуб вовсе не кичился своим происхождением и принадлежностью не к сорняковым семействам, он был очень любезен с акациями и сорными травами, был дружен с ними и весел. По сути, у него не было иного выхода, так как его соседи были единственной компанией и единственным обществом. Легкомысленные акации все время хихикали, шурша своими ветками, весной обдавая дурманящим ароматом своих цветов наш благородный дуб, иные из них пытались заигрывать с ним, а он всегда был сдержан и любезен с ними.

Однажды прекрасным утром в парк пришли несколько молодых людей и барышень в легких летних одеяниях. Они все были в приподнятом прекрасном настроении. Девушки заливались задорным смехом, а парни, подбодренные этим, старались еще больше преуспеть в своем остроумии. Нагулявшись вдоволь, молодые люди решили присесть, несколько девушек как раз уселись на скамейку возле нашего дуба. Прекрасное настроение посетителей парка передалось и дубу, и он старался, как можно тщательнее, прикрыть усевшихся подле него барышень от летнего жаркого солнышка. Распушив свои ветки, дуб стал внимательно изучать своих гостей. Он по праву считал себя наряду с акациями хозяином этого парка и причем, надо отметить, он был очень радушным и милым. Ох, если б только он мог говорить! Он рассказал бы кучу историй и был бы очень любезным и самым прекрасным хозяином на свете!

Девушки были все очень симпатичными, но одна из них дубу приглянулась больше всех – у нее было белое личико, темные длинные волосы, перевязанные розовой лентой в хвост. У этой девушки были удивительно ярко голубого цвета глаза, обрамленные густыми темными ресницами. От нее веяло свежестью. Она была похожа на весенний благоухающий цветок. Дуб не мог налюбоваться девушкой. Она была скромной и, чуть опустив голову, застенчиво поглядывала на молодых людей, не смеялась как остальные девушки, а лишь легонько улыбалась каждой шутке своих друзей.

Когда «гости» засобирались уходить, дуб сильно огорчился, ему хотелось, чтоб хотя бы эта милая девушка осталась сидеть под его ветвями. Но все ушли, оставив дуб в обществе его кокетливых соседок акаций. Однако долго печалиться ему не пришлось. Эта девушка стала часто захаживать в парк, иногда в обществе подружек, а иногда одна. Дуб всегда радовался ее приходу, весь преображался и становился как бы свежее и моложе. Его поведение породило пересуды среди его соседок, они то и дело перешептывались и как-то странно начали посматривать на него. Акации перестали заигрывать с ним и вообще общаться, но дубу было все равно, он жил лишь ожиданием нового дня, когда вновь увидит прекрасную милую девушку.

«Это любовь», - как-то раз вздохнула одна из акаций.

«Любовь?», - не понял дуб.

«Да, любовь», - подтвердила другая акация.

«Ты влюблен», - заключила третья.

«Но как жаль, что влюблен ты безнадежно», - вздохнула первая акация, - «ведь любовь дерева к человеку обречена на безответность».

«Бедный дуб», - шептались акации, - «бедный дуб».

Они ожидали, что он в скором времени высохнет от тоски. Но дуб не слушал их, а все продолжал жить ожиданием прихода своей любимой.

Однажды утром он проснулся и почувствовал, что что-то изменилось в нем, появились какие-то новые доселе не испытываемые им ощущения. Решив раскинуть свои широкие ветки, он заметил, что их у него больше нет, вместо них у него были две руки как у людей. Окинув себя взглядом, он увидел, что у него есть две ноги – он стал человеком! Дуб недоумевал, он не мог понять, как это все случилось и явь ли это. За спиной он слышал шелест – это были акации, но он больше не понимал их. Дуб взгрустнул, все же они были его подругами, но эту грусть отогнала мысль о прекрасной девушке – теперь он может встретиться с ней и даже может понравиться ей. Он с нетерпением ждал ее прихода, присев на скамейке, над которой больше не было тенистого высокого дерева.

Они встретились почти под вечер, на счастье Дуба девушка пришла одна без подруг. Она прошлась и села на скамейку рядом с ним. Они сидели молча друг подле друга. Девушка, казалось, не заметила отсутствие дерева. Она робко взглянула на сидящего рядом парня и подарила ему застенчивую улыбку. Дуб хотел сказать ей что-нибудь, но не смог, из его уст не вышло не единого звука. Он совсем не подумал о том, что он даже не знает человеческих слов, и что ему будет трудно говорить. Опечаленный он сидел и грустно смотрел на девушку. Она неожиданно повернулась к нему и протянула руку. Дуб послушно взял ее руку в свою ладонь, они встали со скамейки и медленно пошли по дорожкам парка. Девушка что-то говорила, а Дуб улыбался каждому ее слову, наслаждаясь звуками ее голоса, но, не понимая смысла сказанного ею.

Подобными прогулками Дуб наслаждался целые две недели. Девушка же с каждым разом становилась все смелее и раскованнее и все время весело о чем-то болтала. Они смеялись, бегали по парку, прячась за стволами акаций. Они сидели до позднего вечера на их любимой скамейке, пока она не решалась уходить, запрещая Дубу провожать ее.

Эти две недели Дуб жил словно в сказке, окрыленный мечтой, он мог бы, наверное, и не есть, но человеческий организм устроен иначе и поэтому Дубу приходилось жить, как и всем людям. Его приютил у себя тот самый специальный работник (садовник), нанятый городскими властями ухаживать за парком. Он так полюбил парня, словно своего сына и был рад сделать для него все, что угодно.

Неизвестно, как сложилась бы эта история дальше, но как-то раз прекратились визиты девушки в парк. Напрасно ждал Дуб ее целыми днями и ночами. Напрасно они с садовником обошли весь город в поисках девушки. Она так и не нашлась, она так и не пришла.

Проходили дни за днями, недели за неделями, а месяцы за месяцами, парень перестал приходить в сторожку садовника, он занял свое прежнее место, на котором он стоял в бытность дерева, за своей любимой скамейкой и начал ждать прихода своей любимой. Садовник очень переживал, уговаривал парня войти в дом, укрывал его пледом, поил горячим чаем, но не смог добиться того, чтоб тот вошел в дом. Так, от горя или чего-нибудь еще, Дуб снова стал деревом. Как-то утром вышел садовник с горячим чаем и пряниками и увидел высокое дерево, на ветвях которого развевался плед. Конечно же, все это очень удивило садовника. Поначалу он не мог поверить в увиденное, но затем, придя в себя, он присел на скамейку и стал что-то нашептывать дубу. С тех самых пор, садовника каждый раз можно было застать либо сидящего на скамейке и разговаривающего с дубом либо капающегося возле него – он накрывал ствол дуба зимой одеялом, а летом старался напоить его как можно большим количеством воды. Жители городка стали сторониться его, считая сумасшедшим. Но только лишь акации знали правду и сильно сочувствовали и дубу и бедному садовнику, который приобрел на совсем короткое время сына и почти сразу же потерял его.

Проходили года, а дуб все ждал с замершим древесным сердцем, когда в парк войдет его возлюбленная и когда вновь произойдет чудо и он превратиться в человека чтобы быть с нею рядом. Акации совсем перестали хихикать и пересмеиваться, они также печально качались на ветру, с сочувствием глядя на страдания друга.

«Может, не стоило нам поступать так?» - шептались они украдкой меж собой.

«Может, мы только все испортили?»

«Если б можно было сделать его счастливее, я отдала бы фее грез всю свою жизнь, пусть даже бы я засохла на следующий день!» - в сердцах воскликнула одна из акаций.

«Да, да, да», - вторили ей ее подруги, - «И мы тоже, и мы тоже».

«Он такой добрый!» - говорили они, - «Он такой хороший!»

Но ничего сделать было нельзя и им только и оставалось, что печально вздыхать и сочувствовать своему любимому другу.

Прошло много лет, уездный городок совсем изменился. Умер прежний мэр, умер и садовник. Большинство акаций повырубили, а парк снесли, заасфальтировав практически все кругом. Вокруг стали вырастать многоэтажные дома, а мимо проезжать на большой скорости причудливые экипажи без коней, называемые автомобилями. Новые власти города все же не решились срубить высокий тенистый дуб, оставив его на прежнем месте вместе со скамейкой. Только он один и остался напоминанием о прежнем облике городка.

Мимо проходило время, менялись здания, менялись люди, но дуб ничего этого не замечал, он все с надеждой смотрел в ту сторону, с которой всегда приходила в парк его любимая девушка. Однажды он увидел пожилую женщину, приближающуюся к нему и скамейке. У женщины были седые волосы, собранные в пучок. Она носила элегантную шляпку. У нее было белое морщинистое лицо и выцветшие голубые глаза, обрамленные редкими седыми ресницами. Женщина присела на скамейку подле дуба, явно удивляясь произошедшим за последние годы изменениям. Она как будто кого-то ждала, постоянно оглядывалась по сторонам. Посидев чуть-чуть и, видимо, не дождавшись, она встала и ушла. Но на следующий день женщина пришла опять. Она стала приходить каждый день в надежде кого-то, видимо, встретить. Для прохожих, постоянно пробегающих мимо, спешащих на работу и с работы домой, это стало привычным – каждый день вечером видеть пожилую женщину сидящую под тенистым дубом на скамеечке с резными деревянными подлокотниками и спинкой.

Никто не догадывался, что тот, кого она ждала, стоял за ее спиной и ждал ее. Они оба всматривались вдаль, живя надеждой о встрече с мечтой своей юности. И никто, кроме всюду поспевающего старого ворона, не знал, что причиной их разлуки, произошедшей давным-давно, была причуда капризной изменчивой судьбы.

18 октября
2006 г. – 3 апреля 2007 г.
Ташкент

Отзыв на рассказ Алшан Гаир
«Одна необыкновенная история»

Как страшно мне,
что люди привыкают,
открыв глаза,
не удивляться дню.
Существовать.
Не убегать за сказкой.
И уходить,
как в монастырь,
в стихи.
Ловить Жар-птицу
для жаркого
с кашей.
А Золотую рыбку -
для ухи.
Р. Рождественский

Одна простая, искренняя, трогательная история...

Одна... необыкновенная история...

В рассказе Алшан Гаир общеизвестная истина, что любовь не знает преград, обыгрывается по-новому.

Перед нами своеобразная метафора, развёрнутая на целое произведение. Автор применяет своё фантастическое допущение, чтобы наиболее убедительно воплотить своё мировосприятие в этой не сильно-то искажённой реальности (фантастикой, в полном смысле этого слово, рассказ не назовёшь).

Здесь герои живут, действуют и радуются жизни, и даже печальный конец не омрачает светлого чувства, оставшегося в душе после прочтения.

Иной скажет, что реалистичный человек, человек приземлённых взглядов найдёт её раздражающе наивной и безыскусной, но я позволю себе не согласиться. Этот рассказ заключает в себе лучшие традиции Александра Грина. И даже если окидывать его придирчивым взглядом, лишённым романтики, этот рассказ не может не тронуть.

Екатерина Башманова

Родилась в г. Алматы в 1970 г.
Закончила Алматинское художественное
училище. Впервые выставилась в составе
авангардной группы «Зеленый треугольник»
в 1989г. Иллюстрировала выпуски
первого в Казахстане независимого
литературно-художественного издания
«Аполлинарий», поэтические сборники,
романы и сборники рассказов,
выпускавшиеся Общественным фондом
развития культуры и гуманитарных
наук «Мусагет». В их числе роман О.
Марк «Воды Леты», сборник рассказов
О. Марк «Зима Лето», поэтические
сборники «Магия твердых форм и
свободы», «Золотая колыбель» (по
мотивам древнетюркских мифов). Автор
иллюстраций к сказке «Как собака
поссорилась с кошкой» (Издательство
«Атамура» Казахстан).

Асоль Билялова

Иллюстрации к произведению Ольги Марковой «Золотая колыбель» (по мотивам древнетюркских мифов)

С лева на право:
"Начало мировоздания",
"Напрасная итрость",
"Великий Хаос - Тенгри"

Рецензия на сборник иллюстраций Асоль Биляловой к произведению «Золотая колыбель»

Иллюстрация придает словесному искусству (второму после музыки по абстрагированию образа) предметность и наглядность. По первому впечатлению иллюстрация вторична по сравнению с текстом, но, если вдуматься, она позволяет живописью, графикой и пр. передать художественное слово.

Наше время обнажило тягу детей и взрослых к волшебному магическому и мистическому миру. Сказка издревле позволяла увести слушателя и читателя в мир, населенный иными существами, мир, в котором обнажалась глупость, поощрялись мужество, смекалка и отвага.

Иллюстрации к к произведению Ольги Марковой «Золотая колыбель» как нельзя лучше передают условность иного мира, они не копируют текст, а создают живописный образ, придающий определенность тому действию, которое вначале появилось словесно.

Наглядность изобразительного образа, передает не только своеобразие прочтения, но и особенности творческой манеры художника. От рисунка к рисунку разворачивается притчевая история сказки, бездонной в своих смыслах, которыми наполнены биографии героев и врагов, отстаивающих своими поступками торжество светлого над темным.

Празднество буйства красок, как нельзя лучше, подчеркивает своеобразие словесного оригинала.

Александр Кацев

III OPEN CENTRAL ASIA
BOOK FORUM & LITERATURE
FESTIVAL 2014

ALMATY
KAZAKHSTAN
14—17 NOVEMBER
2014
WWW.OCABOOKFORUM.COM

Международный литературный фестиваль и форум «Open Eurasia and Central Asia Book Forum & Literature Festival»

Сложилась традиция завершать год литературным фестивалем в странах бывшего Советского Союза.

Родился он в городе Бишкек в 2012 году и привлек внимание не только литераторов, но и иллюстраторов книг. И стало ясно – книжному форуму быть!

Праздник литературы уподобился урагану страстей: из стран ближнего и дальнего зарубежья съехались писатели разного возраста, художественных и приоритетов, национальной культуры слова. Многообразие талантов представило все спектры современной литературы и сопредельных искусств.

Известные и начинающие представили на суд свои сокровенные мысли, отчеканенные в образы, предающие многоцветье палитры искусств.

Через год (5-9 ноября 2013 года) литературный фестиваль перекочевал в Великобританию. В Лондоне и Кембридже английская публика открывала литературную Азию. География приехавших писателей не только замыкалась границами Центральной Азии. Знаковым стало участие в первых двух форумах всемирно известных авторов: Януша Вишневского из Польши, Хамида Исмайлова из Великобритании, Эльчина Сафарли из Азербайджана и др.

И вот, год 2014. Казахстан, Алматы. Вновь Британский Издательский дом «Hertfordshire Press» организует Третий Международный литературный фестиваль «Open Eurasia and Central Asia Book Forum & Literature Festival», в проведение которого свою лепту внесли Национальная Государственная Книжная Палата РК, Ассоциация Издателей и Книгораспространителей Казахстана, «Центр Елены Безруковой, обучение и консалтинг», а также Министерство Культуры Казахстана, Акимат г.Алматы и Казахская Академия Спорта и Туризма.

Этот праздник книги, в мире художественного слова, собрал литераторов и всех тех, кто своим талантом делает книгу зримой.

Одна из целей фестиваля – помочь деятелям культуры преодолеть национальные границы бытования и познакомить зарубежных издателей и читателей со своеобразием современной словесной культуры, коренившейся в различных регионах. Подобная практика помогает объединить писателей разных стран и выстроить единый современный литературный процесс и, одновременно, дать импульс развитию многоязычной литературной культуры.

Этому же способствует отражение в СМИ всего разнообразия художественных традиций и новаторства тех, кто в слове находит магию воздействия на тех, кто к нему прикасается – авторов и читателей.

Бишкек открыл первый Евразийский литературный фестиваль OECABF-2012. Более 1300 участников и гостей 24-25 ноября 2012 года воочию доказали, что в нашу Интернет-эпоху книги пишутся и книги читаются. Это оказалось настолько важным, что литературный фестиваль открывала Роза Отунбаева, не только экс-президент страны, но и человек, н мало сил положивший на распространение образования и культуры.

Особенностями III литературного фестиваля стали:

1. Литературный конкурс среди писателей в трёх номинациях: литературное произведение, литературный перевод и иллюстрация к литературному произведению, а также среди режиссеров, создавших фильм на основе литературного произведения.

Общий призовой фонд $17.000, предусмотренный на издание книги победителя в Лондоне с последующей презентацией на Лондонской книжной ярмарке 2016 года. Дополнительно учреждены три денежные премии:
* *Премия имени Немата Келимбетова* в размере $10.000 за победу в первом конкурсе видео и экспериментального кино «Open Central Eurasia»;
* *Премия имени Марзии Закирьяновой* в размере $5.000 за лучшую женскую работу в любой категории обоих конкурсов.

В конкурсе 2014 года принимало участие более 450 авторов из 20 стран мира (среди которых Центральная Азия, Россия, Великобритания, Румыния, США, Ирландия, Германия, Турция, Франция, Япония, Украина, Грузия).
Победители объявлены 16 ноября на церемонии награждения в Доме Дружбы, г. Алматы.

2. Литературный фестиваль, знакомил зарубежных и местных писателей с издателями, читателями, библиотеками, журналистами, вузами и школами.

Гостями OECABF-2014 стали:

Австралия: Пол Вилсон (Paul Wilson)
Кыргызстан: Казат Акматов, Болот Шамшиев,
Зина Караева, Бубайша Арстанбекова
Казахстан: Мухтар Шаханов, Жулдуз Байзакова, Кайрат Закирьянов, Елена Безрукова, Валентина Тихомирова, Айгуль Хакимжанова, Асоль Билялова, Давид Машури, Хасен Кожахмет
Польша: Януш Вишневский (Janusz Leon Wisniewski)
Великобритания: Хамид Исмайлов, Шахсанем Мюррей (Shahsanem Murray), Ник Рован (Nick Rowan), Джон Мэн (John Mann), Робин Томсон (Robin Thomson), Дэвид Пэрри (David Parry), Лора Хамилтон (Laura Hamilton)
Узбекистан: Галина Долгая, Алексей Улько
Нидерланды: Чарльз Ван дер Лью (Charles Van der Luuew)
Россия – Татарстан: Диана Ахмеджанова

3. Книжный форум объединил семинары, дискуссии научно-практические конференции:

• **Обсуждение исторических книг** д-р. Джоном Манном, д-р. Кайратом Закирьяновым, Чарльзом Ван дер Лью);

• **Развитие литературы Центральной Азии** на родине и за рубежом с участием Януша Вишневского, Робина Томпсона, Алексея Улько, Галины Долгой и Маратом Ахмеджановым.

• **Научно – практическая конференция** «Взаимодействие литературы и культурная трансформация как форма диалога Востока и Запада, с участием Робина Томпсона, Лоры Хамилтон и Алексея Улько;

• **Семинар** «Так как же прочесть все накопившиеся книги?» - ресурсный Центр Елены Безруковой.

В рамках литературного фестиваля «Open Eurasia and Central Asia Book Forum & Literature Festival» Национальная Государственная Книжная Палата РК провела презентации казахской литературы:

• **14 ноября в Доме Музее им.Ауэзова** вечер казахской литературы;

• **16 ноября в Доме Дружбы** презентация уникальной 100-томной серии книг казахского фольклора «Бабалар сөзі» с участием ответственного секретаря Министерства культуры и спорта РК Уалиева К.С., директора Института литературы и искусства им. М. Ауэзова В. Калижанова, директора изд-ва «Фолиант» Исабекова Н.С.

• **17 Ноября в Каспийском Университете** пришел Поэтический вечер Карины Сарсеновой.

Целью форума является популяризация литературы в Центральной Азии, публикация и популяризация местных авторов за рубежом и награждение победителей конкурса «Open Central Eurasia».

В 2014 году в рамках «Open Eurasia and Central Asia Book Forum & Literature Festival» было проведено 38 мероприятий. Фестиваль посетили 2500 человек. Со своими докладами и презентациями выступило более 65 писателей из 10 стран мира: Австралии, Великобритании, Польши, Узбекистана, Казахстана, Кыргызстана, Таджикистана, России, Турции, Нидерландов.

OECABF-2014 объединяет писателей всех стран мира и оказывает информационную поддержку национальной прозе и поэзии.
«Open Eurasia and Central Asia book forum & Literature Festival» 2014 расширяет литературные связи, открывает новые возможности авторам, читателям, специалистов и всем заинтересованным в развитии литературы и культуры.

Книжные чтения OECABF-2014.

В ноябре 2014 г. в преддверии третьего Международного Литературного Фестиваля «Open Eurasia and Central Asia Book Forum & Literature Festival», проводимого на территории Казахстана в городе Алматы, в уютной кофейне «Aurora», состоялись книжные чтения конкурсантов «Open Central Asia».

Они проходили в течение трех дней. Литературные вечера были призваны служить широкой популяризации современных литературных работ. Задача организаторов также состояла в том, чтобы сделать каждый день чтений насыщенным и ярким. На них присутствовали финалисты и участники конкурса «Open Eurasia» из Казахстана, Кыргызстана, Узбекистана. Но главное, была предоставлена возможность авторам, режиссерам, переводчикам, иллюстраторам – конкурсантам «Open Eurasia» заявить о себе.

Публика была ознакомлена с большим количеством интересных и новых работ. Со своим произведением «Dark Night in the Suburbs» выступила финалистка категории «литературное произведение» Елена Бреус.

Финалисты категории «видеофильм» Жасур Тураев и Евфрат Шарипов рассказали о фильме "Ольга", основанном на произведении "Голос" участницы конкурса 2014 года Theophania.

Финалистка категории «литературное произведение» Бубайша Арстанбекова, представила свою работу «Курманжан Датка».

Участница конкурса Людмила Лазарева выступила со своей повестью «Посох Байбосына».

Финалистка категории «литературное произведение» Вета Ножкина прочитала отрывок из романа «Тайны Ипекуаны».

Участница конкурса –категория «литературный перевод» Юлия Губанова представила свой перевод книги Веты Ножкиной «Mysteries of Ipekuana».

Ежегодный участник конкурса и финалист категории «перевод» Алексей Улько рассказал об истории создания произведения Шарафа Рашидова «Кашмирская песня».

Финалист категории «видеофильм» Даниелян Ашот порадовал публику музыкально-поэтическим исполнением своих произведений из созданного им видеофильма «The Music Box».

Ежегодная участница и финалистка категории «видеофильм» Frau Koch представила свой фильм «Завещание», сделанный на основе текста, который участвовал в литературном конкурсе OECABF-2013 в номинации «литературный перевод» от Алексея Улько.

Организаторам удалось создать уютную, непринужденную атмосферу, соотношение критики и доброжелательности было практически идеальным. Только искусство и творчество в чистом виде!

День кино OECABF-2014

«Open Central Asia Book Forum & Literature Festival - 2014» открылся показом различных видеофильмов, показы прошли в кинотеатре «Chaplin Cinema».
Показ фильма «ШАЛ» казахстанского режиссёра Ермека Турсунова, снятый по мотивам повести Эрнеста Хемингуэя «Старик и море».

Действие фильма происходит в сельской местности в современном Казахстане. Главный герой, старик, собираясь отогнать овец на пастбище, заблудился в степи. В попытке найти правильный путь он несколько раз нарывается на стаю волков. Тем временем его внук выходит на поиски дедушки при помощи соседей и служб спасения…

Показ документального фильма «Пустыня запрещенного искусства» («The Desert of Forbidden Art») и презентация книги-биографии Савицкого.

Фильм Аманды Поуп и Чавдара Георгиева «Пустыня запрещенного искусства» посвящен художественному музею в Нукусе (Каракалпакия, Узбекистан). Этот музей обладает уникальной коллекцией русского и среднеазиатского авангарда, которая была собрана Игорем Савицким – основателем музея. По сути, вводя в заблуждение местных советских начальников, Савицкий, вместо одобренных цензурой поделок, приобретал работы художников первых десятилетий двадцатого века, выискивал запрещенные и забытые картины.

Показ фильма «Восхождение на Фудзияму» по роману Чингиза Айтматова, затем прошло выступление режиссера Болота Шамшиева.

Фильм рассказывает о том, как пятеро друзей — Мамбет, Досберген, Иосиф, Исабек и Сабыл — вместе учились в школе. Вместе ушли на фронт, вместе воевали. Но, когда Сабыл написал поэму, не соответствующую канонам официальной идеологии, кто-то из друзей предал его, и Сабыл оказался за решеткой. Теперь он реабилитирован. Но, выйдя из тюрьмы и не почувствовав дружеской поддержки, спился. Однажды его бывшие друзья вместе с женами и старой учительницей собрались отметить майские праздники на горе Каркульной. Разговоры друзей о предательстве и преступном умалчивании потрясли старую учительницу. Застолье вскоре перешло в пьяный разгул. Зло, совершенное много лет назад, привело к новым человеческим жертвам…

Завершал показ фильм "Одиночество в сети", а также беседа с Янушем Леоном Вишневским.

Это грустная история о том, как Эва живет в Польше, а Якуб — в Германии. Как это часто случается в современной жизни, они случайно знакомятся в глобальной сети. Они начинают общаться через Интернет, и чем больше они разговаривают, тем больше они сближаются и тем больше нравятся друг другу. В конце концов, они решают встретиться в реальной жизни. Но все идет совсем не так, как должно было бы…

Были представлены весьма разноплановые видеофильмы. Гости фестиваля OCABF-2014 увидели фильм как способ и форму организации идейно-художественной жизни нашего времени, в которой как в зеркале отразилась вся жизнь, и которая вместе с тем являлась одной из существенных сторон этой жизни.

Книжная и художественная выставка OECABF-2014

В течение всего Международного Литературного «Open Eurasia and Central Asia Book Forum & Literature Festival-2014» проходили книжная и художественная выставка.

В ней принимали участие известные издательства Казахстана, такие как «Мектеп», «Атамура», а также музей народных инструментов и общественное объединение "Алтын Көпір".

Дискуссионные панели OECABF-2014

Книжный форум состоял из семинаров, дискуссионных панелей и научно-практических конференций.

В 2014 году в рамках «Open Eurasia and Central Asia Book Forum & Literature Festival» был проведен ряд значимых мероприятий. В Национальной библиотеке прошла научно-практическая конференция «Взаимодействие литературы и культурная трансформация как форма диалога Востока и Запада» с участием спикеров Робина Томпсона, Лоры Хамилтон и Алексея Улько.

В третий раз состоялся традиционный круглый стол-дискуссия на тему: «Развитие и продвижение литературы и авторов в Центральной Азии и за рубежом». Участниками дискуссии стали Януш Вишневский, Алексей Улько, Галина Долгая, Лора Хамилтон, Марат Ахмеджанов и Робин Томсон.

В Академии спорта и туризма состоялись семинар «Так как же прочесть все книги, что у тебя накопились?» от «Центра Елены Безруковой, обучение и консалтинг» и презентация новой серии книг от «Hertfordshire Press»: «Discovery Digest: 100 experiences series».

В доме дружбы состоялась Презентация уникальной 100-томной серии книг казахского фольклора «Бабалар сөзі» с участием ответственного секретаря Министерства культуры и спорта Республики Казахстан Уалиева К.С., директора Институтом литературы и искусства им. М. Ауэзова В. Калижанова, директора издательства «Фолиант» Исабекова Н.С.

Презентации книг OECABF-2014

Литературный фестиваль «Open Eurasia and Central Asia Book Forum & Literature Festival», познакомил международных и местных писателей с представителями издательств, читателями, библиотеками, образовательными заведениями и средствами массовой информации. Гостями OECABF-2014 стали авторы из 10 стран мира.

В дни фестиваля были проведены книжные чтения, презентации следующих авторов и их произведения:

Немат Келимбетов (Литературно-Мемориальный вечер)
Ник Рован (Friendly Steppes: Silk Road Journey)
Карина Сарсенова (Творческий Вечер)
Шахсанэм Мюррей (Finding Holly Path)
Бегенас Сартов (Когда цветут эдельвейсы)
Пол Вилсон (Alphabet Games)
Хасен Кожахмет (Заблуждение длившееся веками)
Оксана Морозова (Поэтический вечер)
Кайрат Закирьянов (Under the wolf nest: Turkic Rhapsody, Chengiz Khan and KZ factor)
Елена Безрукова и Валентина Тихомирова (Projective Graphics)
Джон Мэнн (Чингизхан)
Мариника Бабаназарова (Биография: Игорь Савицкий)
Януш Вишневский (Одиночество в Сети)
Хамид Исмайлов (Dead Lake)
Казат Акматов (Вой)
Бубайша Арстанбекова (Курмажан Датка)

Церемонии награждений победителей и почетных гостей ОЕСВF - 2014

Победители конкурса OECABF-2014

Категория литературное произведение:

1. Толибшохи Давлат (Таджикистан)
2. Бубайша Арстанбекова (Кыргызстан)
3. Лиля Калаус и Зира Наурзбаева (Казахстан)

Категория перевод:

1. Алексей Улько (Узбекистан)
2. Катерина Мясникова (Россия)
3. Диля (Казахстан)

Категория иллюстрация:

1.Виталий Бондарь (Беларусь)
2.Татьяна Давыдова (Германия)
3. Лолли (Украина)

Категория видеофильм:

1. Жасур Тураев и Евфрат Шарипов (Узбекистан и Казахстан)
2. Ашот Даниелян (Узбекистан)
3. Эльдар Насыров (Казахстан)

Церемония награждения победителей конкурса OECABF-2014

В рамках фестиваля проводился литературный конкурс по 4 номинациям: *«литературное произведение», «художественная иллюстрация», «литературный перевод» и «видеофильм»*.

В конкурсе приняли участие более 450 авторов из 20 стран мира: страны Центральной Азии, Россия, Великобритания, Румыния, США, Белоруссия, Ирландия, Германия, Турция, Франция, Япония, Украина, Грузия, Республика Кипр.

Общий призовой фонд 2014 года составил $32.000.

$17.000 – грант на издание книги победителя в Лондоне с последующей презентацией на Лондонской книжной ярмарке 2016 года.

Дополнительно были учреждены две денежные премии:

Премия имени Немата Келимбетова в размере $10.000 за победу в категории видео и экспериментального кино конкурса «Open Eurasia»

Премия имени Марзии Закирьяновой в размере $5.000 за лучшую женскую работу в любой категории конкурса.

Премию имени Немата Келимбетова за первое место в конкурсе «Open Eurasia» в категории видео и экспериментального кино *получили Жасур Тураев и Евфрат Шарипов (Узбекистан и Казахстан)*. Премию вручал: Кайрат Келимбетов (Председатель Национального Банка РК).

Премию имени Марзии Закирьяновой получила Ленифер Мамбетова (Республика Крым). Премию вручал: Кайрат Закирьянов (Президент Казахской Академии Туризма и Спорта).

Обладателями национальной медали
«Кітап мәдениетіне қосқан үлесі үшін»

(За личный вклад в развитие книжной культуры) от Национальной Книжной Палаты Республики Казахстан стали гости фестиваля:

Януш Леон Вишневский (Польша)
Дэвид Пэрри (Великобритания)
Казат Акматов (Кыргызстан)
Ник Рован (Великобритания)

Оргкомитет Фестиваля с 2014 года учредил специальную награду (диплом) авторам, внесшим особый вклад в развитие и продвижение литературы Евразии и Центральной Азии.

В 2014 году награда присуждена выдающемуся казахскому писателю Немату Келимбетову. Диплом получила внучка писателя, Шынар Келимбетова.

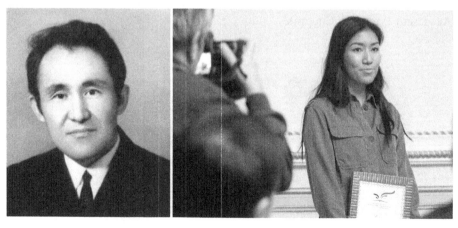

Журнал «Дорогое Удовольствие Central Asia» представил победителей в номинации «ARTWORDS» - лучших авторов, по версии издательства:

Награждение проходило в B «GQ Bar» в рамках
«Open Eurasia and Central Asia Book Forum & Literature Festival»

Зира Наурзбаева и Лиля Калаус - "В поисках Золотой чаши.
Приключения Бату и его друзей"
Ашот Даниелян- "Волнорезы"
Динара Садретдинова - "Запасной выдох"
Владимир Краснов - "И дольше века длится жизнь..."
Марат Галиев - "На дне Капчагайского моря"
Дмитрий Маркевич - "Экзисториум"
Игорь Нарушев - "[чувствуямаркетинг]"
Гермес Кий - "Исчезнувший кодекс"
Зарина Бикмуллина - "Верная"
Анастасия Николаюк - "В сказочном городе с красными крышами"
Юлия Эфф - "Записки психолуха"

Награждение высокой наградой медалью «Голубь Мира», почетными грамотами и знаками от Международной Ассоциации «Генералы Мира - за Мир» за вклад в поддержание мира

и взаимопонимания в современном обществе. Награды вручал генеральный директор ассоциации, генерал Анатолий СКАРГИН.

Медаль "Голубь Мира"

Януш Леон Вишневский (Польша)

Генерал-майор Габдулхаким Жашибеков (Казахстан)

Почетная грамота Международной Ассоциации "Генералы Мира - за Мир"

Дэвид Пэрри (Великобритания)

Елена Семенова (Казахстан)

Пол Вилсон (Австралия)

Робин Томсон (Великобритания)

Елена Безрукова (Казахстан)

Ник Рован (Великобритания)

Гульжан Сарымсакова (Казахстан)

Знак "За Мир" Международной Ассоциации "Генералы Мира - за Мир"

Зина Караева (Кыргызстан)

Алексей Улько (Узбекистан)

Онур Демирбаш (Турция)

Участники
OECBF - 2014

Писатели и спикеры

1. Казахстан

Мухтар Шаханов

Ыбырай Раимбекұлы Маралтай

Карина Сарсенова

Жулдуз Байзакова

Кайрат Закирьянов

Елена Безрукова

Айгуль Хакимжанова

Асоль Билялова

Давид Машури

Райхан Маженкызы

Оксана Алмазова

Сулейман Сауле

Шолпан Бурабаева

Кира Нуруллина

Мария Кельберг

Адольф Арцишевский

Фархат Тамендаров

Оксана Морозова

Эльдар Насыров

Евфрат Шарипов

Юлия Губанова

Анастасия Минаева

Айгуль Бейсиналина

Елена Бреус

Людмила Лазарева

Вета Ножкина

Анар Аккозы-Каракозы

Жанарбек Ашимжан

Смагул Елубаев

Алибек Аскаров

Кайрат Бакбергенов

Госман Толегул

Светлана Ананьева

Жанат Сейдуманов
Шерубай Курманбайулы
Асылы Османова
Уалихан Калижанов
Құныпияұлы Кәдірбек

2. Великобритания
Хамид Исмайлов
Шахсанем Мюррей
Ник Роун
Джон Мэнн
Робин Томсон
Дэвид Пэрри
Лора Хамилтон

3. Узбекистан
Галина Долгая
Алексей Улько
Фрау Кох (Динара Бахритдинова)
Ашот Даниелян
Елена Цай
Исхокжон Нишонов
Жасур Тураев
Фархад Хамраев

4. Нидерлады
Чарльз Ван дер Лю

5. Россия
Георгий Пряхин
Сергей Добронравов
Диана Ахмеджанова (Татарстан)

6. Турция
Абдулвакап Кара

7. Польша
Януш Леон Вишневский

8. Таджикистан
Толибшохи Давлат

9. Австралия
Пол Уилсон

10. Кыргызстан
Казат Акматов
Зина Караева
Болот Шамшиев
Бубайша Арстанбекова

Участники книжного форума OECABF-2014 организации и представители

«Discovery Books» (Великобритания)

Издательский дом «BS» (Казахстан)

Merv Translation (Великобритания)

Университет им. Сулеймана Демиреля (Казахстан)

ALMU – Almaty management University (Казахстан)

KSWTQ university (Казахстан)

МУК – Международный Универститет Кыргызстана

UIB –Университет Международного Бизнеса (Казахстан)

КазНУ им. Аль-Фараби - Казахский национальный университет

КазЭУ им. Т.Рыскулова - Казахский Экономический Университет

КазУМОиМЯ им. Абылай - Казахский университет мировых языков

KIMEP university - Казахстанский институт менеджмента и экономики

Международный IT Университет (Казахстан)

Издательство «Фолиант (Казахстан)

Книготорговая организация - Корпорация «Атамура» (Казахстан)

Издательство "Мектеп" (Казахстан)

Общественного объединения "Алтын Көпір" (Казахстан)

Продюсерский центр «KS production» (Казахстан)

Издательство IIP (Великобритания)

Издательство «Художественая Литература» (Россия)

BBC Central Asia (Великобритания)

Журнал «AlmatyLife» (Казахстан)

Экспертно-информационная площадка «Ритм Евразии» Телеканал «Мир» (Россия)

Телеканал «Алматы»

Телеканал «КТК»

Телеканал «Хабар»

Радио «Азаттык» (США)

Информационный ресурс «Megagorod.kz»

Республиканская газета «Караван» (Казахстан)

Газета «The London Post» (Великобритания)

Республиканский деловой еженедельник «Курсивъ» (Казахстан)

Общественно – политическая газета «Литер» (Казахстан)

Республиканская экономическая газета «Деловой Казахстан»

Казахстанская еженедельная газета «Панорама»

Региональный еженедельник «Московский Комсомолец в Казахстане»

Газета «Astana Times» (Казахстан)

Общественно-политическая газета «Время» (Казахстан)

Газета «Қазақ газеттері» (Казахстан)

Газета «Dispatch News Desk» (Пакистан)

Общественно-политическая еженедельная газета «Новое поколение» (Казахстан)

Университет Мимар Синан (Турция)

Издательство «Раритет» (Казахстан)

Национальный Банк Республики Казахстан

Журнал «Простор» (Казахстан)

ОО «Тәржіман – Союз литературных переводчиков РК»

Институт литературы и искусства им. М.Ауезова.

Ассамблея народа Казахстана

Дом литературы Союза писателей Казахстан

Организаторы фестиваля ОЕСАВF-2014:

Hertfordshire Press Ltd (UK) Единственное в мире издательство, которое с 2002 года специализируется на издании книг авторов из Евразии на английском языке в Лондоне. «Hertfordshire Press» имеет широкий перечень книг, который варьируется от туристических справочников до академических книг. На данный момент издано более 50 книг и журналов, посвященных региону на пяти языках.

Благодарим за помощь
в организации и проведении фестиваля

Акима г. Алматы Ахметжана Смагуловича Есимова

Главного Дирижера Концертного оркестра Акимата г. Алматы г.
М.Б.Серкебаева

Chaplin Cinemas , «SEC Mega Park»
Сабина Кузембаева – Директор
Алексей Курапов- директор Департамента маркетинга

Нурканову Джамилю –журналист Bnews.kz –Волонтер, переводчик,
ведущая на мероприятиях Фестиваля

Мадину Ахметшину, переводчик, ведущая на мероприятиях Фестиваля

Посадневу Екатерину – связь с прессой

Центр Елены Безруковой:
Елена Безрукова
Гульжан Сарымсакова
Анастасия Киселева
Владислава Баймаганбетова

Национальная государственная Книжная палата РК
Сейдуманова Жаната Тураровича
Кырмызы Байзакову

Елену Семенову, Журнал: Дорогое Удовольствие

КОМАНДУ SILK ROAD MEDIA /HERTFORDSHIRE PRESS

Марата Ахмеджанова
Александру Власову
Анн Лари
Гулжамал Пиренова
Василий Лахонин
Анастасия Носкова
Марина Башманова
Шамиль Ахмеджанов

ВОЛОНТЕРЫ:
Аширбекова Гульнара
Лола Эльмуратова
Жадыра Ортаева
Нурланбек Балжан
Алия Омарова
Зубкова Кристина
Алия Толыбай
Айгуль Ахметова
Альзаир Кебекбаев
Байтуганова Айдана
Алимбетова Айнур
Issak Saltanat
Абдрахманова Дина
Sayassat Ryszhan
Беркутова Инкар
Жасталапова Альбина
Динара Садвакасова
Толеуханова Айгерим
Домаев Адиль
Ipekieliz Achykgyoz
Каратаева Айгерим
Базаркул Айнур
Анастасия Савченко
Лейла Толеутай
Бекен Меруерт
Сапабеков Амирхан
Алина Князева

Партнеры фестиваля ОЕСАBF-2014:

Международная Ассоциация "Генералы Мира - за Мир"
Фонд имени Немата Келимбетова
«Olga Tura» – архитектурное бюро (Казахстан)
«Open Central Asia» – журнал (Великобритания)
«Дорогое Удовольствие» – журнал (Казахстан)
KBCC (Kazakh –British Chamber of Commerce)
«La Roof» – ресторан (Казахстан)
«DORDOI – PLAZA» - Торговый дом (Кыргызстан)
«Туран Азия» –турфирма (Казахстан)
«Silk Road Media» - издательство (Великобритания)
«Premier Alatau –hotel» - отель (Казахстан)
«ALPROF»- группа компаний (Казахстан)
«Kazzhol –hotel» - отель (Казахстан)
«Chaplin Cinemas» - кинотеатр (Казахстан)
«Комсомольская Правда Казахстан» – газета (Казахстан)
«Лидер» - маршрутное такси (Казахстан)
«Бент» - производственно-торговая компания (Казахстан)
Концертный оркестра Акимата г.Алматы по руководством М.Б.Серкебаева
Дом - музей им. М.О. Ауэзова - литературно-мемориальный музей (Казахстан)
Каспийский Университет (Казахстан)
«Aurora café&bar» - кофейня (Казахстан)
Национальная Библиотека РК
«Муза – студия Марины Башмановой» - студия творчества (Кыргызстан)
«NexPrint»- типография (Казахстан)
Жамиля Нурканова (Bnews.kz)
Мадина Ахметшина (KFCSED)
Людмила Осетрова (Кыргызстан)
Екатерина Посаднева (Россия)

Победители и Финалисты OECBF - 2014

Литературное произведение

Давлат
Толибшохи

Победитель

Толибшохи Давлат родился 15.05.1955 года в Курган-тюбе. В 1982 году окончил отделение журналистики факультета таджикской филологии ТГУ им. В.И. Ленина (ныне национальный университет).

Некоторое время работал на производстве. После службы в армии и учебы в ТГУ работал в областной газете «Хакикати Кургонтеппа», с 1988 районной газете «Байраки дусти». В Душанбе работает в информационно-аналитическом центре «Сипехр», сотрудничает с еженедельниками «Чахони паём», «Омузгор», журналом «Масъала ои маориф», республиканской газетой «Садои мардум», еженедельником «Мухочир». Редактор отдела в молодежном газете «Джавонони Тожикистон».

Автор повестей «Гнезда без журавлей» (2004), «Кинжал Чингизхана» (2005), «Перистые облака» (2007).

Журавли по весне

— Стройтесь в один ряд!

Высокий милиционер, который считался командиром, произнес эти слова повелительным голосом на русском языке. Его голос еще больше встревожил и без того напуганных мигрантов. Они в спешке, падая и вставая, пытались построиться в один ряд. Но это им никак не удавалось, словно цыплятам, разбегающимся в разные стороны от тени орла.

Более того, вооруженные до зубов милиционеры сильно мешали им собираться и строиться: ругались матом, словно сапожники, избивали, как могли — руками и ногами, дубинками и автоматами. Били куда попало.

Высокий милиционер ждал, когда мигранты выстроятся в один ряд. Их действия выводили милиционера из себя. Для него было очевидно, что они не уважают его приказов, и не хотят их исполнять. Кто-то из мигрантов вырвался из рук милиционеров и захотел убежать, но пробежал рядом с командиром. Тот взял его за шкирку и закричал:

— Хватит!

Избиение потихоньку закончилось. Командир не хотел отпускать мигранта, который попал ему в руки. Остальные же никак не могли собраться и прийти в себя. Командир закричал:

— Сюда, постройтесь за этим! Живо!

Мигранты зашевелились: если промедлить, то можно снова было оказаться под ударами бравых милиционеров. Кое-как построились в один ряд. Их было около тридцати, некоторые были только в нижнем белье. Кто-то был ранен и стоял в строе с помощью товарищей.

Стройплощадка огорожена деревянным забором. Здесь строится лишь одно пятиэтажное здание. Стены возведены, крыша тоже на месте. Остальные работы должны были вот-вот начаться. Около здания возвышается башенный кран на рельсах и другое строительное оборудование. События этой полуночи их не касаются: они молчат.

В одном углу стройплощадки в ряд стоят три вагончика. В них горят лампочки, двери распахнуты. Но внутри никого нет. Милиция под ударами дубинок и автоматов вывела всех во двор.

* * *

Мустаким и Саидаброр добрались до Москвы вечером. Они планировали переночевать где-нибудь и утром отправиться в Челябинск. Пришли к Джамолиддину, сыну тети Мустакима, который вместе с несколькими таджикскими парнями работал на стройке. Гостей встретили достойно.

В небольшой комнате вагончика проживали семеро строителей. В помещении были расставлены двухъярусные кровати. Нашлись места и для двух гостей.

В ходе беседы Джамолиддин разузнал, в каком положении находится Мустаким.

– Не получилось?

– Нет. Не нашли моего знакомого на заводе. Подработали на небольших работах, денег которых нам хватило лишь на дорогу.

– Это хорошо. Хорошо, что не попали к мошенникам – вот тогда вам пришлось бы туго. Я проходил через это. Но, слава Богу, познакомился с нынешним хозяином. Он хороший человек. У него своя фирма, строит несколько объектов в разных местах. Один из объектов построили и сдали мы. Хозяин увидел, что хорошо работаем, вот и не отпустил. Рассчитался вовремя, ребята хоть на хлеб заработали. Теперь позвал нас сюда, а меня назначил за главного. Вовремя обеспечивает едой. В общем, грех жаловаться. Но жаль, он посреди работы не берет новых людей, иначе вас тоже приняли бы.

– Спасибо и на том, не стоит беспокоиться. В Челябинске двое моих младших братьев. В основном там и работаем.

– Если не ошибаюсь, твои братья на рынке подрабатывают, да?

– Так и есть. Покупают овощи в пригородных деревнях и перепродают на городском рынке.

– В Челябинске холодно. Впереди сезон морозов, вам придется тяжело. В Оренбурге сын моего дяди занимается торговлей, его дела процветают. Там теплее. У меня есть немного в заначке, если хотите – дам. Поедете туда, я позвоню двоюродному брату, он вас примет и поможет.

– Спасибо за беспокойство, но не стоит. Мы выехали со своими намерениями, а возвращаться с пути – не хорошо. Сам бывал в Челябинске несколько раз, терпеть можно. Ты сам как? Когда приехал сюда?

— Весной. Дай Бог, сдадим этот объект и поеду домой.

— Мы приехали под конец лета.

— Обычно наши ребята приезжают сюда в начале весны, и если повезет, собирают заработанное и в конце осени возвращаются домой. Это уже привычка, норма жизни.

— А что еще делать народу? На родине негде работать, а жить и выживать надо.

— Думаю, зиму проведете здесь.

— Другого выхода нет.

После этих слов Мустаким тяжело вздохнул. Джамолиддин тоже промолчал. Посмотрел на Саидаброра. Стеснительный молодой человек некрупного телосложения молча слушал других.

— Твоего спутника не узнал, — нарушил тишину Джамолиддин, изучив лицо Саидаброра.

— Соседский сын, — ответил Мустаким. — В этом году закончил школу. Захотел приехать в Россию, поехали вместе. Звать Саидаброр.

— Необычный человек. Столько сидели, ни разу и рта не открыл.

— Саидаброр очень воспитанный парень.

— Хороший друг - пол царства!

В комнате все спали. Собеседники тоже собрались на боковую. Но этой ночью мигрантам выспаться было не суждено. В полночь к ним пожаловали московские милиционеры.

* * *

На стройплощадке было светло как днем. Мощные прожекторы, прикрепленные к башенному крану и крыше здания, освещали все вокруг. А еще и три автобуса, на которых приехала милиция, стояли в углу со включенными фарами.

Главный милиционер вышагивал напротив шеренги мигрантов. Остановившись, он долго рассматривал их. Громким, приказным голосом, сказал:

— С каждого по сто рублей! И свободны. Иначе, забору в отделение, а там с вами будут говорить иначе. Арест и депортация.

Сказав это, кивком дал понять одному из подчинённых, что можно начать. Тот приступил к сбору денег с одного конца шеренги. Мустаким и Саидаброр стояли почти у самого края другого конца строя.

Получив до этого несколько ударов дубинкой, он постарался, чтобы мальчик не пострадал. И сейчас, в строю, крепко держал его за руку.

Милиционер собирал деньги и приближался к ним. Чуть дальше, один из приезжих сказал своему соседу по строю:

— Эти ребята из 58 отдела. Денег у меня мало. Прошу, помоги, одолжи. Если отведут в отдел, то здоровым оттуда не выйдешь. Сожрут заживо.

Несколько людей вывели из строя. Мустаким понял, что они с Саидаброром оказались в плохой ситуации. В карманах денег было мало, и на обоих не хватало. Деньги остались в кармане куртки в вагончике, надеть ее не было возможности. Мустаким отпустил руку Саидаброра и вытащил все деньги из кармана: сто шестьдесят три рубля. Сто рублей передал Саидаброру, остальное оставил себе. Как-никак, он успел многое увидеть в жизни. Несколько раз был в этой стране и имел дело с местной милицией. Саидаброр же — впервые за границей Таджикистана, да и на русском плохо разговаривает. Жестокость московских милиционеров известна везде. Вряд ли Саидаброр вытерпит их побои. А он сам – другое дело, как-нибудь выкрутится.

Милиционер - сборщик денег уже стоял напротив Саидаброра. Мустаким к тому времени передал юноше сто рублей и продолжал держать его за руку. Когда мент подошел к Саидаброру, Мустаким машинально поднял его левую руку с деньгами. Сборщик взял деньги и перешел к Мустакиму. Тот протянул 63 рубля. Милиционер почувствовал, что денег мало, посчитал и посмотрел на Мустакима. Мигрант потянул руки в стороны - попытался жестом объяснить, что больше нет. Сборщик положил деньги в сумку, которую держал в другой руке, и, взяв Мустакима за плечо, вывел из строя и продолжил свою работу.

Джамолиддин стоял посредине площадки. Когда он увидел, что вывели Мустакима, то пошел прямо к командиру и начал что-то говорить. Тот слушал его, но стоял и молчал, словно памятник. Даже не посмотрел.

Через пару минут командир направился к зданию и жестом подозвал Джамолиддина. Джамолиддин, добравшись до него, протянул руку, чтобы поздороваться. Стоя поодаль от строя, они долго беседовали.

Сбор денег закончился. Джамолиддин и командир тоже закончили свой разговор, и подошли к остальным. Командир приказал одному из подчиненных привести к нему всех, кто выведен из строя. Приказ был исполнен моментально. Джамолиддин обратился к ним:

— Все идите и принесите по сто рублей, и вы свободны. Без хитростей и быстрей.

Потом сказал Мустакиму:

— Ты вернись в строй.

Одиннадцать таджиков побежали в вагоны. Когда деньги были собраны со всех, командир сказал:

— Все свободны! Идите спать!

Своим подчиненным он приказал ждать его в автобусах. Сам поговорил с Джамолиддином еще немного и при прощании пожал его руку. Сел в один из автобусов, и машины один за другим выехали со стройплощадки.

* * *

Спать не хотелось никому. Некоторые получили травмы. В вагончик последним зашел Джамолиддин и вздохнул с легкостью.

— Слава Богу, избавились от большого бедствия, — тихо сказал он.

Пятьдесят восьмое милицейское отделение Москвы наводило ужас на мигрантов - не только выходцев из Таджикистана, но и других стран. Все гастарбайтеры, работающие в Москве и Подмосковье, знали про их жестокость. От их рук погибло много граждан стран бывшего Советского Союза, не успев попрощаться с родными и близкими. Сколько таджиков было среди них - не счесть.

Казалось, что туда набирали только самых безжалостных людей, специально чтобы терроризировать мигрантов. Куда бы они ни шли, везде оставляли свой проклятый след. Но эта ночь будто была исключением. Случайным исключением.

Джамолиддин посмотрел на Мустакима и виновато улыбнулся. Будто это он пригласил милицию в полночь. Ребята же хотели скорей узнать, откуда он знает командира. Но Джамолиддин не обращал внимания на их вопросы и все так же смотрел на Мустакима с виноватым взглядом.

— Извини, что так получилось, — сказал он.

— Слава Богу, что вырвались, — сказал один из ребят. - Они стянули бы с нас кожу.

— Хорошо, что их старший оказался твоим знакомым, — с благодарностью ответил Мустаким. - Иначе, как говорят ребята, нам пришлось бы туго.

— Джамолиддин—ака, откуда знаешь его?

— Не стоит говорить, — поскромничал он.

Но ребята хотели знать именно это. Поэтому настоятельно спрашивали об истории их знакомства.

— Тимирязевку, думаю, знает большая часть из вас, — начал свой рассказ старший из строителей. — Там есть «рынок гастрабайтеров», где собираются таджики, а работодатели находят нужных себе людей и забирают на работу. Два года тому назад я тоже ходил туда, чтобы найти работу. Тогда командир Мухин был участковым в этом районе. Как только появлялась милиция, все разбегались кто куда. Видимо, в этой стране таджику жить без проблем не дано. Там милиция задерживала гастарбайтеров и продавала спекулянтам, словно рабов. Те заставляли их вкалывать как ишаков, и взамен ничего не платили. Если после сдачи работы мигрант мог как-то выкрутиться и освободится – хорошо. Если же нет, то опять попадал к милиционерам и снова в круг купли-продажи и бесплатной работы. Пока не становился совсем бессильным или не умирал. Увидит хозяин, что от «раба» больше толку никакого, отведет куда-нибудь и оставит ни с чем.

Как-то с тремя ребятами попались к Мухину. Он потребовал построить ему дачу. Обещал, что если будем хорошо работать, то он нам заплатит. Вчетвером за недолгое время построили ему хорошую дачу. Увидев нашу работу, появились новые желающие. Тут-то и понадобилась поддержка Мухина. Я предложил ему взять нас под свою защиту. Пусть не заплатит за построенную дачу. Мы даже пообещали ему «долю» за защиту. Он согласился. Так работали почти год. Заработали хорошо. Иногда звали его в гости. Привык он тогда к нам.

Вот случайность – сегодня снова встретились. Он обещал, что больше ни один милиционер не зайдет к нам. Теперь мы под его защитой. Написал мне номер своего телефона. Только попросил, чтобы без нужды не уходили с рабочего места, даже если имеется регистрация. Если попадемся к милиции, нам несдобровать. Я предложил Мухину долю за защиту, но он отказался. Попросил, чтобы иногда приглашали его на плов. Ему очень нравится наш плов.

Внимательно выслушав рассказ Джамолиддина, ребята вздохнули с легкостью.

— Хорошо иметь везде знакомых, — сказал один из них.

— Знаете, что мне сказал Мухин? - снова взял слово Джамолиддин.

— Что сказал? Расскажи-ка! - хором спросили несколько парней.

— Нас предали наши же таджики.

— Быть не может! - на лицах многих читалось, что они не верят в это или не хотят верить.

— Эх, если и на чужбине не можем друг друга терпеть, то когда мы станем людьми?!

— Некоторым из нас и не стать людьми. Ходили друг на друга с оружием и убивали. Сами себя привели к таким дням.

— Послушайте, как это было, — снова стал рассказывать Джамолиддин.

— Как-то Мухин с подчиненными задержали несколько таджиков. Спросили у них о стройках, на которых работают таджики. Те без раздумья назвали несколько объектов, в том числе — наш.

Хорошо, что их старший оказался знакомым. Иначе уличной собаке было бы лучше, чем нам. Они планировали сначала взять с каждого по сто рублей. Потом - забрать у нас все, что есть в вагончиках. Хотели сдать половину людей строителям из своей мафии, другую половину – в суд. Посидели бы несколько месяцев за решеткой, а там – выдворение. Это у них как—то называется по-другому...

— Депортация, — сказал кто-то.

— Точно. Депортировали бы. Теперь же, когда Мухин взял нас под свою защиту, дай Бог, больше милиция сюда не зайдет.

Послушав рассказ Джамолиддина, Мустаким задумался. Вспомнил те дни, когда после гражданской войны многие таджики спасали свои жизни бегством за границу. Позже, для заработка, таджики потоками направились в Россию. Так началась трудовая миграция.

Бубайша Арстанбекова

II - место

Бубайша Арстанбекова - поэтесса, член Национального Союза Писателей Кыргызской Республики, председатель Общественного Объединения «Акыйкат Жолу».

Родилась 08 апреля 1961 года в селе Токтогул Узгенсокго района Ошской области. В 1985 г. окончила Кыргызский Государственный Университет им. 50-летия СССР (г. Фрунзе). Учитель киргизского языка и литературы. 2010-2012 гг. - магистратура "Управление НКО" Академии Управления при Президенте КР(г. Бишкек).

Автор сборников стихов «Сага» (1999 г.) и «Карегимде Атажурт» (2008 г.).

Отрывок из поэмы (Курманжан Датка)

КАМЧЫБЕКТИН КАЙГЫСЫ

Кашкардан буюм-тайым төөгө артып,
Камчыбектин зайыбы келе жатып.
Бүлөлүнүн чекарасы Эркечтамдан,
Кербен өтөт Кашкар-Алай жолун басып.

Акпалван кербен баштап келе жаткан,
Боровков бажы башчы унтер-офицер.
Туземдери жергиликтүү тургундардан,
Бар экен деп буюм-тайым тыюу салган.
Кабар уккан сакчылардан, тыңчылардан.

Таңгактарды,сандыктарды ачкыла деп,
Бакылоочу бажычылар ачкыч издеп.
Чачындагы чач учтука байланган бек,
Асел айым ачкычты бербеймин деп.
Каяша айтып, баш тартат чебелектеп.

Чачтан сүйрөп орустар ачкыч бер деп,
Чач учтугун уучтап кармап дегдеңдетет.
Аселдин бербейм деген оюуна койбой,
Ачкыч менен чачын кошо кесип кетет.
Кыргызда мындай ишти намыс дешет,
Нарктуу кыргыз элинде салт боюнча.
"Абийрсиз" аял-кыздын чачын кесет.

Аселдин чачын кыркып алганына,
Кыжыры кайнап кыргыздын жигиттери.
Баарынан да аялга кол салганына,
Намыска бек, жигиттер чыгып келди.

Каршы чыгып бажыкана коргоочуга,
Кармашышты каарданып чыгып тери.
Натыйжада бакылоочу үч кишини,
Бозбурчука алпаргыла аркы өйүзгө.
Деп Акпалван көрсөтүп баш ийкеди.

Ал жакта чөп оргону келген күндө,
Жергиликтүү жигиттер баары бирге.
Аялзаттын чачын кырккан кандай кордук,
Дили бузук баскынчылар билсе эгерде.
Деп арданып жазалашты дарга асып,
Төрт кишини бажы күзөт кылган жерде.

Чек арада "кылмыш тобун жетектеди",
Деген жалган жалаа жап Камчыбеке.
Акпалванга "өлүм жаза" бергенине,
Адилетсиз аскер соттун чечимине.
Көтөрүлүш чыгарууга даяр болуп,
Эл толкуп айла таппай турган кезде.

Каршы чыксам бөөдө өлүм, кан төгүлөт,
Курал жарак жетишпеген мезгил катаал.
Деп өзгөчө куралданган орустарга,
Миң ойлонуп Курманжан айла таппай.
Уктабастан таң атырды кирпик какпай.

Курманжан Датка чыкса баштап элди,
Күрөшүүгө жетмек анын дарамети.
Куралданган орустарды эске алып,
Бөөдө кырып албайын деп кыргыз элди.
Аргасыздан Камчыбеке кайрат берди.

Мамытбектикылмыш ишин жашырды деп,
Шылтоолоп, жалган-жашык, жалаа менен.
Небереси Мырзапааз, Арстанбекти,
Катышканы үчүн жаза алсын деген.
Өкүм кылыпорустардын аскер соту,
Сүргүнгө Сибир жака айдап ийген.
Камчыбекти, жан жөөкөрү Ак-Палванды,
Өлүм жаза тартууга буйрук берген.

Миң сегиз жүз токсон бешинчи жылы,
Экинчи март жадыраган жаздын күнү.
Кышка айланып Курманжандын бүт өмүрү,
Камчыбекти адилетсиз аскер соту.

Ош шаарында дарга асып өлтүргөнү,
Орус падышасынын кыргыздарга.
Ырайымсыз үстөмдүккылган күнү.

Сибир жака айдалган Мамытбеги,
Небереси Мырзапаяс, Арстанбеги.
Иркутск губерниясындагы Нижеудинск,
Уездинин Тюмен волостуна караштуу.
Тумино кыштагына катаргада азап жеди.

Камчыбектин бейкүнөө адилетсиз,
Тартылганы бөөдө өлүм жазасына.
Куулук менен изилдеп үй-бүлөсүн,
Аткарууга жол бербей мурастарын.
Ар кандай шылтоо менен куугунтуктап,
Орустар жүргүзүшкөн саясатын.

Тукум курут кылуу үчүн Алымбектин,
Жаркынбай, Абдылдабек,Мамытбегин.
Баатырбек, Камчыбектей уулдарын,
Өлтүрүп ар кимисин түрдүү шартта.
Жана дагы Мырзапаяс небересин.

Бой жетип кабыргасы ката электе,
Он үч жашар небереси Арстанбегин.
Сибирге сүргүнгө айдап, түнт токойдо,
Катаргада эзип-кыйнап иштеткенин.

Баштан кечип баарына кайыл болгон,
Бактысына жаралган кыргыз элдин.
Барктап, даңктап жазышыптыр эмгектерин,
Кайталангыс сабырын Датка эненин.

Бул окуя кыргыздардын тарыхында,
Өчпөс болуп түбөлүккө жазылганы.
Тактысы, таажысы жок Ханышаны,
Генералдар менен түзүп келишимди.
Керт башы эмес,эли үчүн аткарганы.

Кара-булут каптап асман түнөргөнүн,
Тар жолунда тагдырдын чалынганы.
Эл тынчтыгын сакташ үчүн азап чегип,
Кара элечек, кайгыдан жамынганы.

Үч бакылоочуну өлтүрдү деп күнөөлөдү,
Тактабастан болгон иштин далилдерин.
Ак падыша энесинин көз алдында,
Дарга асты кенже уулу Камчыбегин.

КУРМАНЖАН ДАТКАНЫН АРМАНЫ:

Карап туруп кабыландай сүрүңү,
Муңайбастан тик караган жүзүңү.
Көз алдымда дарга асты жазалооч,
Өктөм чыгып орустардын бүтүмү.

Өксүп турдум өзөгүмдү өрт каптап,
Көккө жетти түтөп,күйүт, арманым.
Кара булут жаап асманды тумандап,
Асман ыйлап жамгыр төктү арманын.

Айыккыс бир жараат болуп күйүттөн,
Жүрөгүмдү өрт аралап каптады.
Асмандагы көп жылдыздын ичинен,
Өчтү үзүлүп Камчыбектин жаш жаны.

Жөлөп-таяп турду мени Жер-Эне,
Жер көтөргүс арман кайгы жолунда.
Калгандары аман болсун деп тилеп,
Камчыландым кайра жашоо соңуна.

Жазалоочу - өлүм жаза аткаруу,
Орустардын орноп жаңы башкаруу.
Калды тарых барагында жазылып,
Бир буйрукту эки жолу аткаруу.

Эр –жигит, эл-четинде, жоо бетинде,
Армандуу, өчпөс өкүт дале эсимде.
Өмүр боюу келише албайм эстегенде,
Адилетсиз өкүм кылган ал чечимге.

Ооба балам, боор этимден бүткөнсүң,
Сени өлүмгө турсам дагы кыялбай.
«Тик карагын – өлүмгө» - депайтканда.
Канаптурдуэт жүрөгүм чыдабай.

Аял-эне кош канаттуу бүркүттөй,
Азап тарттым согуш бүтпөй, чыр бүтпөй.
Айрылсам да канатымданкыйылып.
Даткаболдумэлинкоргоп чүнчүтпөй.

Кан төгүлбөй элим аман болсун деп,
Көздөгөнүм элдин тынчтык бүтүмү.
Боз ингендей ботосунан ажырап,
Күйдүм ичтен сыртка чыкпай түтүнү.

Мүмкүн болбойкайгытартыпыйламак,
Куран окуп, калыңэлдижыйнамак.
Душманандапайдаланыпучурдан,
ойрон кылып олжо мененжыргамак.

Кансырады, каттыбоорумташболуп,
Көз ыйлабай, жүрөк ыйлайтжаштолуп.
Кайраттанып эл башындатурсам да,
Маңдайымдакайгытурдуоктолуп.

Моюунсунупкайгыогунажыгылбай,
Ханышасыболдумкыргызэлимдин.
Канчажолужараланды жүрөгүм,
Садагасыболуптуулганжеримдин.

Мен Курманжандаткаболсомэлиме,
Балдарымаэлжирегенэнемин.
Элимүчүн тик карадымөлүмгө,
Бирок мениташбоорэкендебегин.

Эне элем го, толгоотартып төрөгөн,
Оорупжаным, омуртам бүт сыздаган.
Сен ажалгабашыңсунуптурганда,
Көзүм эмес жүрөккүйүп ыйлаган.

Мен энемин түн уйкусу миңкачкан.
Бешикырынырдап бала уктаткан,
Боорунтытып, садагачаапэлине
Өз баласынтынчтыкүчүн алмашкан.

Элиңүчүн сен,өлүмгөбарганың
Бултарыхтаөчпөс болуп калганың.
Жүрөк сыздап, жүлүндөрүм өрттөнүп,
Куран окуп, жагамшейитшамдарын.

Өмүр бою ачыккайгысалбадым,
Ичим күйүп толуп, таштыярманым.
Мен ыйласам ботом кеттишейитдеп,
Куралданган сан-миң орус аскердин.
Ким тыя алмак, кызыл кыргын салганын.

Эстегенде жаш айланып көзүмө,
Мен ыраазы болдум ботом өзүңө.
Туурга турбас туйгун тууган экемин!
Эл-жери үчүн шейит болуп кетүүгө.

Сыйыртмагың үзүлгөндө туйгунум,
Чыркырадым: Жаза да бир! Өлүм бир!
Аткарылды орустардын буйругу,
Жаза аткарчуу мени укпады негедир.

Аттиң арман жаза аткарчуу уксачы,
Сыйыртмагы тартса үзүлдү дебейби?
Эки тарап тирелишип кыскасы,
Алайдагы эл топтолуп көбөйдү.
Эрегиштен калбасын Эл кырылып,
Деп энекең муздай катып селейди ?

Айттым, анда чыркырадым-Жаза бир!
Өлүм да бир! Экинчи ирет аспагыла!
Болду эми !кайра сыйыртмак тартпагыла!
Токтоткула! Токтот!!! Кайра аспагыла!!!!

Дегенимди укту бирок, жазалооч,
Кайра буйрук берди дарга асканга.
Калайык калк толкуп турду кылчылдап,
Каны, жанын курмандыка чапканга.

Эл-жериндин тынчтыгынан жогору,
Ыйык, кымбат кыйгыс нерсе болобу?
Жүрөгүмдү эзип, тытып сыздатты,
Өкчөп- калчап, өлүм-жаза соболу.

Бүт элимди курмандыка чалганча,
Бүлүк салып баарын кырып алганча .
Эл тынчтыгын сактап калсам болобу?
Деген суроо мажбурлады кайрадан,
Баш ийдирди буйругуна тагдырдын.

"Тик карагын өлүмгө"- деп, а, бирок,
Кыйбай турдум көздөрүңдү жайнаган.
Бура тартып ооздуругун атымдын,
Кара жерди кучактадым, жыгылдым.
Окшуп,окшуп кара кочкул кан кустум.

Жалындады өрттөнүп, өзөк бүтүн,
Асман жерди каптады кара түтүн.
Кыл арканга асылып Камчыбектин,
Алтын башы кыйылды дарга асылып.
Кыргыз элдин ынтымак-тынчтыгы үчүн.

Ханышасы Алайдын сыздап турду,
Башы айланып араң-зорго үйгө жетти.
Көз тунарып, жыгылып колун сунду,
Суудай агып, ичинен кан өтүп кетти.

Үн чыгарбай кошок айтып ыйлады,
Эл-жеринин бүлүнүшүн кыйбады.
Күйүп, күйүп күлгө айланды өзөгү,
Өмүр бою өксүп, буулуп кыйналды.

Бул дүйнөдө жүрөк бүтүн болбоду,
Бооруканап, сыздап жүрөктолгоду.
Тилегени ыдырабай ынтымак,
Эл тынчыгынсактапкалсамболгону.

Ыр дастанда аялдарды даңгазалап
Кыргыз эли кайталангыс күүгө салат
Курманжан датка, кыргыз тарыхында
Өсүп чыккан мөмөлүү өлбөс дарак.
Баскан жолу келечекеөрнөк болуп
Балдар окуп үйрөнүүчү бүтпөс сабак.

Лиля Клаус

III - место

Лиля Калаус - писатель, литературный редактор, художник. Главный редактор алматинского литературного журнала и сайта «Книголюб». Повести и рассказы Лили Калаус опубликованы в журналах «Простор» (Алматы), «Нива» (Астана), «Аполлинарий» (Алматы), «Литературная Алма-Ата», «Дружба народов» (Москва), «Новая Юность» (Москва), «Крещатик» (Берлин), «Лампа и дымоход» (Москва), «Восток свыше» (Ташкент).

Зира Наурзбаева

III - место

Зира Наурзбаева - культуролог, журналист-аналитик, переводчик, сценарист. Окончила ФЭФ КазГУ им. С. Кирова. Специальность: экономист, политэконом.
С 2004 по 2006 год – главный редактор казахстанского культурологического альманах «Рух-Мирас» при Национальной библиотеке РК. Подготовила к печати три книги: «Вечное небо казахов», «Традиция и современность», детская повесть-фэнтези "В поисках Золотой Чаши. Приключения Бату и его друзей" (в соавторстве с Л.Калаус).

«В поисках Золотой чаши. Приключения Бату и его друзей»

(Глава 14-ая, «Старый мазар»).

Кюйши внимательно осмотрел принесенное оружие, потом взял в руки домбру, тихонько тронул струны, удивленно прислушался...

- Не может быть!

Кюйши наклонился, вытащил из костра тлеющую ветку и поднес к отверстию на деке.

- Неужели... Бату, это и есть домбра твоего прадеда?

- Да, - ответил Бату, не переставая двигать челюстями. – А что?

Кюйши с благоговением сказал, ласково перебирал струны:

- Здесь есть клеймо мастера, сделавшего эту домбру. Я знаю его – не лично, конечно. По рассказам. Точнее, по легендам... Хотите, расскажу?

Ребята закивали, откладывая в сторону недоеденные бутерброды, сгрудились вокруг Кюйши, на время позабыв о былых ссорах.

- Это случилось давно - мой отец еще был мальчишкой. В нашем ауле тогда русских почти не было. А этого привезли на черной машине черные люди.

- Черные люди? – переспросил Саша, - вы имеете в виду...

-Они называли себя «чекистами». По ночам они ездили на черных машинах – воронках, творили черные дела... Ваши прабабушки и прадедушки жили под бременем страха. Черные люди могли схватить каждого, кого захотят, могли пытать людей в своих подвалах-подземельях, могли казнить невинного или отправить в тюрьму или в лагерь. Могли оговорить кого угодно и – самое страшное – пытками заставить человека признать себя, всех своих друзей и близких предателями, врагами родины и народа... Многих несчастных со всех концов Советского Союза ссылали сюда, в наши степи, на наши шахты и рудники. В наши аулы... Так и стала казахская земля второй родиной и немцам, и русским, и евреям, и украинцам, и татарам, и чеченцам и многим другим народам. Второй родиной, второй матерью, но не мачехой!

Гибкие пальцы Кюйши тем временем начали наигрывать на домбре тихую мелодию, напоминающую шорох прибрежных волн. Отсветы костра плясали на его грустном лице, глаза невидяще глядели поверх голов зачарованных слушателей.

- Дед рассказывал, как однажды в их аул приехал воронок, из него чекисты вытолкнули совершенно седого изможденного человека средних лет. Он поселился в ауле на долгие годы. Аульчане уважительно называли его ученым – гулама. Он знал множество языков, быстро выучил казахский, расспрашивал наших стариков, аккуратно записывая услышанное в особую тетрадь. Вместе с мальчишками, среди которых был и мой отец, любил бродить по окрестностям. Древний мазар его очень заинтересовал. Оказалось, что он читал о нем раньше, в путевых заметках старинных путешественников. И даже видел зарисовки. В XIX веке наши земли вошли в состав Российской империи. Во время свирепых войн с кокандцами повсюду стояли казачьи гарнизоны. И вот однажды русские офицеры для потехи обстреляли мазар из пушек... Потом увезли священные балбалы. Древний мавзолей пришел в упадок. А в наши времена в этих местах и вовсе устроили ядерный полигон... Вы все видели, во что превратилась наша земля. Черные люди уничтожили священный Байтерек...

Кюйши замолчал. Струны домбры, казалось, звенели от горя и боли.

Саша прерывисто вздохнул, уткнулся носом в голые худые коленки.

- Но я рассказывал вам о седом гулама, – сказал Кюйши, внимательно глянув на расстроенного пацана, - так вот, очень скоро он стал непревзойденным музыкальным мастером. Переняв у стариков секреты создания домбры, он затмил их. В один прекрасный день ему пришла бумага – разрешение жить в городе. Мастер-гулама уехал в Алма-Ату. Слава о нем вскоре дошла до приютившего его аула: домбры Кислицына стали знамениты среди настоящих знатоков!

- Кислицына? – вскинулся Бату, - Но... Сашка наш – тоже Кислицын! Может быть, однофамилец?

Саша уверенно сказал:

- Нет, не однофамилец. Это мой прадедушка, Александр Григорьевич Кислицын. Меня назвали в его честь. Он был ученым-этнографом, а когда его выслали сюда, он посвятил всю свою жизнь изучению культуры и обычаев казахов. У нас дома до сих пор хранятся его библиотека, дневники, чертежи домбр, столярные инструменты. И я тоже хочу стать этнографом, как мой прадед! И выучу тридцать языков! Казахский и английский я уже знаю, – с вызовом закончил Саша, оглядывая стены древнего мазара. – Между прочим, я читал об этом месте... В одном из дневников прадеда есть рисунок мазара, уверен, что именно этого. Видите эту кирпичную кладку? Прадед никак не мог понять ее происхождение. По его словам, ничего подобного на мусульманском Востоке никто не видел.

- Неудивительно, - подхватил Кюйши. – Ведь в седой древности, когда не было на свете ни мусульман, ни христиан, а Римская империя лишь входила в пору своего расцвета, на этом месте располагалось святилище самой Великой Матери!

Все потрясенно примолкли.

- Кислицын был великим мастером. Большая честь играть на его инструменте! - как ни в чем не бывало, продолжил Кюйши, откладывая домбру в сторону. – Да... Раньше мысль, слово и дело были едины. Поэты были воинами, ученые мудрецы – мастерами...

Вдруг Бату выпалил:

– Стойте-ка! Раз эта домбра мастера Кислицына принадлежала моему прадедушке, значит... Значит мой прадед и твой прадед, Сашка, знали друг друга! Наверное, даже дружили!

- А вот ни фига! – мстительно пробурчал Кайра. – Может, батонов прадед просто купил эту домбру на базаре.

Саша с Бату разочарованно переглянулись. Дана воскликнула:

- Вечно ты, Кайра, все испортишь! Что за дурацкий характер!

Кюйши тоже неодобрительно покачал головой:

- Такие инструменты не то, что на базаре - в магазине не купишь, Кайрат. Домбры Кислицыну заказывали знатоки. В очередь выстраивались, бывало, годами свой заказ ждали. Настоящую домбру за неделю не сделаешь, иной раз годы на нее уходят. Зато потом поет она в руках у музыканта, как живая...

Кайра недоверчиво хмыкнул.

- Тоже мне, одна палка - два струна.

Кюйши нахмурился.

- Священная вода здешней реки не смыла темных пятен с твоей души. Кто так обидел тебя, что ты перестал видеть и слышать красоту деяний своего народа?!

- Да просто он дурак! – с чувством воскликнула Дана. – Спорим, ни разу в жизни живой домбры не слышал!

Кайра яростно выдвинул челюсть, вскочил:

- Умные нашлись! Мне, может, некогда концерты ваши слушать, ясно? И вообще, трёп этот про историю... Плевать мне на всё! Сначала предателем, а теперь дураком обзываете?! Да пошли вы все! Все, ухожу! Значит, возле Скорпиона мне самое место!..

-Стой, -КюйшипоймалКайрузарукуипотянулнаместо, -Неторопись. Сильный человек не должен быть опрометчивым в поступках. Подумай еще раз. Ты оказался на плохом пути, но до конца дороги не дошел, ты еще можешь возвратиться, чтобы понять, кто твой истинный друг. Прошу – посиди, подумай. Бату, Саша! Мне кажется, ваши прадеды и впрямь дружили. Ведь благородные сердца всегда тянутся друг к другу. А если подумать, - он лукаво усмехнулся, - и сейчас ничего не изменилось. Разве случайно вы подружились? Разве случайно оказались вместе сегодня ночью? Поистине, в подлунном мире нет никаких случайностей!

В мазаре воцарилось молчание. Только потрескивал костер, да лошадь тихонько всхрапывала у входа.

Амин Алаев

финалист

Анвар Амангулов родился и вырос в городе Фрунзе (Бишкек).
Окончил механико-математический факультет Новосибирского
Государственного Университета и отделение информатики CDI College
of Business and Technology (Барнаби, Канада).
На персональных веб страницах в Интернете публиковался
под псевдонимами «Амин» и «Амин Алаев».
Живет в Ванкувере (Британская Колумбия, Канада), работает
разработчиком программного обеспечения. Увлекается литературным
творчеством.

Отрывок из рассказа

«Джиргала»

В тот октябрьский вечер ветер был силен как никогда, но Гульбахра все равно поднялась на ближайший пригорок после того, как дневная рутина уже закончилась, а вечерняя еще не началась. Сумерки сгущались и она до рези напрягала глаза, пытаясь разглядеть всадников в каменистом ущелье за несколько километров от лагеря. Всадников не было. Над ущельем начинали сверкать звезды; небо в это время года было почти всегда ясное и поэтому после захода солнца холодно становилось очень быстро. Гульбахра спрятала озябшие от ветра ладони в рукава кофты, но занемевшие пальцы все равно плохо слушались. Она поднималась на этот пригорок каждый вечер, чтобы первой увидеть возвращающихся с охоты мужчин. Так она говорила всем женщинам, работавшим в лагере, хотя все понимали, что первой ей хотелось увидеть только Джумабая.

Гульбахра совсем продрогла, когда Сергек, огромный серый волкодав с отрубленным наполовину хвостом, возбужденно залаял. Через несколько мгновений в сгущающемся мраке стали заметны приближающиеся силуэты. Вскоре послышался топот копыт и свист камчей. Сергек надрывался от лая. Гульбахра, забыв про продрогшие ладони, радостно замахала, понимая, что скорее всего всадники ее не увидят. Каурый мерин Джумабая с валящим из ноздрей паром, первым появился на вершине пригорка и устало фыркнул, почуяв Гульбахру. К его седлу была приторочена туша крупного волка с окровавленной в нескольких местах шерстью. Джумабай улыбнулся и, сняв с рук засаленные перчатки, потрепал Гульбахру по непокрытой голове. Она обхватила продрогшими руками старый кирзовый сапог Джумабая, не боясь испачкаться волчьей кровью. Этой встречи она ждала весь день.

Мужчины провели целый день на охоте, но трофеями были только два подстреленных по случаю волка. Вот уже третью неделю они не могли выследить архара с рогами нужной величины и Ганс Рогге, богатый торговец недвижимостью из Германии, приехавший на Тянь Шань за этими рогами, начинал нервничать. Зачем Гансу Рогге нужны были рога и почему он был согласен заплатить большие деньги и провести несколько недель вдали от цивилизации никто из киргизов толком не понимал. Скитание по диким Тянь Шанским горам в поисках архара нужных параметров было для них рутиной. Такой же рутиной как для Гульбахры было, например, снятие шкуры с волков – ловко орудуя ножом она вместе с Айшой быстро отделила уже совсем не теплые шкуры от таких же нетеплых и изуродованных пулевыми отверстиями туш и, разложив шерстью вниз, обильно посыпала их крупной солью. Джумабай устало курил, присев на валун неподалеку. Стало совсем темно. Гульбахра отправила Айшу в юрту вручив ей нож и пакет с остатками соли.

- Устал? – спросила она Джумабая, стряхивая соль с окончательно замерзших ладоней.

- Устал, - ответил тот и забычковал недокуренную сигарету.

Он поднялся с валуна, подошел к Гульбахре и обнял ее. Та уткнулась в его плечо, держа руки навесу. Плечо пахло потом, но запах не был ей неприятен.

- У тебя руки в буквальном смысле по локоть в крови, - засмеялся Джумабай.

Гульбахра не знала что ответить. Ей было холодно от порывов ветра, противно от липкой волчьей крови на руках, неприятно от остатков соли на потрескавшихся ладонях и в то же время невыносимо хорошо на пахнущем потом плече Джумабая.

Лагерь, расположенный в небольшой долинке, был со всех сторон окружен скалами, за которыми начинались покрытые жухлой травой горы. С одной стороны текла небольшая речушка с ближайшего ледника, вода в которой была головокружительно прозрачной и Гульбахра каждое утро переплетала свою ворону косу глядя в нее как в зеркало, напевая тягучую киргизскую песню о джигите, умчавшемся за Запад вместе с молодостью любившей его девушки. Лагерь состоял из нескольких юрт и старой саманной мазанки. В юртах и мазанке жили люди, у лошадей конюшни не было – неприхотливые коренастые лошади проводили ночи под открытым небом, иногда убредая от лагеря на приличное расстояние и утром Джумабаю приходилось пригонять их обратно. Одна из юрт была нарочито аляповатой с ярким орнаментом на когда-то белоснежном войлоке   - в ней жили приезжавшие на несколько недель богатые искатели трофеев из далеких, загадочных и совершенно неизвестных большинству местных горцев стран. Искателям трофеев были позарез нужны рога как можно большего размера страшно редкого даже в этих местах архара Марко Поло .

Почему архар носил имя Марко Поло никто из киргизов не знал, но один американец, приезжавший пару лет назад сказал Джумабаю, что Марко Поло был одним из первых охотников в этих местах, правда очень давно, задолго до того, как дунгане откочевали в Кыргызстан, а уйгуры утратили независимость. Джумабай частенько упоминал про этот факт после тяжелых охотничьих будней за вечерним куурдаком.

- Так говорил мистер Борелли, - всегда одинаково заканчивал свое объяснение Джумабай, быстро хмелевший от айрана и усталости, вызывая хихиканье у слышавших эту историю в сотый раз Айши и других девушек.

Гульбахре тоже было смешно и она тоже улыбалась. Стараясь сесть как можно ближе к Джумабаю на видавшем виде ширдаке она была готова выслушать эту историю еще миллион раз, равно как и все другое, что говорил словоохотливый порою Джумабай.

Измотанные за день охотники быстро засыпали, иногда даже не снимая обуви и Гульбахра, выждав для верности с полчаса, украдкой пробиралась сквозь лежащие на ширдаках тела к углу, где обычно спал Джумабай, укрывшись старым дырявым чапаном. Залезая к нему под чапан, она дергала его за мочку уха и Джумабай моментально просыпался. Заниматься любовью под старым, дурно пахнущим чапаном в присутствии полудюжины храпящих тел было делом неудобным, но Гульбахра об этом даже не задумывалась. Иногда кто нибудь из мужчин просыпался и шел на наружу облегчиться, в эти мгновения Гульбахра, прижавшись к Джумабаю всем телом, затаивала дыхание, что не выдать своего присутствия. Неудобство было и в том, что все приходилось делать молча, чтобы никого не разбудить. Молчать Гульбахре было особенно тяжело – сказать хотелось так много. Гульбахра часто не высыпалась. Лежа рядом с полусонным Джумабаем меньше всего на свете ей хотелось думать о том, что пора уходить, потому что завтра с раннего утра ему, Джумабаю, вместе с Гансом Рогге и другими, надо отправляться на поиски архара, а ей, Гульбахре вместе с Айшой и другими женщинами, заниматься изнурительными хлопотами в лагере. Нередко от этих мыслей Гульбахра тихо плакала, и поэтому утром проводила у речушки дольше обычного, обильно умывая опухшее от ночных слез лицо обжигающе холодной водой с ледника.

Жизнь в трехстах километрах от ближайшего населенного пункта, в первозданной дикости Тянь Шаньских отрогов, была мучительно однообразной. Будни ничем не отличались от выходных и праздников, горы и скалы каждый день выглядели также как и накануне и даже беркуты, парящие над лагерем, делали это настолько одинаково, что казалось, на ночь они никуда не улетают, а так и парят себе сутки напролет. К полудню, когда у Гульбахры появлялась свободная минутка, она была настолько уставшей, что сил у ней хватало лишь на то, чтобы взобраться на скалу, с которой открывался на редкость живописный вид на пойму речушки, чтобы глядя вдогонку неторопливо текущим водам мечтать о том, что будет с ней и Джумабаем после этого охотничьего сезона, когда горы покроются снегом, все иностранцы улетят в свои непонятные далекие страны, а они с Джумабаем поедут в Нарын или даже в Бишкек и несколько месяцев ей не надо будет украдкой пробираться к нему сквозь храпящие тела, а главное можно будет говорить не боясь кого то разбудить. От этих мыслей ей становилось настолько хорошо, что она забывала о времени и частенько Айше приходилось кричать ей, чтобы та возвращалась в лагерь, где сотни разных дел требовали ее личного присутствия.

214

Акром
Малик

финалист

Акром Маликов (Акром Малик) родился 19 сентября 1990 года, выпускник факультета узбекской филологии Национального университета Узбекистана имени Мирзо Улугбека. Автор сборников стихов: «Вели, моё сердечко» (2007), «Требование к самому себе» (2012).

УКА

Ҳикоя

Кўчада ҳаво салқин, баҳор келган бўлса ҳам, қишнинг заҳри кетмаяпти. Эрталаб мўралаб турган қуёшга ишониб сал юпун кийинибман, энди совуқ қотяпман. Тезроқ юрсам, ичимга илиқ киради.

Укам бечора ҳозир Россияда, қурилишда. У ёқлар бундан ҳам совуқ. Жигарим изғиринда қандай қилиб ғишт териб, қандай қилиб девор суваётган экан!

...Бўғзимни нимадир куйдирди. Доим шунақа: укам ҳақида ўйласам кўзимга ёш келади. Буни ҳеч кимга айтмаганман. Чунки укамни жонимдан ортиқ кўришимни яшираман. У менинг ҳаётдаги ягона дўстим, мен тасаввур қилган комил инсон, десам, кўпчилик, йўқ, деярли ҳамма ажабланса керак. Ким нима деса, десин, лекин бу ҳақиқат, укам – менинг дўстим, мен тасаввур қиладиган комил инсон. Лекин буни сира ҳам ўзига айтмаганман. Айта олмаганман. Айта олмасам ҳам керак. Укамни кўришим билан юрак уришим тезлашади, у билан сўрашаман, ҳол-аҳволига қизиқаман, ҳолбуки, уни яхши кўришим билан боғлиқ туйғуларимни ҳечам айта олмайман. Айтмоқчи бўлган сўзларим кўзларим чегарасидан ташқари чиқмайди, кўнглим ичида қолаверади. Нима учун бундай экан – билмадим.

...Автобус келди. Ичининг ярми бўш. Ҳозир куннинг биринчи қисми, шунинг учун шундай. Эрталаб ва асрдан кейин кўрсангиз, одам тўлиб кетади – ўтириш тугул, туришга жой қолмайди. Аммо ҳозир ўзим истаган жойга ўтиришим, то банкка боргунимча укам ҳақида хаёл суриб кетишим мумкин.

Ўшанда ўн бешинчи август эди. Бундан роппа-роса тўрт йил илгари. У пайтларда имтиҳон натижаларини интернетдан ёки қўл телефон орқали билиш имконсиз. Албатта, пойтахтга келиш, ўз кўзингиз билан жавоблар эълон қилинган жадвалларни кўришингиз лозим эди. Эҳтимол, мана шу имкониятлар бўлмагани учун ҳам, мен ғофил кўп нарсадан бехабар қолганман. Ким билсин, балки хабардор бўлганимдан ҳам, худбинлигим сабабли укам тутган йўлга эътироз билдирмасмидим.

2

Хуллас, мен олий ўқув юрти талабаси бўлган эдим. Эълонлар тахтаси олдида кўзёш қилаётганлар орасида менинг аҳволим, шартнома асосида қабул қилинганлигимни айтмаса, албатта, зўр эди. Укам ҳам мен билан бирга ҳужжат топширган эди. Бу менинг учинчи уринишим. Ниҳоят бир амаллаб, талабаликка илиндим. Укам-чи?

Ўйлаганим – агар у ҳам шартнома асосида талабаликка қабул қилинган бўлса, ким тўлайди пулини? Ота-онамиз кексайиб қолди. Дадамнинг топганлари рўзғорни тебратиб турибди. Икки ўғил ўқишга кетса... Иккаласи ҳам шартнома асосида ўқиса...

Укам билан учрашганимда унинг юзидан бирор ифодани уқиб ололмадим. У биринчи бўлиб саволга тутди:

–Ака, нима бўлди?

–Контракт, – дедим қувончимни яшириб. – Сен-чи?

Укам хотиржам эди, балки грант асосида қабул қилингандир? Агар шундай бўлса, анча яхши бўларди.

–Меники ўхшамапти, ака.

Қулоқларимга ишонмадим. Очиғи, у мендан қобилиятли, кейин бу тарзда хотиржам туриб: "Ўқишга кира олмадим", – дейиши-чи!

–Ҳазиллашма, бола, – дедим қовоғимни уйиб. – Сендан жиддий сўраяпман.

–Нега ҳазиллашаман, ака, – кулди укам. Унга кулиш жуда ярашади. Лекин кам кулади, ҳатто жилмайишини ҳам кам кўраман. – Омадим келмапти-да, бу йил. Келаси йилга ҳаракат қилсам, Худо хоҳласа, зўр бўлади. Сиз ўқисангиз, менга шуям етади. Сиз талаба бўлдингизу, худди ўзим талаба бўлгандекман.

Укамнинг кўзлари чақнар, қувончини таърифлашга тил ожиз эди! Ака-ука анҳор бўйидаги кафеда ўтириб, салқин ичимликлардан ичиб, маза қилиб суҳбатлашгандик.

3

Ўқиш ҳам бошланди. Дастлабки кунлар "маст бўлиб юрдим". Ўзимни дунёдаги энг зўр талаба сезардим. Ҳамма нарса янги, оҳорли. Курсдошлар ҳам ўта маданиятли. Кейин-кейин ҳаммаси аслиятга қайтди. "Ўта одобли" курсдошларнинг асл тарбияси намоён бўлди, бу ерда фақатгина нафас олиш учун пул сарфланмаслигини англадим. Энди пул керак бўла бошлади. Уйдан сўраш уят. Лекин ҳар ойда укам уйдан менга канда қилмай пул юбориб турди. Декабр ойида бу узилди.

Янги йил арафасида уйга бордим. Қор ёғмаган бўлса ҳам, совуққа чидаб бўлмайди. Ҳовлида ҳеч ким кўринмади. Уйга кирдим. Дадам хонанинг бир тарафида, аям бир тарафида кўрпага ўраниб ётишган экан. Ё Худойим!

Дадам бошини кўтарди, пешонасига чит рўмол ўраб олибди.

–Болам, келдингми, ваалайкум... Ўҳў... ўҳҳў...

Югуриб бориб дадам билан сўрашишга тутиндим – кўзлари қизарган, танаси ҳолсиз, ёноқлари туртиб чиққан, иситма...

Аям ҳам ёнбошлашга тиришар эди.

–Ассалому алайкум, аяжон... Қимирламанг, аяжон...

Аям ниҳоят суяниб ўтириб олиб, мени бағрига босди. Бошимни силади.

–Яхши кеп қолдингми, болажоним? Кечир, болам, сени яхши кутиб ҳам олмадик. Қара, даданг икковимиз касал бўлиб ўтирсаг-а...

–Йўғ-е, нега... – ортиқ гапира олмадим. Ичимдан тошиб келаётган ғалати нолани яширишга ҳаракат қилдим, нафасим тиқилиб қолди. Кўзимдан тошмоқчи бўлаётган ёшни зўр билан ушлашга уринардим. Хўрлигим келдими ёки ота-онамни шундай касал бўлиб қолишларига ўзимни айбдор сездимми, билмадим.

Кўзларимни яшириб, печкани очдим. Ожизгина олов...

Ойналарга муз тушган, гапирсангиз, билинар-билинмас буғ кўтарилади. Дадам ва аямни ўз жойларига ётқиздим, устларига кўрпани яхшилаб ёпиб, ҳовлига чиқдим.

Тандирхона томондан болта овози эшитилди. Укам дадамнинг эски, ямоқ тушган чопонини кийиб, ўтин майдалаётган экан. Мени кўриб, болтасини тушириб бирпас қараб турди. Кўзларида узрхоҳликми, аламми, кўзёшми – нимадир бор эди, болта ерга тушди, укам елкамга бошини қўйди, елкаси титрай бошлади, кўзимдан тошиб келаётган ёшни тўхтатишга ҳаракат қилиб, укамга тасқин бергим келди, лекин бирор жумла айтишга қувватим етмади, фақат жигаргўшамнинг елкасини силадим.

...Ошхонага ўтдим. Эски кигизга ўраб қўйилган яшикни очдим, ичида беш-олти сабзи, картошка, пиёз, ҳаммаси ярим музлаган... Газ ўчган, четлари қорайган бўш човгум мунғайиб турибди. Ичимдаги аччиқ йиғи тўкилди...

Янги йилни камтарона кутиб олдик. Унгача ака-ука уйни бир амаллаб иситдик. Қўшналаримиздан бирови ярим коса мошхўрда кўтариб чиқди, бирови янги ёпган нонидан илинди...

–Иш йўқ, – деди укам маъюс кўзларини ерга қадаб. – Чет элга кетаман. Пул топиб, сизларга юбораман.

–Ука, бу хавфли. Кўпчилик хорижда қаттиқ қийналиб қоляпти, – дедим. Укамнинг узоқда меҳнат қилишини тасаввур қилиб, қўрқиб кетдим.

–Худо хоҳласа, қийналмайман, – укам ўта ишонч билан гапирар эди. – Чунки мени Худо сақлайди. Ота-онамга хизмат қилмоқчиман, у мени сизлар учун асрайди. Хавотир олманг.

....Менда аввалги жўшқинликдан асар ҳам қолмаган, кечаю-кундуз пулимни ҳисоблаб, уни узоқроқ вақтга етказишни ўйлайман. Бу аслида энг енгил ташвишим эди, қишлоқда қолган дадам билан аямни, укамни ўйласам, жимиб қоламан, уларнинг бу ҳолати учун ўзимни айбдор санайман, бошқа йўлим йўқлигидан кимга оҳ уришимни билмай кўзимдан оқаётган ёшларни артаман...

4

...Автобус тўхтади. Мен излаётган банк биноси сал нарида. Автобусдан тушишим билан совуқ шамолдан жунжикдим. Қадамимни жадаллатдим.

–Келинг, – деди банк ходимаси хушмуомалалик билан. – Биздан қандай хизмат?

–Ассалому алайкум, мен Айюбовман, Самарадан пул келган бўлиши керак...

–Жуда соз, ҳозир... – банк ходимаси компютерини титкилаб кетди. Банк биносида одам кўп: кимдир пул жўнатган, кимдир олган... Лекин ичкари иликкина, жоним кириб, Худога шукур, ҳалиям иссиқ бор, деб турдим ичимда.

–Мана бу ерга имзо чекинг, – деди ҳалиги ходима паспортимни обдон кўздан кечириб.

Укам юборган пулни олдим. Хориж валютасида. Энди буни "майдалашим" керак. Банкда бу анча арзон – қора бозорга тушишим керак...

Яна бекатда автобус кута бошладим. Ўтиб кетаётган бир ёш йигитни укамга ўхшатиб юбордим. Очиғи, биз бир-биримизга жуда ўхшаймиз. Кўрганлар эгизак ҳам деб ўйлашган. Лекин у келишган йигит. Охирги марта келганда кўрдим: ўзи анча озган бўлса ҳам, бўйлари чўзилиб, елкалари кенгайиб, яна ҳам кўркам йигитга айланибди. Шундай укам борлигидан фахрландим. Албатта, буни унинг ўзига айтмадим. Ичимда сақладим.

Шундан кейин, мана, яна икки йил ўтди. Бугун тўртинчи курсни битириш остонасидаман. Охирги марта шартнома пулини тўлаяпман. Ўтган тўрт йил давомида укам ишлаб топган пуллар эвазига ўқидим.

Укам ҳар сафар келганда учрашамиз. Аммо тезда унинг кетишига тўғри келарди. Ҳар сафар кетар экан, самимий сўрайди:

–Ака, менга хизматлар йўқми? Нима қилай?

О, Худойим! Бир банданг шунчалар ҳам мард бўладими! Ҳам ўзи қийналиб акасини ўқитсин, ҳам хизматига жонини берар даражада тайёр бўлсин!

Ўтган йиллар давомида тушгача ўқисам, тушдан кейин устачилик қилдим. Одамларнинг уйларида ғишт тердим, девор сувадим. Дадамдан олган ҳунарим асқотди.

Шундай бўлса-да, гоҳо пулим қолмас, гоҳо қарзларим кўпайиб кетар, гоҳо ейишга таом, йўл учун кира ҳақини тополмайман. Уйдаги ота-онамни, хориждаги укамни ўйласам, бу изтиробларда ниҳоя борми, дер эдим ўзимга ўзим.

Ана шунда... Худога юзландим.

Дадам намоз ўқир эди. Намоз дуоларини, бир-икки қисқа сураларни у ўргатган. Мен ҳам масжидга борадиган бўлдим. Англаганим шу бўлдики, инсон бошига мушкулотлар тушмагунча ибодатнинг моҳиятини тушунмас экан. Роббисининг меҳру карами, лутфу марҳаматини билмас экан.

Қийинчилик пайтларида, таскин сўзга, тасаллига мухтож бўлган пайтларимда ўқиб қолдим: агар Сенинг дардинг бўлса, Роббингга: "Эй, Роббим, менинг катта дардим бор", – дема, дардингга қараб: "Эй, дард, менинг меҳрибон Роббим бор!" – дегин.

Шундай дейишга ҳаракат қила бошладим.

Абулла Тўқай деган татар шоири: "Яркираб юлдуз ёнодир тун қаро бўлган сайин, Ёдима Тангрим тушодир бахтим қаро бўлган сайин", – деб ёзган экан. Банда... мушкулотга йўлиқмагунича Тангрисига сажда қилмайдими? Ёки машаққатлар олов бўлиб, унинг қалбини пўлатдек тозалаб берармикин? Аммо мени Худога етаклаган фақат бу эмас, бошқа яна бир нарса бор.

5

...Бозорга кирдим. Бир зумда атрофимда турли хил чеҳралар пайдо бўлди. Узр, чеҳра сўзини ноўрин қўлладим. Башаралар пайдо бўлди атрофимда. Қандайдир совуқ боқадиган, лекин гўё хизматга тайёрдай кўринадиган қиёфалар...

–Ока, доллар борми? Доллар оламиз!

–Тилла оламиз! Тилла!

–Рубль, доллар, танга!

Излай бошладим: бирор юзи иссиқроғи бормикин? Йўқ, буларнинг ҳаммаси бир хил экан, аввалбошдан шундай бўлган, энди ҳам...

...Зудлик билан сўмни санаб олдим. Белни бақувват қилиб, соатга қарадим – пешин вақти кирибди. Энди намозни ўқиб, кейин университетга ўтаман. Масжидга кўтарилдим. Баланд гумбаз, пурвиқор миноралар...

Масжид остонасида тиланчи болалар, аёллар... Бир-икки чурвақа ортимдан югурди. Бир-икки сўм тутқаздим. Хурсанд бўлиб кетишди.

Масжидга кирар эканман, ичимда нимадир нур сочгандек туюлди. Кайфиятим кўтарилди. Қуёшнинг нурлари ҳам энди илита бошлади, менимча, совуқ қотмай қолдим. Масжид ҳовлисидаги дарахтлар танасида яшил бўртмаларни кўрдим. Эртага улар қучоқ ёзади, баргга айланади.

Уйга борганда укамнинг дўсти Абдулла билан учрашиб қолдим. У гапдан гап чиқиб деганди:

–Жалол билан бирга мандатга борган эдик, у шартнома асосида қабул қилинган экан. Мен ўқимайман, акам ўқиб олсин, кейин ўқийман, деди. Сизга ҳавас қиламан. Жалолдай укангиз бор.

...Ўша куни мен учун дунё буткул ўзгариб кетди.

Ўша куни Худони эсладим. Чунки укам учун дуо қилишни истаётган эдим.

Алексей Лукшин

финалист

Алексей Лукшин родился в 1971 году в городе Горьком. Два высших образования (экономическое, литературное). Сказки для детей - осуществлённая мечта, в которой исполнилось заветное желание создать добрые истории для маленьких читателей, слушателей и их родителей.

Сказки Дружного леса

Песенка о дружном лесе

Я – ёжик, ёжик, ёжик!
И дом мой: Дружный лес,
А мне всего дороже,
Что дружимся мы здесь.

Я – заяц длинноухий!
Со всеми я дружусь,
А медвежонком Плюхом
Особенно горжусь.

Я – косолапый мишка!
В лесу я всех сильней,
И улыбнулась мышка –
Не стало страшно ей.

Запрыгали еноты,
Всем стало веселей.
Достали птицы ноты,
Запел тут соловей.

Смеялся волк зубатый,
Лиса пустилась в пляс.
В сторонке лось сохатый
Стоял, рогами тряс.

Начну я с песни милой
И сказку расскажу,
Как звери жили-были
В картинках покажу.

Как лес стал дружным

Бежал как-то забывчивый медведь по лесу. Бежал и пыхтел своим чёрным носом: ПХЫ... ПХЫ... ПХЫ... И вдруг ПТЫК – споткнулся. Чуть не упал. Видно, торопился слишком. Ему пришла в голову хорошая мысль, вот он и спешил, чтобы не забыть по дороге. Закричал медведь на весь лес:

– С нынешнего дня объявляется всеобщее перемирие! Завтра – сбор всех зверей и птиц на большой поляне! А кто не сможет прийти, предупредите друзей, чтобы они приходили, послушали и передали вам всё, о чём мы там будем говорить!

Звери и птицы удивились, но поверили. С чего бы иначе медведю бегать и предупреждать всех? К тому же все знали, что он никогда и никого не обманывал. Ведь это был самый порядочный медведь из всех медведей.

На следующий день много собралось на поляне разных зверей и зверушек, а с ними – птицы большие и пташки маленькие. Разноцветные бабочки прилетели. Даже мотыльки крохотные и букашки совсем уж мизерные явились послушать.

Вышел медведь на середину поляны. Залез на высокий пень, чтобы все могли его видеть и слышать.

Рядом с ним встал лось Большие Рога. Ростом они одинаковые оказались. Лоси ведь очень высокие, в полтора, а то и в два раза выше наших мам, пап и прочих там взрослых дяденек и тётенек. Когда лоси с рогами, то заметны издалека и кажутся совсем уж великанами. А иногда бывают без рогов. Но об этом я расскажу в другой сказке.

Огляделся медведь вокруг: звери, птицы кругом. Вроде бы все собрались. Вдохнул он полной грудью для смелости и начал говорить. Наш медведь, надо сказать, очень волновался. Но как только первые слова сказал, сразу успокоился. Никто его не перебивал – ведь он был старше всех. А звери, они как хорошие дети: старших не перебивают.

А речь его была вот о чём:

– Отныне наш лес будет называться Дружным. А мы все – друзьями. И не будет у нас теперь собственных границ. Будем дружиться и жить радостно. А сильные пусть помогают слабым.

Обвёл медведь поляну взглядом, помолчал и дальше заговорил:

– Так что можете ходить в гости друг к другу и с кем угодно знакомиться. Можете угощать кого угодно и чем угодно. Но если кто-то откажется от угощения, чур, не обижаться! Потому как не все звери и птицы едят одно и то же. И ещё: теперь можно давать друг другу имена и прозвища, но только не обидные. Вот так... А кто не согласен, пусть остальным не мешает и не жалуется, что скучно, мол.

Сказал всё это медведь, и все разошлись, чтобы поразмыслить до завтра и сказать, кто и что обо всём этом думает.

С тех пор многих зверей называют одним словом, но мы хорошо понимаем, о ком идёт речь. Например: «Рыжая» – значит, лиса; «Серый» – это о волке. А «Косым» – все, наверное, знают – мы кличем зайца.

На следующий день все сказали, что согласны. Медведь первый пригласил к себе в гости на мёд всякого, кто пожелает. Так с того дня и повелось, а лес стали называть Дружным.

Елена Бреус

финалист

Елена Бреус – родилась и живет в Алматы, Казахстан. За свою жизнь сменила множество профессий: от почтальона и сотрудника отдела кадров до врача и переводчика. Три года назад, прочитала все, что возможно в жанре иронического детектива, начала писать сама.

Dark Night in the Suburbs

Special agent Paul Krosby moved swiftly through corridors of the Federal Bureau of Investigation. His forehead was wrenched into a deep furrow, the corners of his mouth gloomily turned down, eyes squinted but glaring.

His office assistant, Ms. Lind, beamed at him, but her cheerful smile vanished when she saw his face. Miss Lind secretly adored her boss and had studied him thoroughly during the last six months. This menacing facial expression obviously indicated that something horrible had happened. Neither said hello.

"Is Briks here?" Paul asked abruptly. Without waiting for an answer, he added, "Find him! I need him immediately!"

"Bammm!" He slammed the thin door of his small office, setting the French blinds on the windows trembling.

Miss Lind exchanged scared glances with Sergeant Tubarik, who stood frozen next to the copy machine. Both clearly understood that this frame of mind could result in a bunch of trouble for all subordinates. The girl broke into a fast trot to look for the missing colleague. Fortunately, she was perfectly aware of his whereabouts. She ran directly to the smoking area. The numerous FBI smokers spent short gaps here between their accomplishments of secret operations and following successful writing.

"Alan!" she yelled into the clouds of smoke, "Hurry up! Boss wants to see you!"

"Hey, Rosa! What's the rush? Did he develop diarrhea and run out of toilet paper?" The speaker, a tall man with black, curly hair, comfortably occupied an armchair and obviously had zero intent to make a move. Colleagues around him met these words with loud laughter.

"Alan! Something's happened!" the girl repeated indignantly. " His face is such... Such...!" She was unable to find the proper words. Instead, she bulged her eyes and twisted mouth and brows, in an attempt to portray Paul Krosby in a rage.

"Oh!" Briks was slightly puzzled. He paused for a moment and airily waved his hand. "Look, if he has THAT face, you'd better let him know that you didn't find me!"

"Briks!!!" Ms. Lind went on, outraged, "If you don't report to him immediately, I would say that, that..." Once again, she failed to express her emotions verbally. Her face turned red with wrath. She breathed deeply and slightly inclined her head, like a goat ready for a head butt.

"OK, OK, dear! Calm down! I'm coming!" Briks reluctantly raised himself up. "No more screaming, please!"

The office assistant didn't grace him with an answer. She gave him a withering look and hastily turned back to the office. Any person who dared to make fun of the boss's orders did not deserve even her minimal respect. She ran quickly back to her desk and sat there, motionless and breathless, with eyes fixed on the door of her adored Chief.

She wanted to be the most helpful person for him, and deep in her mind, she fostered a hope that at some time this iron man would come to appreciate her diligence, dedication, and hard work... as well as her blue eyes, long legs, nice personality, and all her other excellent features... These vague dreams raised blushes on her cheeks and increased her heart rate.

Briks entered the room a minute later and his penetrating gaze recognized her secret thoughts. His mouth stretched into ironic smile and Ms. Lind turned scarlet.

"OK! I'm here!" he announced loudly. He made his way in front of the now confused office assistant and approached the door of the Section Chief. Drawing a deep, heavy breath, he pulled the handle. The ironic smile disappeared immediately when he saw his boss. "Is something wrong with Robert?" he asked, his tone becoming agitated.

"Robert is dead!" Paul Krosby shut his eyes in anguish.

"What???" The blood drained from Briks's face.

Their colleague Robert Magnus was assigned to a special undercover task and yesterday they had lost all contact with him.

"His body was found this morning at the secret address and brought to the local police station," Krosby explained. "I've already made arrangements to bring him here."

Krosby spoke in a flat manner, but his tightly clenched fists revealed barely controlled anger. Agent Magnus had been planted into the secretive criminal structure oriented on narco-business. Because of its highest secrecy, they had managed to slip through the police nets for several years and the decision had been made that the best agents from the FBI should join an operation. This counter-drug action had been thoroughly prepared for several months, but now the sudden death of its key figure had rendered it totally ineffective.

"How did he die? Who killed him? " Briks's fingers shook as he tried to loosen the knot in his tie. He found the death of that jolly fellow Robert hard to believe. Magnus's cubicle was next to his. He'd never see Magnus, with his regular bottle of diet cola in his left hand, come strolling into the office again!

A storm raging inside Paul Krosby launched him out of his chair. He raised his hand and slammed the defenseless desk surface. Pens and pencils jumped out of the jar and rolled around in panic.

"These are the questions we must answer!" Krosby's roar of anger was heard far beyond his door. "And we will do this!"

Chapter 1. In the Dumpster

The Mokasche brothers returned home late that night. They had already made several miles on foot but were now so exhausted that couldn't argue any longer.

The older brother, Gustav, suffered much more. His short legs not only had to carry an ample beer belly, but also felt every roughness of the pavement through the thin soles of his expensive shoes.

Hugo, the younger brother, was in a better position, since he had neither excess weight nor money for good footwear. Nevertheless, he looked much gloomier and more distressed. His brother blamed him for spending the last fifty backs on the card table, although it was Gustav who had actually done the gambling.

"Bloody fool!" wailed Gustav, as he stepped on a sharp stone. He had said the same thing more than a hundred times already. "You should've stopped me! And now, thanks to your stupidity, we cannot take a taxi and enjoy happy dreams in our beds!"

Junior Mokasche didn't answer. He was used to the fact that he was responsible for everything bad that happened to his brother.

Gustav had to eat stale bread for breakfast? It was because this bastard Hugo forgot to buy fresh rolls! Gustav was fired from his job again? Of course, it was Hugo's fault! He'd failed to wake Gustav up over the last three months and the poor guy was always late! The older brother was not on good terms with women? Oh, it was absolutely clear why he was still alone! If only this young idler of a brother would stop hustling around and messing up everything with his sweet, arrogant face!

This continuous abuse boosted Hugo's immunity to harassment and he usually could take it rather philosophically, but today's rebukes were ex-

tremely unfair. He strode behind Gustav with a scowling face and aggriev-
edly sniffled from time to time. His overfilled bladder demanded an ease
at the nearest corner, but he kept grim silence. He didn't want to please Gustav with a refusal to stop.

Fortunately, Gustav's bladder also had limited capacity and pretty soon
all the cocktails absorbed by him in the bar were ready to go out.

"Halt!" The older brother pointed to a dark corner between two buildings and behind dumpsters. He raced there, unbelting his pants on the way.

Junior Mokasche eagerly followed him, and in a few seconds, two powerful streams hit the wall.

With his much anticipated relief, easy-going Hugo cheered up a bit. He
opened his mouth to announce that they were not far from home, but his
encouraging words were interrupted by a sudden noise.

Coming on at a good speed, a car spun around the corner and stopped
on the other side of the dumpsters with a loud brake squeal.

Hugo was very glad that they had chosen the dark niche for their mi-
nor public nuisance, as they had escaped the beams of the driving lights. He
zipped pants hastily and listened. The clang of a trash can lid and human
wheezing left him in no doubt that the car driver was placing something
heavy into the garbage. Seconds later, the invisible driver got back into
the car and rushed away, leaving the smell of burning tires behind. Hugo
craned his neck and observed the rear part of a white pickup racing away.

The brothers exchanged puzzled glances. Respectable people do
not dump their trash on a deserted street and race away wildly afterwards.

"Go and have a look at what's inside!" commanded Gustav. He emerged
from the dark corner and pointed his finger at the trash can.

"Why should I? " protested the younger brother.

"Open it, now!" Gustav raised his voice.

Hugo rolled up his sleeves obediently and lifted the lid. The darkness
inside the stinky and filthy can reported no details, but right at the top he
could see two black leather soles. Hugo slightly pushed one of them with his
finger and it slowly moved to the left, revealing a hairy leg in a raspberry
sock.

"Holy Bleu!" He turned away from the can in panic. "It's a dead body!"

234

Елена

Зинченко

Елена Зинченко – писатель, драматург. Член Международной Гильдии Писателей (Германия), региональный представитель в Украине (г.Киев). Руководитель литературной студии «Окно в Европу». Практикующий адвокат – удачно сочетает литературную деятельность и адвокатскую практику. Образование: Уральская Юридическая государственная Академия, Киношкола SINEMOTION, University of Passau (Germany).   Лауреат международных литературных конкурсов. Печатается в периодической прессе в Украине, России, Беларуси, Германии, Израиле, Хорватии. Ведёт рубрику «Компьютерные сказки» в международном детском журнале «Эмотикон» (Германия).

ESSAY
TO SEE WITH YOUR HANDS

My hands skim the surface of sculptures clumsily. Strange, but that is exactly what I've always wanted to do contemplating the wonderful works of outstanding artists - to touch that moment of the ancient world's Greek mythology, bygone deep into the centuries, which is captured in marble. They say, ancient craftsmen coated marble sculptures with a mixture of olive oil, wax, or a mixture of milk and saffron, after which they acquired the tone of human skin, and a sculpture came to life, as it were. But even without those frills, the beauty of a human soul and body, masterfully extracted from a stone cover by an artist's hands, appeared lively and tremulous to me.

"It always seemed to me, - Michelangelo wrote, - that a sculpture is a lamp of pictural art, and that the difference between them is the same as the difference between the sun and the moon". And today I had a special chance to feel this difference. Namely to feel... because today my hands became... my eyes! Here in Athens, in the Tactual Museum, tightly blindfolded, I had to spend a few hours under cover of darkness - a short period of time, during which I, voluntarily renounced only one of human senses - the sense of vision, had to acquire an unusual experience.

Blind minutes skilfully weave the strong net of time from restless moments of darkness. Its wise companion - a habit - takes toll... and I start to recognize familiar shapes. It is incredible - my fingers feel that light motion, which enlivens bodies of Greek statues! It happened: my hands, perceiving a sculpture's design, gain the ability to feel the beauty, frozen in time... Graceful body curve, embraced by volant dress folds, elegant gesture, putting the sandal's strap right: it is impossible not to recognize and not to feel the storyline lyrism of the famous Acropolis relief of Nike goddess, who came down from heavens on the Temple of Apteros. My hands feel the vivid flex of tense muscles on the body of a mighty athlete... springy, powerful stride and blistering span of an arm, stretched forward in an angry impulse with a view to cast an imaginary trident into a foe. Inspired face: how wonderful his manly features are... it seems that water is flowing down his hair and beard... well, certainly, it is the embodiment of the mighty waves, to which headstrongness there are no barriers - this is the Poseidon God!

My hands, having forgotten about their clumsiness, skim the surface of sculptures, retracing the path of a genius chisel of Phidias, Agesander of Antioch, Praxiteles. We live in the world of colors kaleidoscope, which makes striking storylines out of the placer of shades fragments and the play of highlights. But outside this familiar space there's something more: come here, close your eyes, stretch your arm and try to distinguish an air volution in Nike Goddess's chiton wrinkle from a wind's step in Poseidon's hair. Did you manage? So you also know it now - this wonderful sixth sense, which is not yet defined by the science, but which is inherent in those, who can see only with their hands...

ЭССЕ. ВИДЕТЬ РУКАМИ.

"И высочайший гений не прибавит
Единой мысли к тем, что мрамор сам
Таит в избытке, – и лишь это нам
Рука, послушная рассудку, явит".
Микеланджело

Мои руки неуклюже скользят по поверхности скульптур. Странно... но ведь именно это мне всегда хотелось сделать, созерцая прекрасные творения выдающихся мастеров - прикоснуться к тому ушедшему вглубь веков мгновению сказочного античного мира грациозной греческой мифологии, который запечатлён в мраморе. Говорят, древние мастера покрывали мраморные скульптуры смесью оливкового масла и воска или смесью молока и шафрана, после чего они приобретали тон человеческой кожи, и скульптура словно оживала. Но и без этих изысков, красота человеческой души и тела, виртуозно извлечённая из каменной оболочки руками мастера, мне представлялась живой и трепетной.

«Мне всегда казалось, - писал Микеланджело, - что скульптура – светоч живописи и что между ними та же разница, что между солнцем и луной». И сегодня мне выпал особый шанс - шанс почувствовать эту разницу. Именно почувствовать... ощутить, потому что сегодня моими глазами были... мои руки! Здесь, в Афинах, в тактильном Музее (Музее осязания), с плотной повязкой на глазах мне надлежало прожить во тьме лишь несколько часов – коротенький отрезок времени, в течение которого я, добровольно отрекшись лишь от одного из пяти человеческих ощущений – зрения, должна была приобрести новый, необычный опыт.

«Незрячие» минуты из тревожных мгновений темноты умело плетут прочную сеть времени. Его мудрый спутник – привычка - берёт своё... я начинаю узнавать знакомые очертания. Невероятно – мои пальцы почти ощущают то лёгкое, волнообразное движение, которое оживляет тела греческих статуй! Свершилось: мои руки, познающие композицию скульптуры, обретают способность почувствовать красоту, застывшую во времени... Грациозный изгиб тела, охваченный летящими складками платья, исполненный изящества жест, поправляющий ремешок сандалии: невозможно не узнать и не почувствовать лиризм сюжета знаменитого Акропольского рельефа спустившейся с небес богини Ники с храма Аптерос. Мои руки ощущают живую игру напряжённых мускулов обнажённого тела могучего атлета... упругий сильный шаг и властный, стремительный размах руки, вытянувшейся вперёд в разгневанном порыве с намерением метнуть в противника виртуальный трезубец. Вдохновенное лицо: как хороши его мужественные черты... кажется, что по волосам и бороде струится вода... ну конечно – это – воплощение могучей морской стихии, своеволию которой нет преграды – это Бог Посейдон!

Мои руки, забыв про неуклюжесть, скользят по поверхности скульптур, повторяя путь гениального резца Фидия, Агесандра Антиохийского, Праксителя. Мы живём в мире калейдоскопа красок, который, из россыпи осколков разноцветных оттенков и игры бликов слагает яркие сюжеты. Но за пределами этого привычного, знакомого нам пространства есть нечто большее: придите сюда, закройте глаза, протяните перед собой руку и постарайтесь отличить виток воздуха в каменной складке хитона богини Ники от шажка ветра в волосах Посейдона. Получилось? Значит и Вам теперь оно знакомо – это замечательное шестое чувство, которое ещё не обозначено наукой, но которое присуще тем, кто может видеть только руками...

СОНАТЫ АДРИАТИКИ.

> Под орган душа тоскует,
> Плачет и поёт,
> Торжествует, негодует,
> Горестно зовёт...
> И.А.Бунин.

Для кого-то романтика дальних странствий овеяна «туманом» и «запахом тайги», кто-то ищет её в горах, лучше которых «могут быть только горы, на которых ещё не бывал», для меня философия путешествий немыслима без «зелёной глади моря» и «шелеста волн прибрежных». В звуках моря есть всё, что необходимо для моей души и моей музыки. Нужно только уловить ритм и гармонию – и тогда откроются новые, неведомые горизонты, а мне останется лишь произвести стенографию чувств и потаённых грёз души в виде сонат для моей скрипки. И именно поэтому каждый год я прилетаю сюда, в единственный в мире город поющего моря, в хорватский Задар. Больше нигде нельзя услышать партитуры, которые сочиняют море и ветер и тут же мастерски их исполняют... на морском органе!

Я приду на набережную Петра Крешемира IV, сброшу с ног «вьетнамки» чтобы, ступив на «клавиши» этого необычного органа – сложенные в виде лестниц белые каменные блоки, ощутить солнечное тепло уходящего дня. Я поднесу руку к отверстию, расположенному в верхнем ряду, у самого торца ступеней, и почувствую дыхание ветра. Как видите, никакого волшебства – всё очень банально и просто: эти отверстия соединены с проходящими внутри пластиковыми трубами, переходящими в резонирующие полости... хотя – к чему эти строительные подробности? Пусть любопытные туристы изучают устройство этого замечательного 75-метрового детища архитектора-уницы Николы Башича, я – не по этой части... Для меня важнее таинство шифра немыслимого узора, каждый раз нового, вытканного морем и ветром из переплетений звуков, пауз и частот.

Здесь нет готических церковных сводов – вместо них – свод небесный, куда, повинуясь этим звукам, вне потоков времени и пространства, устремляется Ваша душа, чтобы окунуться в вечность. Здесь нет цветных витражей – вместо них – «младший брат»

Морского органа – фантастическое сооружение в виде возлежащего на набережной огромного диска, диаметром в 22 метра, состоящего из фотоэлектрических элементов, способных накапливать энергию солнца днём и возвращать её фееричным разноцветьем калейдоскопа вечером. Ещё один привет изобретательного Николы Башича природной стихии, на этот раз – Привет Солнцу (так называется эта уникальная конструкция) и - ещё один мой рецепт уникального лекарства для души...

Финальные звуки морской сонаты мятежными чайками-нотами впорхнут в мою тетрадь... Я улыбнусь, ещё раз блаженно вдохну морской воздух, надену на ноги вьетнамки, и, унося в своём сердце бесценные дары Адриатики, поспешу в отель «Загреб», в свой 204-й номер – тот самый, в котором в далёком 1964-м останавливался метр тёмных сил кинематографа - Альфред Хичкок. Я буду пить задарский вишнёвый ликёр «Мараскино», некогда почитаемый самим Бонапартом и российским монархом Николаем, и любоваться закатом – совсем как тогда Хичкок, который сделал запись в своём блокноте о том, что здешний закат – самый красивый закат на земле. И я по праву буду чувствовать себя самым счастливым человеком на свете: ведь покидая гостеприимный поющий берег Адриатики, я увожу с собой звуки морской романтики и жизнерадостные брызги хорватского солнца, которыми буду делиться со всеми, кому не хватает солнечного тепла и ясного взгляда неба, с теми, кто устал от серых будней...

242

Сафар
Каттабоев

финалист

Сафар Каттабоев - родился в 1954 году в Яккабагском районе Кашкадарьинской области Республики Узбекистан. Узбек. Член Союза писателей Узбекистана. Недавно вышел на пенсию. Произведения Сафара Каттабоева основаны на материалах уголовных дел, по которым он вел расследование или которые изучал. Творчеством занимается с конца 1990-х годов. Единственная книга "Галати угри" («Необычный вор») вышла в 2005 году на узбекском языке. Победитель международного литературного конкурса «Новеллазия». Хобби – библиофил.

«Необычный вор».

...Когда же в последний раз давали зарплату? Сколько Тухтамурад ни пытался вспомнить – не мог. В этом году к празднику Навруз хозяйство выдало сельчанам по два килограмма хлопкового масла да еще по пять килограммов макарон. Теперь вроде собираются дать то ли по пять, то ли по десять килограммов риса...

...Кажется, уже больше двух лет он не покупал себе никакой обновы. Старое донашивает, хоть и заплата на заплате...

...С этими мыслями Тухтамурад вылез из-под комбайна, который ремонтировал уже неизвестно в какой раз.

Взгляд его снова, тоже уже в который раз, остановился на складе. Его и складом-то нельзя назвать. Раньше это был цех. Когда его ликвидировали, участок разделили деревянным забором и на одной половине устроили склад запчастей. Однако не хватило досок, и вверху деревянная перегородка осталась открытой. Щель такая большая, что человек может спокойно пролезть. Если приставить вон ту бочку, то попасть внутрь можно без труда. А там уж взять, что нужно...

...Пригнувшись, он направился в сторону склада. Сердце готово было выскочить из груди. Трясущимися руками он кое-как подкатил к стене бочку для воды, поставил вертикально и быстро влез на нее... Тухтамурад забрался на деревянный забор и через минуту оказался внутри склада.

Неделю назад кладовщик, Касым-зануда, привез пять помп, – Тухтамурад тогда сам помогал их заносить...

...Взял. Все. Торопливо затолкал помпу в мешочек, в котором всегда приносил из дома кусок хлеба для обеда. Теперь пора уходить...

...Думая обо всем этом, Тухтамурад и не заметил, как дошел до дома. Куда же ему спрятать помпу? В спальне оставить нельзя – дети обязательно доберутся, из любопытства потрогать захотят... Лучше всего спрятать на сеновале. Да, правильно, положу на самый верх, в углу.

...Однако кладовщик через день заметил пропажу...Скандал, шум. Все бросили работу и стали смотреть этот спектакль. Сначала прислушивались, вникали в суть дела, потом стали обмениваться мнениями. Один только Тухтамурад, весь в поту, из-под комбайна не вылезает.

... Вконец обозленный кладовщик привел участкового, Норкизила.

Тот, недовольно хмурясь, обошел склад, заглянул в один угол, в другой... Как не быть недовольным: побеспокоили из-за пропажи какой-то помпы!

Участковый ушел, так и не решив вопроса и не взяв заявления.

Тут уж кладовщик совсем расстроился. Вот и к участковому обратился – никакой помощи... Что теперь делать?

Сегодня в обед Касым опять собрал работников. Прошел по гаражу и, подняв указательный палец, сказал, что всего на одну минуту...

...Надоумил ли его кто-то или он сам сообразил, но Касым-зануда в этот раз выступил с предложением – нет, не предложением, а требованием:

– Все мы столько лет живем рядом, работаем, кормим семьи на свой заработок. Каждый год не забываем жертвовать скотину святому Хазрату Дауду, покровителю кузнецов и вообще всех, кто с металлом имеет дело. Так давайте завтра утром все соберемся здесь. Бросим в круг одну железку. И пусть каждый перешагнет через нее и поклянется именем Хазрата Дауда! Конечно, если тот, кто помпу украл, бесчестный человек, он тоже сможет перешагнуть... Ну что ж, если и тогда вор не найдется, я сам за помпу заплачу. Пробовал в милицию заявить – не вышло, сами видели. Теперь это моя последняя мера.

Люди переглядывались. Кто-то сразу согласился, кто-то чесал в затылке...

...Первым перешагнул через железку сам Касым. Потом со словами: «Пусть меня покарает дух святого Дауда, если я украл эту помпу», – стали перешагивать другие. Вот и его очередь приближается...

Тухтамурада бросило в жар. Пару раз он дрожащими пальцами украдкой вытер пот со лба.

Кажется, что все смотрят на него... Тухтамурад попятился, будто что-то его тащило назад. Но назад пути нет, только вперед, к вон той железке… Пришел черед, хочешь – прыгай, хочешь – нет. Да и прыгать не надо, только перешагнуть через кусок железной цепи дизельного трактора, только приподнять ногу…

…Тухтамурад, ни жив ни мертв, приблизился к железке. Почему-то он не слышит голосов вокруг, уши заложило…

Ноги не слушаются Тухтамурада. В голове лишь одно: прыгай, прыгай! – а ноги будто ватные…

…Тухтамурад посмотрел по сторонам, оглянулся назад…

…Люди обступают его все ближе, круг сужается. И все выкрикивают ему в лицо:

– Почему не прыгаешь, почему?!

– Почему, спрашиваете?..

– Да, да, почему? – теперь уже все, потеряв терпение, кричали в один голос.

– Это я… взял.

Эти слухи дошли и до ушей участкового инспектора Норкизила.

Сначала он даже не поверил. Столько лет проработал – и вот впервые на его веку вор сам признался и вернул украденное.

Не надо спешить. Сначала нужно все хорошенько разузнать.

Разузнал – все верно. И кладовщик подтвердил: вор признался в присутствии целой толпы людей. Так что свидетелей достаточно. Есть и вещественное доказательство, вон лежит на складе. Неплохо. Дело само собой разрешилось. На его участке за этот год совершено пять краж, и ни по одному делу не обнаружено ни воров, ни краденого. А этот случай шестой. И он раскрыт! Нет – только теперь будет раскрыт. Сначала нужно возбудить уголовное дело о том, что неизвестным совершена кража. Для этого следует получить у кладовщика заявление, все в установленном порядке. А потом, через несколько дней, вор будет обнаружен. До тех пор он, Норкизил, никому ничего не скажет… Вот и выйдет, что из шести краж, совершенных при невыясненных обстоятельствах, одна раскрыта. Значит, милиция, то есть Норкизил, работает…

Норкизил прямиком направился в гараж.

Хорошо, что кладовщик оказался на месте. Сначала поговорил с ним о том, о сем: все ли спокойно, не было ли другой кражи. Нет? Очень хорошо. Тогда давайте ваше заявление.

– Какое заявление? – удивился кладовщик.

– Как какое, о краже помпы.

– Я его порвал. Вы же его не взяли.

– ... Напишите еще одно заявление, и делу конец.

– Зачем, ведь помпу нашли? – кладовщик никак не мог взять в толк, чего от него хотят.

– Знаю, что нашли, дело не в этом. Нам надо все оформить. Если завтра что-нибудь случится, чтобы не было разговора, что ничего не оформлено...

...Наконец, после долгих споров, участковому удалось заполучить такое заявление, какое он хотел. Полдня потратил на получение этой бумажки... Он глубоко вздохнул, бережно положил заявление в сумку и отправился к своему начальству.

– Нет, что творится на периферии! И это при том, что мы регулярно приезжаем из Ташкента с проверками. А иначе ведь просто безобразие (слово «безобразие» было произнесено по-русски). Вот посмотрите это уголовное дело, Мирабор Мирпулатович! Ужас просто.

– Так-так, Азимджан Бозорович! Давайте-ка докладывайте. Этот пример стоит внести в справку?

– А как же, солидный (по-русски) будет пример. Значит, так: вор, обыкновенный вор. Ведь что он сделал. Проник ночью на склад гаража, где сам же работает, и украл помпу. Короче (по-русски), вора нашли. Ладно, сначала сам он вернул украденное или оно нашлось после вмешательства милиции, неважно (по-русски). Следователь держал его три дня в качестве подозреваемого. Как положено (по-русски), сделал дело. Однако прокурор санкции не дает. Это раз. Во-вторых, если он все же вор, кто его знает, что он еще натворил. Нужно ведь проверить? Нужно. Однако если вор не арестован, ходит на свободе, – разве признается он в том, какие еще преступления совершил? Нет, конечно! ...Дело рассматривал и суд. Но даст ли суд ему срок после того, как прокурор оставил вора на свободе? Конечно, нет. И какое, вы думаете, наказание ему определяют? Три года исправительных работ условно, с удержанием тридцати процентов заработной платы...

– Все понятно. Короче (по-русски), готовьте протест в порядке надзора. Наказание легкое, дескать. Раз кражу совершил, пусть сидит (все предложение – по-русски). Разве можно так бороться с воровством? Кругом развелись воры...

«Приговор. Именем республики...

...Подсудимый Олимов Тухтамурад, не сделав соответствующих положительных выводов после осуждения за ранее совершенное тяжкое преступление, снова совершил преступление. То есть, отбывая наказание за предыдущее преступление в колонии общего режима, он занимался хранением наркотиков. Во время личного обыска 20 декабря этого года было выявлено, что в ремень, продетый в его брюки, зашито 8 граммов наркотического вещества, а именно марихуаны, что зафиксировано работниками колонии...

– Суд... выносит приговор... применяя статьи...
Уголовно-процессуального кодекса...
– ...к лишению свободы сроком на три года. К этому сроку прибавить часть неотбытого срока наказания, то есть три месяца, и окончательно определить наказание в виде лишения свободы сроком на три года и три месяца. Определить отбывание срока в колонии строгого режима...

Вон снаружи какая-то женщина моет под краном свои резиновые сапоги. И сынишка ее рядом тоже старательно моет слишком большие ему кирзовые сапоги. Бедняги, видать, приехали из кишлака, их от здешних сразу отличишь... Помыли сапоги и теперь идут потихоньку к зданию суда. ...Эй, да ведь это его жена с сыном! Точно, это они! А сынок подрос, выше стал...

Тухтамурад смотрел на них неотрывно, на глаза навернулись слезы...

...Тухтамурад больше не мог сдерживаться. Он медленно поднялся с места и подозвал одного из часовых:
– Вон там видите женщину в халате поверх синего джемпера? Сынишку держит за руку? Видите?
– Да, – кивнул часовой.
– Это моя жена и ребенок. Подзовите их сюда. Хочу увидеть, обнять... Они еще не знают, что меня впереди ждет. Пусть не мучаются в расспросах, я сам им все расскажу. Прошу вас, скажите им, пусть подойдут сюда. За мной присмотрит ваш напарник, я никуда не сбегу...
Один из часовых все-таки сжалился над ним: ладно, я сейчас пойду им скажу, чтобы подошли поближе к окну.
... Тухтамурад торопливо достал из своего мешочка ручку:
– Пожалуйста, сыну это передайте...

Заключенные в колонии сами мастерят шахматы, нарды, всевозможные ручки. И, поскольку времени у них много, не ленясь, со старанием украшают их. Он тоже заказал две ручки, когда надеялся, что осталось три месяца до выхода из тюрьмы...

Вот сынишка, перестав писать, рассматривает ручку, поворачивая ее из стороны в сторону. Такой вещицы ни у кого нет! Покажет теперь своим товарищам, похвастается. Кому еще отец такую ручку подарил? Никому.

Ручка и в самом деле удивительно сделана. В верхней части, изготовленной из пластмассы, вода, а в ней фигурка в виде голубя. Когда ручку наклоняешь, голубь плавает – туда-сюда, туда-сюда. Но выйти не может, потому что все вокруг закрыто.

1998 г.

Эвелина Баш

Эвелина Баш - живет в Москве, работает переводчиком. Пишет давно, но «Хрустальный сад» стал её первым серьезным романом. В своих произведениях Эвелина Баш ищет ответы на вопросы: как найти свой путь и сделать правильный выбор.

CRYSTAL GARDEN

PROLOGUE

The moonlight almost did not penetrate through the narrow lancet windowsofthe medieval Bohemian church. Small candles dimly lit old frescoes depictingSaints. The church was quiet and deserted. Only an old priest was dozing over his book. Almost noiselessly the door opened, letting in an icy wind. The young man lingered in the doorway, as if thinking of his next move, and then closed the door and went along the aisle straight to the altar. The sound of his footsteps echoed from the stone walls. Snowflakes sparkled in his blond hair and melted, leaving footprints on his white coat. In his hand he carried a long canvas package. The mankneeledin front of the altar, putthe package on the floor and unfoldedthe cloth. Ancient sword with engraved words glistened in the candlelight. The young man puthis hands together, bowed his head to the side and looked at the image of the crucified Christ.

"So,here I came to you," he said in English with a slight German accent. Hisvoicewasquiet. "You know, this time I did everything I could." He fell silent, thinking of something, but then spoke again. "I want to ask you only one thing – take care of them."

PART I

I was born on a cold rainy day in October of the year nineteen eighty six. My mother told me once in a fit of candor how she was getting to the hospital that day, in a pouring rain, all by herself, just because the father worked. Asusually.As long as I remember him he was always working somewhere, day and night.As for my mother, she wrote for the local newspaper, giving tips on how to build relationships or grow gladiolus. Here's a perfect example – to give advice you don't have to be specialist in something. In our family, everyone was on theirown; actually we were not even a family in its primary sense – just a group of people under one roof.

So, no wonder that I became a troubled teen,in a sort of way.I was not a brawleror drug addict. Oh, no. I studied well and came home on time. My whole "trouble" was that nobody knew how to communicate with me. I kept silent most of the time simply not understanding why bother open your mouth to discuss such simple things as weather, football or the film I watched last Sunday.

Theonlyperson, whocouldbearme, wasSunny. Actually his real name was Robert, but nobody, neither his parents, nor the teachers, called him so. I don't remember where he got this nickname – Sunny. Maybebecauseof-hisredhairandfreckles...

...Life went on, and when we were fourteen we fell in love with one and the same girl.

Sunny was the first to make friends with her. At break he sat down at her desk and they started to laughat something. That upset me so much that after classes I caught him at the school backyard and nailed to the wall ready to give him a fight.

"Leave Annie, find some other girl."

"But I like this girl," he pushed me slightly.

"I like her too," I continued to hold him by the collar of his jacket.

"You will never come up to her!" Sunny pushed harder, so I almost lost my balance. "You will never do anything," he pushed again. "You'll better suffer alone than come up to her..."

And then I hit him. For the first time in my life.Withmyfist.Rightinto-hisface.He was taken aback and looked at me surprised. But I was in fury and struck him again, and only then he hit back. His first blow reached my jaw, second my eyebrow. We fell down. We were fighting until were both exhausted. Sunnywasthefirsttogiveup. He sat leaning against the wall, breathing heavily. His jacket was torn and missing one button. The blood dried on his broken lip. I guess I did not look better.

"Gosh, you surprised me," Sunny said. "Icouldn't imagineyoucandoany-thinglikethat. Becauseofagirl," he smiled.

"IsaidIlikeher," Isatbesidehim. My anger passed and I even felt some kind of moral satisfaction. Iguessıreallyneededtoblow offsteam."I'll ask her for a dance on St. Valentine's Day."

"Deal," said Sunny and held out his hand. "Peace?"

"Peace," I shook his hand."I'msorry."

SuddenlyIfeltashamed. He is my best friend,always together and all that staff, and I behave like this. Who knows, what if I didn't let go of my feelings and there could be something between him and Anna? Everything could be different.

For the St. Valentine's DayIwas preparing very thoroughly. No wonder. There was nothing more important in my life than to ask a girl for the first dance. I put on my best jeans and even ironed my shirt. Sunny, though formally he gave up his claims on Anna, dressed up like a bridegroom and even used some perfume.

But to our great disappointmentthe first dance with Anna was wonby that fat guy Martin.

"Let'sgoandbeathim?"Sunny chuckled, nudging me with his elbow. "Let's go, huh?" I knew he didn't say that to tease me and I was no longerangry with him. But I was angryat the rest of the world and its unspeakable injustice. If only I knew then what the real injustice was...

...That summereverything went wrong. Sunny was always hanging out with his new friends whom I did not like, and I was busy with my comic book. If I only knew how little time we had, I would have done anything just to spend that time with him. But I didn't know. It seemed to me that he betrayed me. In fact, probably it was I who betrayed him. I was too occupied withmy personal drama with Anna to pay attention to his sudden and strange metamorphoses, though I noticed them almost immediately. Sunny becameunsociable, his mood changed twenty times an hour. Everyone thought he was just growing upand these arejust usual teenage problems... But when the time to raise the alarm came, it was too late.

That November day Sunny and I decided to skip classes. We walked through the park. It was a crowded place in summer, but that day there was nobody at all. Snow was falling since morning, and the trees bowed under white caps.

Sunny was happy as a child. He was jumping on the fresh snow, picked it up and tossed into the air. I looked at him and laughed, but all of the sudden he fell on his knees. His shoulders were shaking.I did not see his face and at first I thought he was laughing too. It lasted probably less than a minute, but it seemed eternity. I rushed to him. He was sitting with his hands scooping snow and was looking in front of him. The tears were rolling from his eyes. First time I noticed how blue his eyes were, like the sky in January. And the teardrops were just huge.

"Hey, what's up?" I asked, sitting beside him.

There came no reaction. He continued to stare at one point. It seemed that he didn't even wink.

"Sunny," I slightly patted him on the shoulder. "Hey, what happened? Tell me."

He closed his eyes, but didn't make a sound. The snow kept falling down and melted on his cheeks, mingling with his tears. Iwasembarrassed. Ineversawhimcrying. Weweresittinglikethatforalongtime. Myjeanswerewet-fromthesnow. His hands seemed to be freezing, as he put them into his pockets, but he didn't change his position. I felt that I was getting cold too and already wanted to offer to go home, when Sunny spoke...

"...They offered us some pills," with effort Sunny rose to his feet. Hisknee-swerewetwithsnow, buthedidn'tevenshakeitoff. "I couldn't say "no"," he said quietly and turned to walk away.

I kept sitting for a while trying to think of his words, then I rose and went after him.

"Sunny, you..." I started to say, but couldn't finish. He stopped and slowly turned around. I can still see that look full ofdespair, hopelessness and fear.

"I'm an addict, Walter," his voice broke, he turned and ran. I ran after him, but soon fell behind. I didn't want to catch up with him. I wanted to wake up. I wanted this conversation never happen. Iwanted last summer never happen as well. I thought my world collapsed.... How wrong I was! My world would collapse a little bit later...

Литературный перевод

Алексей Улько

Алексей Улько – родился в художественно-филологической семье. В различные периоды занимался как живописью, графикой, фотографией и видео, так и литературой, лингвостилистикой, переводами, культурологией, журналистикой и теорией искусства. В настоящее время помимо своей основной работы в качестве независимого консультанта Британского Совета по английскому языку, снимает и монтирует экспериментальные фильмы, а также пишет о различных особенностях современной центральноазиатской культуры и искусства. Является членом ассоциации ученых Центральной Азии (ESCAS) и ассоциации историков искусства (AAH).

"Кашмирская песня"

Resting against a large rock at the foot of the mountain, Nargis closed her deep black eyes that were so full of suffering and sang of her love for Bambur, growing ever louder and more insistent. Swaying in the wind as she sang, this was her expression of her joy and her sadness, and the injury of her solitude. And in moments like this it began to seem to her that the one who so filled her every thought and feeling had suddenly appeared to her out of the midday haze and was coming closer, ever closer, and that his breath was now caressing her silken locks and burning her crimson lips.

The flowers that heard Nargis' song understood that love had taken hold of her entire being and that all her thoughts and feelings were directed solely towards Bambur. Without him she would not see the beauty of the world or drink from the cup of happiness. Because of this she would wait for him, calling for him day after day, hour after hour and instant after instant, for the whole of her life until her eyes were washed over by a wave of grey oblivion. For, no matter how far away her beloved was and how difficult a path she was destined to follow, she believed that sooner or later she would find him and that love would be rewarded by love.

All living things know that such devoted and committed love will sink its roots ever deeper and become an ever-stronger force that neither rapid rivers nor limitless seas, neither scorched-yellow deserts nor high mountains with foothills washed by tumbling streams and peaks hidden in the clouds can hinder. Fearing no trial, it will achieve its goal!

'The goal is distant, Nargis, and your path not easy.

Do you imagine you will reach its end?'

'The way is difficult and arrival uncertain,

Still, only by starting can I hope for my goal.'

'But what if the searing red heat and savage Khorud

Block your way, tear out your petals?'

Or your feet are burned by scorching sands,

Or felled by the surge of a river in spate,

Or the tendrils of a whirlwind toss and catch you,

Won't you regret that you took this path?'

'Cruel is the storm and strong, but love's stronger.

Khorud can destroy but has no power over love.

Loving, I will master the mightiest flood;

Loving, I will pass through fire and desert.

A greater danger than Khorud or high waters

Is silence when love bids you go, and singing!'

Nargis' song could be heard all through the valley. The flowers and birds, the breeze and the little streams as they wound their way down from the snowy peaks to the warm earth – they all echoed her. Then another girl joined in her song, a girl whose heart was brimming with ardent dreams of youth and overflowing with all the beauty of which the world was made. And in this way, just as a river is born from a brook and a tree grows from a cutting, young girls in villages far and near joined in response, linked by roads and paths that stretched unbroken to the blue line of the horizon. Once her voice could no longer be distinguished from the infinity of voices, Nargis danced. All who saw her dancing, now with tender joyfulness and now with inconsolable grief, realised what her situation was, for all things – the birds and the winds, the skies and the seas, the flowers and man – are inextricably connected. Thus it was that Nargis' dreams gave rise to a melody and the melody to the girls' singing; this was then the movement of Nargis' dance, that bewitching dance that brought time to a standstill and drove the flowers to reach up higher and higher.

Отрывок Произведения Шарафа Рашидова

Литературный переводъ

Катерина Мясникова

II - место

Екатерина Мясникова – 24 года, является большим фанатом языков. Свято верит в то, что в языке заключена душа народа. А познав все языки мира, познаешь истину.

The third dream. Fylaktis Gnosis

Near the path, leading to the mountains, and the forest which was visible in the distance the diesel pickup stopped, its basket was filled up with string-bags with vegetables. The worn backpack lay by cab's side.

'Go there,' the driver pointed the path, 'you'll find a village. People are good there, but poor. All they have are bad soil and some cattle. I don't know what holds them there. Well, hurry up, it seems to be raining soon, the skies are darkening.'

'Yes, it seems,' said the passenger and got out of the car. While he was taking away his backpack, the driver got out too. The driver took a small string-bag with potatoes and threw it to the passenger, 'Take this, it'll be useful.'

'Thank you. Good luck with trade next time!'

The car drove on, meanwhile, the passenger put potatoes away, heaped the backpack on his shoulders and started on the journey.

* * *

The spacious reading-room of the city library wasn't crowded. The group of students, probably linguists, debated about something hotly, but behaved quietly, nevertheless; only their rapid gesticulation alluded to the present dispute. Closer to the centre of the room the brisk old man with grey, but thick and neatly combed hair, sat. Opposite the man there was a youth, whose face reflected his awkward age. The chap was restless: every now and then he moved legs sharply and tapped out a tune which was known only for him.

'Don't worry,' the old man understood grandson's mood, 'I've dragged you here for the first and for the last time. It's a tradition in our family to pass down one legend. From father to son. My father told me about it, I told your father...and he would tell you.' Great deep sorrow covered them. Both remembered the man, who was a part of the chain of generations.

* * *

Peals of thunder interrupted the thoughts of the man well along in years, but struggling against senility. His hair started losing colour, but it was clear that he was a brunet.

Dense crowns hid already grey lowering sky. The rain started. Gleams of light came through the trees soon, and the wayfarer came out of the wood.

The village was seen not far from.

It was a small village of just dozen bunched up houses with a couple of poor vegetable gardens and a small cattle-pen.

Pretty wet he knocked at the first house, and an elderly woman opened the door.

'Good afternoon,' he said it in the vernacular, 'Could you allow me to get out of the rain? I'll share my food with you.'

The hostess asked to wait and closed the door. In a few minutes the way-farer already warmed himself at the fireplace having hung up the jack-et nearby in the hope that it would dry during the night. The hostess was cooking potatoes, the present of the pickup driver. She was glad at last to have a good supper with bread and tinned stewed meat which had moved from the backpack to a cook-table too. After a delicious supper the man unpacked his sleeping-bag and shook down by the fire. He wanted to have a good night's rest before the last day of his difficult trip.

* * *

The old man broke the silence, he sighed loudly and started his story, 'Long long time ago, in the infancy of mankind 'imers', immaterial helpers, appeared on the earth. Probably, they were an incitement of the origin of the mind. There were three kinds of imers. The first one is ideas. A man inspired with an idea developed it and lived for it. Ideas inspired to work, gave an aspiration to make a perfect realization. The second type was tal-ents. Talents gave an ability to create perfection. It wasn't important physi-cally or not - a man of talent could create an unique work of art. And, finally, the third one was knowledge. It was a connection between people's minds and the laws of the universe. Knowledge gave comprehension of the world where people lived, gave experience for living a better life.'

* * *

He woke up just morning dawned. Having had a bite with slightly warm potatoes, which had been providently kept by the fire in the evening, he put his dry jacket on, packed the sleeping-bag, put shoes on and looked over the room in search of forgotten things. Finding nothing, he opened the door and was straddling across the threshold when the waking hostess wished him good luck. He thanked her, wished well and went out.

The weather was appreciable better. There were few clouds on an un-flawed sky, and the rising sun already clothed the mountain tops with light. The wayfarer made his way uphill thinking that stone land had its advantages: it was not so dirty.

* * *

'Every kind of imers had a keeper. Ides Empers, the keeper of ideas, and Eisagtal, the keeper of talents, began to use their abilities to get souls of mortals. They forbade imers to choose worthy men themselves, instead of this, they gave inspiration and talents in exchange for man's soul.

But Fylaktis Gnosis, the keeper of knowledge, refused his brothers' suggestion. He allowed imers to choose a worthy man, who strained after them. He allowed people to study for free and to learn more. He disappeared somewhere in the world leaving vague hints in books and sciences, how to find him. It was said that if somebody found him, he would agree to endow the finder with all necessary knowledge.'

* * *

By noon the village remained far behind. Good weather helped to move with the pre-arranged speed, and he was going to reach the summit of the mountain before sunset. Overcoming the last kilometers, the man thought about his eventful life; he was glad that in due time he had chosen giving bad habits up in favour of sport. Otherwise, he would hardly able to afford this difficult journey at his age.

He reached the destination when the sun just touched the horizon. On the back side of the mountain there was a plumb slope; it had a wonderful view of the valley lying ahead. Untouched by people, dense forest merged into one verdurous mass. It seemed that the mysterious green sea, the edges of which weren't visible, stretched beneath. Beholding this beauty, he didn't notice that the sun had already half descended over the horizon. He hastened to make fire, had supper with leftover meat and counted that a couple of cans and water were enough for the way back to the village, and then it would be a new day.

Tomorrow in the morning, when the first rays of the sun illuminated the valley, he would be able to see what he was looking for.

* * *

He slept without dreams and had one only towards morning. He dreamed that he went through the city and saw how it had changed during his absence. But the building of the library still stood out against shopping centres and five-story buildings. He came in, but there was nobody there. Feeling led him to the floor with the inscription 'Folklore'. His grandfather was already waiting for him in a familiar place. He was the same as he had been that day: the brisk old man with grey but thick and neatly combed hair. The man came to his grandfather, and grandfather said to his grandson, who was almost of the same age, 'Glad to see you here, I've been watching you for a long time and waiting for you. Let me introduce you to someone,' saying this, he pointed at the man seated next to, but who was not visible before.

The third dream. Fylaktis Gnosis
Near the path, leading to the mountains, and the forest which was visible in the distance the diesel pickup stopped, its basket was filled up with string-bags with vegetables. The worn backpack lay by cab's side.
'Go there,' the driver pointed the path, 'you'll find a village. People are good there, but poor. All they have are bad soil and some cattle. I don't know what holds them there. Well, hurry up, it seems to be raining soon, the skies are darkening.'
'Yes, it seems,' said the passenger and got out of the car. While he was taking away his backpack, the driver got out too. The driver took a small string-bag with potatoes and threw it to the passenger, 'Take this, it'll be useful.'
'Thank you. Good luck with trade next time!'
The car drove on, meanwhile, the passenger put potatoes away, heaped the backpack on his shoulders and started on the journey.

* * *

The spacious reading-room of the city library wasn't crowded. The group of students, probably linguists, debated about something hotly, but behaved quietly, nevertheless; only their rapid gesticulation alluded to the present dispute. Closer to the centre of the room the brisk old man with grey, but thick and neatly combed hair, sat. Opposite the man there was a youth, whose face reflected his awkward age. The chap was restless: every now and then he moved legs sharply and tapped out a tune which was known only for him.

'Don't worry,' the old man understood grandson's mood, 'I've dragged you here for the first and for the last time. It's a tradition in our family to pass down one legend. From father to son. My father told me about it, I told your father...and he would tell you.' Great deep sorrow covered them. Both remembered the man, who was a part of the chain of generations.

* * *

Peals of thunder interrupted the thoughts of the man well along in years, but struggling against senility. His hair started losing colour, but it was clear that he was a brunet.

Dense crowns hid already grey lowering sky. The rain started. Gleams of light came through the trees soon, and the wayfarer came out of the wood. The village was seen not far from.

It was a small village of just dozen bunched up houses with a couple of poor vegetable gardens and a small cattle-pen.

Pretty wet he knocked at the first house, and an elderly woman opened the door.

'Good afternoon,' he said it in the vernacular, 'Could you allow me to get out of the rain? I'll share my food with you.'

The hostess asked to wait and closed the door. In a few minutes the way-farer already warmed himself at the fireplace having hung up the jacket nearby in the hope that it would dry during the night. The hostess was cooking potatoes, the present of the pickup driver. She was glad at last to have a good supper with bread and tinned stewed meat which had moved from the backpack to a cook-table too. After a delicious supper the man unpacked his sleeping-bag and shook down by the fire. He wanted to have a good night's rest before the last day of his difficult trip.

* * *

The old man broke the silence, he sighed loudly and started his story, 'Long long time ago, in the infancy of mankind 'imers', immaterial helpers, appeared on the earth. Probably, they were an incitement of the origin of the mind. There were three kinds of imers. The first one is ideas. A man inspired with an idea developed it and lived for it. Ideas inspired to work, gave an aspiration to make a perfect realization. The second type was talents. Talents gave an ability to create perfection. It wasn't important physically or not - a man of talent could create an unique work of art. And, finally, the third one was knowledge. It was a connection between people's minds and the laws of the universe. Knowledge gave comprehension of the world where people lived, gave experience for living a better life.'

* * *

He woke up just morning dawned. Having had a bite with slightly warm potatoes, which had been providently kept by the fire in the evening, he put his dry jacket on, packed the sleeping-bag, put shoes on and looked over the room in search of forgotten things. Finding nothing, he opened the door and was straddling across the threshold when the waking hostess wished him good luck. He thanked her, wished well and went out.

The weather was appreciable better. There were few clouds on an un-flawed sky, and the rising sun already clothed the mountain tops with light. The wayfarer made his way uphill thinking that stone land had its advantages: it was not so dirty.

* * *

'Every kind of imers had a keeper. Ides Empers, the keeper of ideas, and Eisagtal, the keeper of talents, began to use their abilities to get souls of mortals. They forbade imers to choose worthy men themselves, instead of this, they gave inspiration and talents in exchange for man's soul.

But Fylaktis Gnosis, the keeper of knowledge, refused his brothers' suggestion. He allowed imers to choose a worthy man, who strained after them. He allowed people to study for free and to learn more. He disappeared somewhere in the world leaving vague hints in books and sciences, how to find him. It was said that if somebody found him, he would agree to endow the finder with all necessary knowledge.'

* * *

By noon the village remained far behind. Good weather helped to move with the pre-arranged speed, and he was going to reach the summit of the mountain before sunset. Overcoming the last kilometers, the man thought about his eventful life; he was glad that in due time he had chosen giving bad habits up in favour of sport. Otherwise, he would hardly able to afford this difficult journey at his age.

He reached the destination when the sun just touched the horizon. On the back side of the mountain there was a plumb slope; it had a wonderful view of the valley lying ahead. Untouched by people, dense forest merged into one verdurous mass. It seemed that the mysterious green sea, the edges of which weren't visible, stretched beneath. Beholding this beauty, he didn't notice that the sun had already half descended over the horizon. He hastened to make fire, had supper with leftover meat and counted that a couple of cans and water were enough for the way back to the village, and then it would be a new day.

Tomorrow in the morning, when the first rays of the sun illuminated the valley, he would be able to see what he was looking for.

* * *

He slept without dreams and had one only towards morning. He dreamed that he went through the city and saw how it had changed during his absence. But the building of the library still stood out against shopping centres and five-story buildings. He came in, but there was nobody there. Feeling led him to the floor with the inscription 'Folklore'. His grandfather was already waiting for him in a familiar place. He was the same as he had been that day: the brisk old man with grey but thick and neatly combed hair. The man came to his grandfather, and grandfather said to his grandson, who was almost of the same age, 'Glad to see you here, I've been watching you for a long time and waiting for you. Let me introduce you to someone,' saying this, he pointed at the man seated next to, but who was not visible before.

Литературный перевод

Диля

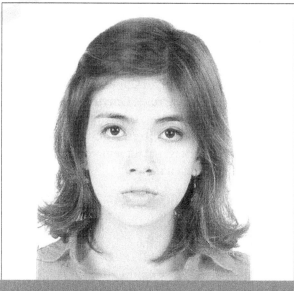

III - место

Родилась в 1997 году. С детских лет любила читать. Знакомясь с произведениями, старалась выражать свое отношение к ситуациям, персонажам, делиться эмоциями, впечатлениями с родителями и друзьями. И одним из ее любимых предметов в школе были уроки литературы, где можно было при написании сочинений выкладывать на бумагу то, что было в душе. Из-за положительных отзывов окружающих, решила участвовать в школьных и международных конкурсах. Свидетельством успеха, на данный момент, являются сертификаты. Со временем закрепляла знания английского языка при подготовке к конкурсам и различным проектам. Все это способствовало развитию интереса к переводческой деятельности.

«РАЙ СГОРЕВШЕЙ СВЕЧИ».

"Две разные реки из одного источника.
Слитые вместе становятся глубочайшей"

~ Lao Tzu, Tao Te Tching.

Мать Орлица раскрывает свои крылья для полета в небесах над величайшей пустыней, когда в очередной раз слабый свет утра появляется на Востоке. Ощущение свободы и силы, которые она несет в себе, побуждает пустыню приготовиться к предстоящему дню. Вокруг еще темно, и звезды до сих пор горделиво восседают на троне Небесного Царства. А внизу, на маленькой дюне, рождена Свеча для того, чтобы познать величие жизни.

***

Полдень.

Полуденное Солнце, высоко стоящее в небе, становится действительно испепеляющим. Прохлада и влага утра исчезли, и на смену им пришла мучительная жара. Внезапно Свеча осознала, что жгучее Солнце не позволит чему-либо живому расти в пустыне. Когда она пыталась узнать причину, Солнце не обратило на нее внимания. Вера в собственные силы помогла Свече вспыхнуть в полную силу, и это доказывало её способность быть такой же искусной, как и Солнце. Но чем сильнее Свеча старалась, тем быстрее она сгорала, в то время как Солнце даже и не смотрело в сторону Свечи. Оно неспешно шло по небесной сфере. К полудню, когда Свеча уже наполовину была сожжена, к ней пришла мысль, какой несчастно слабой она была; слезы отчаяния стекали с нее, несмотря на то, что лицо выражало одно лишь беспристрастие.

ТЕРНОВЫЙ КУСТ:

Эй, посмотри на свою подругу. Она уже долго сидит тихо. Мы должны убедиться, что она все еще жива. Почему бы тебе не пойти и не поговорить с ней – я боюсь приближаться, ведь я и так уже слишком сухой.

ГРЯЗЬ:

(Подойдя к свечи) Хей, подруга. Могу ли я нарушить твое одиночество? Становится слишком жарко и сухо; полуденный зной делается невыносимым, и он, конечно, вреден для тебя. Мы были бы рады приветствовать тебя в нашей компании. Я уверена, что мы сможем отвлечь тебя от этого дневного пекла.

ТЕРНОВЫЙ КУСТ:

(Про себя) Что за обуза?! ...

СВЕЧА:

(После некоторого молчания) Я восхищаюсь вашей добротой. Тем не менее, я бы предпочла остаться наедине с собой. Чувства мои так приглушены, словно я потеряла нечто очень важное. Я даже и не ожидала, что пустыня может быть такой...

ТЕРНОВЫЙ КУСТ:

... И последнее, чего ты хочешь в «такой» пустыне – это засесть в четырех стенах? Приятель, нет никаких причин, чтобы вести себя как сильная и загадочная личность. Тебе сейчас тяжело, и мы знаем это, так дай волю своей страсти! Волнения и чувства, оставшиеся скрытыми, – это бремя, с которым одному не справиться в пустоши.

СВЕЧА:

(Посмотрев на Грязь и Терновый Куст) Вы знаете, это странно. Просто перед зарей я была полна стремлений совершать великие подвиги на Земле. Я считала себя неуязвимой, и была в восторге от танцующих теней, которые появлялись благодаря моему свету. (Жестикулируя Терновому Кусту) Я даже надеялась на то, что мой свет настолько могуч, что воскресит листья на живых созданиях. Потом потрясающий Рассвет рассказал мне, что все мои сны и представления найдут отклик у Солнца. И Солнце действительно было красивым, ярким и властным. Я боготворила его. Но когда оно уже было вблизи от меня, я внезапно заметила, что моя энергия куда-то исчезла, и мое пламя стало невидимым. Источник моего вдохновения мгновенно стал моим злейшим врагом. Я завидовала Солнцу. Несмотря на то, что это ужасно звучит, я до сих пор завидую ему. (Смеется) В муках, я начала испепелять сама себя ... Почему? Просто, чтобы быть ослепительней, чем Солнце, оставить его позади себя! Ха-ха! Насколько же это было безрассудно?! ...

ГРЯЗЬ:

Знаешь ...

СВЕЧА:

... И посмотрите на меня сейчас. Я отдала слишком много энергии, и потому сгорела, осталась только половинка... Я пожертвовала собой впустую – для незамысловатого намерения быть первой, лучшей и сильнейшей. И все это для того, чтобы просто понять: я НИЧТО по сравнению с Солнцем; все, чем я гордилась, оказалось слабым отблеском пламени, который невидим днем!

Терновый Куст заметил: с запада приближалось скопление туч. До сих пор он ничего не говорил. Все размышляли над тем, что сказала Свеча, каждый по-своему. Терновый Куст ожидал, что нечто подобное должно было случиться – так происходило практически со всеми, кто попадал в пустыню. Все меняются. Грязь подыскивала слова, чтобы изменить настроение Свечи, иначе ей придется мириться с двумя «шипами». Солнце спряталось за темные тучи, которые достаточно быстро закрыли его. Была слышна надвигающаяся гроза.

ГРЯЗЬ:

Какая твоя самая большая мечта, приятель?

СВЕЧА:

Мечта?

ГРЯЗЬ:

Да. Мечта, настолько сильная, что тебя не волнует, реальна она или нет. Мечта, настолько прекрасная, что ты готов на все ради неё. Тебя даже не смущает, сможет ли она осуществиться. Единственное, что ты знаешь – это твоя цель, и то, что ты собираешься её добиться.

СВЕЧА:

У меня была одна утром. Быть Солнцем для кого-то. Быть в этом мире главным предметом благополучия. Я хотела превратить пустыни в сады. Я хотела, чтобы меня почитали, и я внушала благоговение каждому в пустыне. Сделать их жизнь лучше ... Откуда я могла знать, что я не что иное, как просто свеча? Просто ... просто маленькая свеча.

Теперь мне любопытно, какие стремления должны и могут быть у свечи. Как сделать явью любые, даже неосуществимые, мечты, а? Скажи мне, Грязь! Какие грезы мы в состоянии обсуждать посреди пустыни? ... Я не имею больше ни одной из них. Ни одной! Нужно обладать какими-то навыками или основами, чтобы материализовывать их.

ТЕРНОВЫЙ КУСТ:

(Подзывая Грязь) Я думаю, сейчас пойдет ливень. Выживет ли наш новый друг при помощи своих сил?

ГРЯЗЬ:

(Немного подумав) Я думаю, она нуждается в твоей защите.

ТЕРНОВЫЙ КУСТ:

Моя защита?! Ты смеешься, да? Это я должен себя беречь от нее. Как я, допустим, выживу в ее пламени, ведь оно сожжет мои корни в три секунды.

ГРЯЗЬ:

Мы будем держаться вместе. Вода в моей почве даст больше влаги твоим верхним корням, и тебе следует напоить свои колючки так, чтобы выросли листья. Я буду подпитывать их изнутри, пока дождь позаботится о том, что снаружи. Я знаю, что ты не любишь перемен, мой брат, но только тебе по силам уберечь Свечу.

ТЕРНОВЫЙ КУСТ:

Почему это тебя так тревожит? Твоя вода - недруг ей, и потому огонь дурно скажется на тебе тоже. Как Солнце! (Пристально наблюдает за Грязью некоторое время, а потом сдается) Ну хорошо, хорошо! Будь как будет...

Зира Наурзбаева

финалист

Зира Наурзбаева - культуролог, журналист-аналитик, переводчик, сценарист, модератор сайта казахской мифологии, культуры и традиционной музыки Otuken.kz, автор передачи о казахской музыке «Тылсым перне» на Радио Классика. Лауреат национального конкурса "Алтын адам - Человек года" 2014 года.

Изданные книги: «Вечное небо казахов» о мифологии, инициатичеких ритуалах и пр. (Алматы, 2013, 40 п.л., в 10-ке самых продаваемых казахстанских авторов по рейтингу «Меломана»), детская повесть-фэнтези "В поисках Золотой Чаши. Приключения Бату и его друзей" (в соавторстве с Л.Калаус, «Алматыкитап», 2014).

«Харалужная сабля Ахметжана»

Отрывок из романа Таласбека Асемкулова «Талтус» - «Полдень»
Перевод с казахского языка

60-ые годы 20 века. В аул в Чубартау приехали сотрудники Семипалатинского краеведческого музея – две казашки и мужчина-осетин по имени Арслан, – для сбора экспонатов. Они зашли в гости к кюйши Сабыту.

– Еще один вопрос, – сказал Арслан, – Говорят, в вашем ауле есть кузнец, который умеет делать оружие. Нам бы с ним встретиться.

– А, ты об Ахметжане говоришь, – сказал Сабыт, – Да, в свое время он ковал оружие.

– Как с ним можно встретиться? – спросила одна из женщин.

В этот момент с певучим «Ассалаумагалейкуууум» вошел Ахметжан. Сабыт хмыкнул.

– Вот ваш дед Ахметжан. Легок на помине.

Сидящие поспешно вскочили и начали здороваться с вошедшим стариком.

– Будьте здоровы, дети, – сказал Ахметжан, усаживаясь, – Оказывается и я еще кому-то нужен.

Ахметжан сегодня чисто оделся, будто в гости собрался, нацепил тяжелый пояс с бляхами, кинжалом и поясной сумкой.

– Не на врага ли собрался? – со смехом спросил Сабыт.

– Вах, это же пояс, как в старину носили, – подивилась Кульбагила. – Эх, помню, раньше такиемолодежь надевала.

У гостей, разглядевших пояс, лица просветлели.

Посмеиваясь, Арслан сказал:

– Неудобно просить Вас снять пояс[1], но до смерти хочется его рассмотреть.

– Ладно, посмотри, – Ахметжан расстегнул пояс и подал Арслану.

– Бисмилля, – сказал Арслан, положив тяжелый пояс себе на колени. Первым делом он вытащил кинжал. – Выходит беззвучно. Рвется из ножен.

Он посмотрел на Сабыта:

– Восхитительно! Что это за железо?

– Это харалужное[2] лезвие, – сказал Ахметхан, ударив по клинку ложкой. Кинжал зазвенел.

Сабыт, задумчиво глядя на лезвие, сказал:

– Посмотрите на лезвие. Как бритва. Были раньше сабли «наркескен», которыми можно было с одного раза разрубить верблюда. Это такой же клинок. Не знаю, в чем дело, но человек, вооружившись, воодушевляется. Становится гордым, ничего не боится. Это удивительно.

– У нас на Кавказе государство долго боролось с обычаем иметь при себе холодное оружие, – Арслан как-то загадочно усмехнулся, – Старики рассказывали., что НКВД схватил и замучил многих просто за дедовский кинжал на поясе. Как-то раз схватили мясника, направлявшегося в соседний аул, устроили следствие и сослали за ношение холодного оружия.

Подали мясо.

– Ну-ка, этим холодным оружием покрошим мясо, – сказал Ахметжан, взяв с блюда кость.

– Ты этим кинжалом часом большевиков не резал? – подмигнул Сабыт[3].

Кульбагила переполошилась.

– Перестань. Ака, вот Вам нож. Оставьте свой кинжал.

Ахметжан рассмеялся.

– Не бойся, Кульбагила. Этот кинжал с тех пор, как его выковали, первый раз вынули из ножен.

– Все равно, не надо, – Кульбагила протянула Ахметжану кухонный нож, держа его за лезвие[4].

– Бабушка-то пуглива, – улыбнулся Арслан.

– У меня свой ножик есть, – сказал Ахметжан. Он вытащил из кармана складной ножик, ополоснул его водой из кувшина, – Сабытовский тупой нож мне не нужен.

Два старика принялись споро крошить мясо.

– На, обглодай, – Сабыт протянул Арслану кость, – на Кавказе у вас мясо варят?

– Наверное, – сказала одна из женщин.

– Варят, – сказал Арслан, – Грузины, осетины и чечены называют это блюдо хашлама.

Когда блюдо наполовину опустело, Арслан обратился к Ахметжану с вопросом.

– Дедушка, а сейчас Вы оружие делаете?

– Ох, светик, – ответил Ахметжан, – Раньше может и ковал. Но сейчас мое основное занятие –остовы для юрты. Там, в сарае несколько лежат.

Можешь взять.

– Изготовление юрты – большое искусство, – сказал Арслан. – Возьмем. Потом деньги вышлем. Но почему бы Вам не вспомнить кузнечное искусство?

– Зачем мне его вспоминать? – Ахметжан тяжело шевельнулся. – Кому это сейчас надо?

– Нам надо. Музею.

– Что такое музей?

– Это место, где хранятся и выставляются старые вещи. Ваше имя останется в истории. Потомки Вас не забудут.

– Говоришь, хранить будут, – Ахметжан замолчал, поглаживая усы. Потом посмотрел на Сабыта с ухмылкой, – Наверное я так и умру неучем, не поняв наших властей. То запрещают делать оружие, говорят, сгинешь. А теперь приходят и говорят: делай оружие, выставлять будем. Чему верить?

– Когда это было? – спросил Арслан.

– Когда ты еще не родился. Красный командир заставил меня поклясться, взял с меня расписку, что больше не буду делать оружие.

– Интересно, – Арслан посмотрел на Ахметжана, – Дедушка, это было давно. Тогда действительно брали на учет оружейников. Многих убили. Но сейчас ситуация другая. Мы просим для выставки, поймите это.

Ахметжан молча пил поданный ему бульон.

– Мы возьмем у Вас остов одной юрты. Потом, если позволите, возьмем этот вот кинжал. И если бы Вы до нашего возвращения в следующем году сделали две сабли. Настоящие старинные сабли с алмазным клинком[5].

– Зачем для выставки нужен алмазный клинок, – хитро усмехнулся Ахметжан. – Им же все равно рубить не будут. Может, раскатаю обычное железо, посеребрю рукояти и сойдет?

Арслан со смехом покачал головой.

– Нет, такие сабли нам не нужны. В запасниках музея груды таких сабель. Полицейские «селедки», европейские шпаги, напоминающие шампур для шашлыка, винтовочные штыки – этого добра навалом. Нам нужен настоящая древняя кыпчакская сабля. Вы можете ее сделать?

Ахметжан помолчал, почесывая затылок.

– Ата, Вы не думайте, за все будет заплачено, – сказала одна из женщин, – Например, вот этот кинжал стоит огромных денег. А если Вы сделает саблю, как просит Арслан, это вообще очень дорого.

– Поставишь новый дом, женишься еще раз, – пошутил Сабыт.

– Жизнь прошла, зачем мне эти деньги, – сказал Ахметжан.

– Итак, Вы выкуете две сабли? – Арслан с надеждой посмотрел в лицо Ахметжана.

Ахметжан вздохнул.

– Ладно, попробую. Пока берите остов юрты вон в том сарае. Но этот кинжал отдать не могу. Я его для себя сделал.

После отъезда гостей Ахметжан постелил перед домом войлок и долго, до сумерек сидел один. Лишь когда совсем стемнело, и Кульбагила позвала к чаю, он медленно встал и вошел в дом.

– Апыр-ай, эти дети разбередили старые раны, – сказал он Сабыту. На лице у него была какая-то безнадежность.

– Что такого, выполни их просьбу, – сказал Сабыт, – Кому теперь нужны твои юрты. Все живут в мазанках. Может только случайный чабан купит. А так деньги заработаешь, все прорехи разом закроешь.

Ахметжан, перекатывая во рту кусочек рафинада, с удовольствием пил чай. Напившись, он отодвинулся от дастархана и начал новый разговор.

– Саба, то, что я давеча говорил – это не пустые выдумки. С меня и вправду взяли клятву, – он надолго замолчал, глядя в огонь, как будто видел что-то в очаге.

– Ты знаешь, прежде в Арке были знаменитые мастера Амзе, Китапбай, Мукамал, – сказал он, просветлев.

– Я видел постаревшего Мукамала, – сказал Сабыт, – Помню, как люди бросились прочь, когда он начал лизать раскаленную докрасна лопату[6].

– Да это что, так, ерунда, – Ахметжан вытащил из голенища роговую табакерку в два вершка длиной и постучал ею о каблук. Кульбагила протянула к нему руку. Ахметжан положил ей в ладонь щепотку коричневого порошка.

– Так и не бросите эту привычку, – Сабыт подмигнул Аджигирею, – Может лучше в воде разводить и пить.

– Что такое насыбай, знает употребляющий его. Ты не святее Ахан-сери. Он же поет в песне: «Индийский чай и острый насыбай – для благородных мужей», – Ахметжан закинул насыбай за губу и прикрыл глаза.

– Вот, захмелел, – сказал Сабыт Аджигирею.

Аджигирей засмеялся.

– Ты говоришь, Мукамал лопату лизал. Это и я могу. Я видел,

как Китапбай голыми руками вытягивал раскаленное железо. Верить-не верить, сам знаешь, – Ахметжан вытер вспотевший лоб огромным платком,– Уф. Да, так вот. Заметив у меня склонность к кузнечеству, мой отец выбрал из своей маленькой отары овцу пожирнее и отвел меня к кузнецу Китапбаю. Помню, он отдыхал после охоты. Нам подали куырдак из свежей дичи. Тогда я впервые попробовал сайгачатину. Назавтра, прощаясь с отцом, мастер сказал «Жаке, забери свою овцу, сначала я должен присмотреться к твоему сыну. Говорят, если у ребенка большое будущее, то у него лоб светится[7]. Отец, сказав мне: «Ну, светик, будь рядом с учителем. Будь смышленым. Не заставляй его дважды повторять одно и то же», вернулся домой. Сначала я был горновым, раздувал огонь. Потом стал молотобойцем. Конечно, было трудно. На талию мне повязывали многослойный кожаный пояс шириной в два вершка. Позже я оценил его пользу. Целыми днями стучал молотком, но ни разу поясницу не прихватило радикулитом. Китапбай брал меня с собой в поездки и учил различать почвы. Постепенно я стал познавать тайны кузнечного искусства. Потом он стал показывать, какие соли и глины надо добавлять в воду для закалки. На четвертом году ученичества он дал мне кругляш железа, чтобы я сделал нож. Сам он раздувал для меня мехи. Нож у меня получился плохой. Рукоять кривая, выгнутая назад как ятаган. Китапбай объяснил мне все мои ошибки и недочеты. Следующий мой нож был получше. Так я совершенствовался. Через десять лет после того, как я начал учение, учитель, наверное окончательно поверив в мое призвание, стал обучать меня тонкостям. Оказалось, что познанное мною за десять лет – это обычные вещи. Теперь началось самое удивительное. С одного взгляда на раскаленное железо уметь узнать его происхождение. Тайны закалки. Все это раскрылось теперь мне. Наконец мастер дал мне разрешение выковать саблю. Когда я сделал свою первую саблю и начал приделывать к ней роговую рукоять, он сказал: Дай-ка мне, посмотрим, стоит ли сабля рукояти. Он обернул тряпку вокруг черенка и вышел из кузни. Перед дверью лежал толстый шест. Он рубанул его наискось, и сабля сломалась. Мои внутренности как огнем опалило. Я трудился месяц, выковываяэту саблю. Китапбай отдал мне обломки, сказав: сабля твоя получилась хрупкой, ты ее слишком сильно закалил. И ушел прочь. Так он воспитывал меня. Да буду я жертвой за его дар, он был чистым, святым человеком. Некоторые кузнецы неровны в работе. Цена не понравится – делают вещь как попало и отдают заказчику. Китапбай был не таков. Он честно работал, невзирая на плату. Расскажу одну историю, свидетелем которой я был. Это было после победы красных и утверждения новой власти. За четыре года до смерти мастер переселился в Сергиополь неподалеку от Аягоза. Однажды мы шли вдвоем. Он уже тогда совсем постарел, поседел. Рабочие сносили купеческий дом. Мы остановились посмотреть. Каменный фундамент оказался крепче железа. Кайла, ломы гнулись и ломались. Китапбай не выдержал и сказал: дайте мне свои инструменты. я их поправлю. Начальник рабочих подошел к нам и спросил: вы кто, что хотите. Как мог, я объяснил ему, кто такой Китапбай. Не доверяя нам, русский начальник отправил двух-трех своих присмотреть за нами. Китапбай, придя домой, быстренько разжег огонь, запустил меха и заново закалил кромки кайл и наконечники ломов. На следующий день я видел. что рабочие в клочья разнесли каменный фундамент дома.

– Старый скакун не удержался, – сказал Сабыт, – Природный дар уходит только в могилу.

– Да. Перед смертью он выковал еще один кинжал. Вот этот, – Ахметжан отстегнул от пояса кинжал вместе с ножнами и бросил его Сабыту на колени. – Давеча, чтобы не затягивать разговор, я сказал им, что сам его сделал.

Сабыт вытащил кинжал из ножен и положил перед собой. Блики от лампы играли, переливаясь, на клинке.

– Синий лед, – сказал Сабыт, – Рассказывают, что покойный Жабагытай таким клинком разрубил одного красного ударом от левого плеча и до сердца.

– Кульбагила, налей еще чаю, – Ахметжан отодвинул чашку, – Покойный Китапбай выкопал и показал мне оставленные старыми кузнецами для потомков хранилища железа. С тех пор прошло сорок лет, найду ли теперь – не знаю.

Лидийка

финалист

Лидийка - Родилась в 1974 году в городе Калуш, Ивано-Франковская область. В 1996 году окончила Прикарпатский национальный университет В. Стефаника. С того времени до наших дней работает в качестве преподавателя английского языка в одной из местных школ. Хобби вязание, езда на велосипеде и на автомобиле, очень любит путешествовать.

«Девочка с золотыми крыльями»

Фрагмент перевода рассказа

Ding-dong, ding –dong, the silver bellflowers sang merrily on that beautiful, spring morning in the Magic Country, telling to everybody that the time of the Great Magic has come!

A Little Elf was sitting on the snow-white cloud and cheerfully waved with his small legs in green paints and red shoes with golden bells. It was a very joyful Elf. He was smiling all the time and his blue eyes flashed mischief, and his golden curls fell to almost transparent, snow-white skin, behind Elf's back trembled and shimmered with all the colours of the rainbow wonderful wings, which he occasionally waved. Elf has just woke up, he was lying on the cloud drinking nectar with marvelous white lily which he picked up in the garden of some kind woman. And when he was drinking the last drops of the sweet nectar he was so dreaming that did not notice how a drop of miraculous nectar spilled with lilies and fell to the ground, just into a hole in the roof of the house where the old kind lady has been living. But where were miraculous drops of nectar and what was the result of this –is all our story. Meanwhile Elf waving his wonderful wings flew on its fabulous cases leaving a shiny, fragrant dust...

A Little Orphan

"Have I really got lost in this forest"- said anxiously lonely little girl standing on a forest path in the midst of a huge dark trees that surrounded her like huge wall and entwined somewhere high in the sky and large branches between them could see the distant blue clearance...

It seemed they did not think to release the girl of their captivity...

"Strangely, many times I walked these woods and always found a way"- thought the girl looked around.

"And if only what I got a berry, I badly want to eat", – she said sadly, but there was not a fruit or flowers and it was also very strange... The girl was walking the second day and did not recognize the forest in which until recently played hide-and-seek, as if it was not alive then, and what a stranger...

Last cake with strawberries the girl ate yesterday, and finally exhausted and barely able to move legs in old shoes she came to a little brook to remove thirst and rest, suddenly, the girl noticed small red berries on a bush near the creek, but she picked some, funny wrinkled nose and spit them on the ground.

–"Uhh, what sour, probably the witches eat them for dinner, I have no doubt, are found in this forest" – the girl said. She sighed again and decided to relax a bit and while she is resting, I shall tell you what is this girl and where she goes.

The girl was an orphan with a wonderful name Lily, she was a beautiful nine year old girl with gorgeous golden hair that scattered wave on the back, and some unruly strands protruded from under old straw hat, fell on her beautiful white face with delicate skin and unusual eyes –pale blue as cornflowers and in the midst of dark purple around that gave the girl just not earthly form! And when she laughed merrily the small mischief might be seen in her eyes. So, they shone with kindness and more than that mysterious and even a little magic. Although the little orphan was dressed in an old blue dress with white lace collar and the same old straw hat with a red ribbon- it was still fine it could be mistaken for a princess descended from a book of fairy tales that lost in the world of people and if you met her somewhere in the forest road that probably would have thought so. But where was our little traveler going and why was she alone in the wood?

At the edge of the small town of M. when the large Ancient Forest has already begun, under a large tree in a small brick house, which was full of flowers. The cabin was under the old , wooden roof , painted with red paint , so old that it was not in some places and there gaping the big holes where in a rainy day the raindrops were falling and in a sunny day the warm sunrays looked into funny . On a small, semi-circular, blue windows were hung with white lace curtains those the wind was blowing funny and on the windowsills in colourful pots grew lovely petunias. In this cosy chalet an eldely Flower-woman was living. It was a very kind and sweet old lady with a grey hair gathered into a neat bundle and always in a clean apron , from morning to evening she could be seen in the small garden outside the house where she raised her beautiful flowers, no one in the town had not so bright and unusual flowers like she had. They spread coloured meadow in the garden and yard, and even beyond the gates were drawn to the forest as a multi-coloured river. But most of all flowers was gold and white lily, it grew up under the windows of the Flower-woman and every morning the woman came up to these flowers, watered them and stared gently stroking their lovely little heads...

In the town even said that she was a witch but she has repeatedly helped to cure people with miraculous potions from herbs and flowers, and they loved and respected her for it. But no one knew when a woman came into the town, it seemed she was always old and always lived in this house with a wooden roof and a fence entwined with outlandish flowers.

Then one day, during the rainy, cold evening when the thunder and lightning came outside the window the old Flower-woman was sitting in her favourite chair near the fireplace in which logs crackled merrily knitting warm socks with multicoloured wool. She quietly sang some song and drinking raspberry tea with a little blue cup with a golden lily on a small, round table covered with a white cloth- lay just baked warm cinnamon rolls and delicious jam in a vase of red roses, white jug decorated a table with a bunch of daises and cornflowers.

Just burning on the table a large yellow candle in a wooden candlestick, glare from her throwing strange shadows on the walls, and lit a small room. At the feet of a woman a grey cat was lazily lying, a warm from a fireplace quite worn out him and he opened his yellow eye, from time to time, that would look at the spinning all of wool curling under his nose, then kettle hissing on the hook by the fire, but he was too lazy to play and he was napping at the feet of the mistress.

Асель
Татаева

Асель Татаева - номинант литературной премии «Поэт года» – 2013 (Россия), родилась 30 мая, 1994 года в Казахстане, городе Костанай. 13 декабря, 2012 года вышел первый сборник поэзии и прозы "Полет души". В г. Алматы состоялась презентация первой книги «Полёт души». Написала роман «Встреча с тобой» и книгу поэзии и прозы «Мир любви». Участвовала в Международном конкурсе «Поэт года-2013» (Россия), где получила звание Почётного Номинанта конкурса.

My Mother is with Me

Mother is so meaningful word.
Only this person keeps my life warm.
How much I wish you saw me now,
You would be proud of me, my mom!

I still remember hands of yours
And all the tenderness there was.
How many times I cried and fell,
My mom was there for me again.

No matter rain or snow – she's here,
I am falling down - my mom is near.
I am sick, I am lost, I want to cry,
My mother is always nearby.

Can't find an answer for a question,
Some study issues bring me pressure...
Mom will advise me a good deed,
She knows for sure what I need.

If only I could see her now,
I would forget the lonely hours,
When I was sad without a clue,
But when she's near, I know what to do.

It was so painful, I was crying,
It hurts to see your parent dying.
I remember her with tenderness and love
Memory of her will last forever, I swear to God.

"Oh, mother, you are always on my mind...
I still can feel you standing right behind...
Now you are in the skies above
Believe me, I will always keep my love..."

Кямал Гасанов

финалист

Кямал Гасанов является автором многочисленных романов, стихов, рассказов и пьес (в соавторстве с Самуэлем Гилбертом).
Получил степень бакалавра в Береа Колледж в Кентукки.
После окончания колледжа устроился на работу в Центральном Банке Азербайджана. В настоящий момент работает над своим третьим романом "Metaxophilia".

"Oh, that house by the sea"

Oh, that house by the sea, where I wish gathered again
You would run from the mundane
And we following our fate, delighted with destiny,
Would be neighbors blessedly
Oh, that house by the sea, when frequently seeing you
Revives Pegasus anew
Novel song, inspiration every day that I live on
I would write from dust to dawn
Darling, here is thread of fate, is it thinner than your hair?
Do you feel love in the air?
Oh, that house by the sea, we would visit you again
Talk and laugh, forget the pain
Darling's bashful, timid glances touching bowels of my soul
I am happiest of all
Precious secrets we'd discuss, what makes our souls glister
Of your brother and your sister
Running from sensitive talk, preferring to redirect
You would quarrel and deject
But secretly pure heart would beat parallel with mine
Swarthy princess in her prime
This spring differs from the rest, this spring brings me much more joy
Empty heart is a decoy
In each corner there is hope, each horizon hides a dream
People happier, agleam
Feelings much more delicate, thoughts deep, sophisticated
Hearts cooler, less frustrated
People having high demands, taking pride in every act
Matters that used to distract
Have been furtherly resolved, people filled with joy and blest
This spring differs from the rest!
Oh, that house by the sea, one more time sandy coast,
Waters would have me engrossed
I would sink into the waves that are curly like your hair
Be inspired unaware

Seeing waves embrace your body, fine art at its best form
My soul - an eye of a storm
Resulting in raging gales, envy and jealosy born,
A loving heart being torn
I would dive into the waves, have that memory erased
Hold you tight around your waist
Drifting would be our dreams in the ocean of true love
Over the waves and above
Sail of inspiration, your hair would be of gold
Those waters would not be bold
What a good poem this is, what a scenery today
Caspian is here to stay
In Buzovna I would climb little cliffs and rocks with smile
Enjoy the view for a while
In the sky stars shining bright, they look tuliplike tonight
All over spreading the light
Similar to drops of dew splashing everywhere around
With the soulmate I found
Listening to pretty sound, ancient waters sing a song
Nature performing along
What a pleasant feeling is wondering along the coast
When the weather's hot the most
Every morning souls are filled, feeling tenderest of all
Our senses overflow
Waters flow around your image, seeing it brings joy and peace
This poem is my release
Ascend similar to waves, descend just like they all do
At times, refrain from view
Every wave reminds me of neighing horse of whitest breed
Like this life we live, indeed
Oh, that house by the sea, in the land of love and glee
In the shade of willow tree
Sitting on the sands of pearl together with you, my friend
We would see the summer end
Filled with pleasure and delight our earthly days would pass
Similar to fullest glass,
Between the leaves in the dark where the night watching intently
Fondling your hair gently

Would be combing it with care, beautiful as usual
Do you know how beautiful?
Your hands holding mine tight, eyes gazing without fear
My words hanging in the ear
Of your spotless, pure soul like an earring of gold
Till the day that we grow old.
This spring I expect my friends will be luckier than ever
Honest, loyal men forever
With all sails set will be exploring furthest places
New souls and lives and faces
They'd be sailing heavens and repeatedly overcome
Lords of clouds they'd become
Flying into tomorrow, flying as a believer,
Into the void of ether
At one time I wanted to, as if shadow dull and gray,
Live my life into decay
But now happy I will be, only in the land of free
Where the world will cheer for me.
Oh, that house by the sea, when I wish gathered again
You would run from the mundane
And we following our fate, delighted with destiny,
Would be neighbors blessedly
Oh, that house by the sea, when frequent contacts with you
Revive Pegasus anew
A new song, inspiration every day that I live on
I would write from dust to dawn
Darling, here is thread of fate, is it thinner than your hair?
Do you feel love in the air?

300

Айгуль Бейсеналина

финалист

Айгуль Бейсеналина - участница Литературных курсов ОФ "МУСАГЕТ" при поддержке фонда "HIVOS" Нидерланды в 2005г. для молодых писателей Казахстана.

Публикация в сборнике очерков "Казахстан - моя судьба" с рассказом "Ингрид", участие в Международном Волошинском конкурсе 2013 (лонг –лист), написаны роман «Топорик» и три десятка рассказов.

ONE

She have not looked at myself in the mirror. Mirror stood dim and splotch, and reflected the dull and it is unclear what was in front of him. Why wipe a mirror? Why see it yourself?

- You're too skinny ...
- I?
- Well, I did not! Ho, ho, ... amused.
- I do not care ...

Thin, skinny, skinny .... How many times can you hear it? I hate my body. It does not belong to me any time. It was too naughty and alien. I lived in it, as in the shell and looked blankly at all, because - that the robot performed not my team. He happened lobotomy, and this was all I lobotomy, as I sat a stranger and indifferent in the head of this robot, which has just ate, slept, watched TV, smile or clenched lips, intending to whimper, although it is not always crying, and not he would always smile.

- Hey, baby! There is not one pair of shoes ... it's not gray! - The man on the head wig.
The robot looks at him and says, mechanical slow voice:
- Mr. is not gray, it does not color, it's dirt adhering to the fabric.
A man looks at my empty eyes.
- Girl, what's wrong?

He is surprised and frowns. I see his wrinkles, they're going on the forehead, as ripple. With me, nothing happens, because I have not got the team to do something, and I just ordered stupid smile and smile. I know my body. It limp. I want to raise your hand and hit the glass counter. And I see myself from the outside with chopped hand, on which the blood flows slowly dripping on the floor, and yet, I want to tear off his head this unnecessary piece - a wig.

- What have you done?
- What did you do?
- Can you hear us, Suez?

My blood sticks to the plastic floor and pulsating in my brain. I whisper to someone - "It's not gray, it's dirt adhering to me." I want to shake this mess, but I can not move my arm, it flows with blood, broken glass all around, people who opens and closes the mouth. I do not hear anything, and only in the brain pulsates "it is not gray, it's dirt adhering to me"

And in a moment again:

THIS IS NOT A GREY, it is dirt build-up on me ...

It's not gray .... it's dirt adhering to me ... it's dirt ....

I turn around and fall to the floor. Very slow to get scared. In my brain pulsing "as they all turned to look at me, they open and close the mouth, but I can not hear them, these rag dolls! These dolls are waving their hands and silently open their mouths! ".

I hit his head, and everything shuts down at this moment. Only silence, my brain freezes and I lay on the floor in the shop on Wellens - Street, in a pool of blood, with chopped by hand, and all around me people running around.

Give her air!

Give the air!

GIVE HER THE SAME AIR!

In my world, where I am now - silence and darkness, but somewhere very quiet bell tolls. Quiet, quiet! Very quiet! Slowly! He lulls me and I again lose its sound. He went off. Silence again!

Then again - silver sound is not loud and clear. He's coming. And then began to lighten, as - as if seen photos, the first all very faded, black-and-white, gradually brighter, lighter, and here it is color - pink! And then, I see - yellow! Again - pink, dark. Now - yellow, it is blocking - ... pink.

A voice, very quiet, almost inaudible, I strained to understand what it is and whose voice it.

- Suez! Can you hear us?

They are - as if whispering.

- Sueezy! .... Can you hear us?

Who the hell are you? And what are you talking about the pink shade in front of me? Or are you whispering ...

- Suez answer! ... Can you hear us? ....

Again, I'm in the dark, pink and yellow glaze. The impression is that there I wander, groping, trying to come to light, but what I was not letting go.

"What do you do to me? ...".

My life unconscious filled darkness, voices and glimpses of consciousness, reminiscent of lightning: they blinded me with its brightness, and then disappeared before I had time to grab out of the darkness at least the outlines of what I was. I did not know what it is. For the most part, I was wandering in the dark, did not realizing, and bumping into something, but from time to time consciousness returned to me.

- Suez? Can you hear us? ... The answer? ...

Here we go again! These pink and yellow voice again come back to me, and I see glimpses of them, like the glow. I go to him, softly, to the touch. They're coming, and envelop me as wool, cotton candy, which I bought at the fair ancestors in the suburbs of the Criven - Rock.

"It's not gray, it's dirt adhering to the ME"
"Lord Jesus"
"ARIZONA"

I hear those voices, they say nothing to me, except maybe - the last? "Arizona". What does it mean? Arizona? I was not there ... and can be had? From there, my mom!

Arizona, Arizona, Arizona ....

And again, a little voice whispers to me:
- Arizona, Arizona ... . Arizona ....
It sounds like music:
- Arizona, Arizona. Arizona ....
Damn ....
And again:
- Arizona, Arizona, Arizona ....

It merges into one continuous line - arizonaarizonaarizona, without gaps and stops, as - as if something is stuck, even if it is broken, and not a hard one, the same!

Arizona, Arizona, Arizona ....
Enough! Shut up already!

I slept too long, looking at the empty darkness: the ink was fresh and my sleep was black ink - black, and there was not even a hint of light. I also remember that falling asleep, I fell into the abyss, whose name was - and this emptiness is emptiness addictive. I remember this feeling from my childhood, when the night wraps up in a blanket and listened to the sound of the window, it scraped oak branch on the glass, but it seemed to me that this "black Coleman" wants to open the flap and climb into the room. Then comes a dream, and I'm sinking into the abyss. "Black Coleman" let go of me, five years ago and never returned. But the feeling was familiar to me. He was one of the terrible tale, which I composed myself, as a child and called horror stories "black Coleman." And I said to myself that you can not pronounce this name - more than three times, or "black Coleman" does come at night. And afraid to utter that name, although it, tickling in my mouth, to ask out, but I firmly clenched teeth, but my head is spinning - "Do not say, do not you dare, otherwise it will come"

Soon the feeling that I'm falling somewhere disappeared. I heard a tune, too beautiful and raschudesny five chords, and I wish that it did not cease, ten, twelve, and I already think that it's too nasty, and if you do not fade, then I would get cramps in stomach, and I'll scream:

- Plug this song! Plug the same - this bad song!
Because - I'm ready to kill someone who is playing!
Suddenly the darkness under my eyelids painted bright crimson.
I wake up and sigh dramatically, opening, no more splitting eyes meet strong sunlight.

Voters turn into the head, the head murky and unclear soon expand-ed and spread out, getting some shape, and I can see the room is too clean and empty to be my room. Left pours light and apparently there is a window, and would be better if it was open when I turn her head towards him. I turn, but the window is closed. Damn!

Turn my head to the right and see the door open - and behind it a narrow corridor, again very clean, empty and iced to look like a corridor in my house.

I need to get up and see where I am and what I do in this empty room, and why this damn door is open and I'd like to go out into the corridor. I just need to slide with this iron bed and walk to the wall, then a few steps to the door and then - the corridor. Just a few steps! Why are there steps - two, three good jump.

But I can not! I think that works for me only the head and neck, the rest of others, and I can not move my body. It does not listen to me, or is it just my imagination? But I'm not a robot! I'm not a robot! I - a man!

And in this dramatic moment for me when I solved the problem of what happened to me and why I'm here, far from the hallway footsteps. It was a female steps as clatter heels, and they were too fast and short, but they cheered me. I do not care whose it moves and do not care who it is, but the most important thing is that these steps have come up to my room and allowed my questions, because these questions have accumulated a few minutes, too. And yes, I'm tired of asking yourself these questions blank and wanted to hear at least some answers.

Sally! Mom hold me! Sally, Sally! That's who I would not want to see is a red Sally. But it was her, I heard, or rather her voice as she slipped.

- What is this creature rubbed ferris floor! A?
And apparently hit, because - I stopped the clicking of heels, and she began to moan and yell:
- Damn! Bitch! Damn!
And at this point I began to laugh. And heels, puzzled at first, then quickly went for my laughter.

She entered the room and immediately started talking, and spoke very fast and a lot.
- Suez! Sweetheart! Well, finally! And I thought, but when you wake up! (I was asleep the whole year ???)
- I you all slept and slept! And I still think, and suddenly she did not wake up? (I have that in - your - died?)

- And you went and woke up!

And at this point it is no longer the jaw, is why I silently show her middle finger pointing up and speak slowly

- Fuck you to Old Harry, Sally!
- Oh, my God - she spoke? - Sally mouth breaks into a smile, opening gap between teeth for her since high school called "gap." I can see that she is happy.
- Okay, I'm sorry ... and tell me what it all means, and that I lost here?

Sally makes the round eyes, her gap sparkles and I'm ready to listen to all the garbage that she will tell me, though, I know that she loves to invent.

- You fell! And bumped his head, right in the store ... I do not know how it happened, did not see, ran when it all happened, but the man to whom you showed suit, so he kept saying "gray mud, gray mud," and I still could not help thinking that this paralytic scared you or pushed, because - that Che would you for no reason, no reason at all fucked head in the middle of a trading floor, in broad daylight ....

Sally talks too much, and her mouth curves showing gap between the teeth, and I think that in this gap can slip a piece of steak with blood, or a quarter of a hamburger, or chicken wing eatery of "Three pence on the run." Yeah, you gap, Sally mouth, what we need! With such a convenient gap spitting. And then I start to laugh again. Sally's mouth closes and disappears gap, but then again opened and she said, probably the most important phrase that I liked, in all its chatter today:

- Mother of God! Suez recovered! Thank you, Lord, but the daughter of an Indian – recovered finally!
I stared at her, especially on her frilly mouth, hoping that she would show me gap. But it is something too pursed his mouth, and then I start to laugh again, and it seems to me that my someone else's body back to me, but it has returned to me, once I was able to show her "that's you!" Finger. To tell the truth, be paralyzed, or seem paralyzed, not very - good job.

And Sally's mouth again moved apart, and nick sticks out at me, throwing up a new batch:

- Father in heaven! What the hell, tell me, do you - no reason, no reason at all fell right in front of these curves, old man? A? I'm asking you or anyone?

- Sally ... wait a minute! Listen to me!

She wants that - say something, but I interrupt her:

- ... I need. Arizona .... What are you - something, you know about it? Well, that is all about ... Arizona.

Sally wrinkle his brot forehead and rubs his neck, and I see her neck red spot, which she combs, and I think she now scratch it to the blood, and her blood falls upon directly at me, but she stops and says:

- From Arizona, Bo Ayding crazy! Exactly! I just know it!

And at this moment I can see very clearly Bo Iding and his long hair. He looks like an Indian from my dream, which always kills the "black Coleman," let loose a glowing arrow that strikes at the heart of the Black, and it evaporates and ....

- Do you hear what I mean? This Bo Iding came to us from Arizona ...

Indian and looks at me and puts his finger to his mouth, so I said nothing, and did not tell anyone about it, and then leaves ...

- His upekli little woman in a psychiatric hospital, but that's what I'll tell you, in fact - it is not crazy ...

goes daybreak to wake me from sleep, and I silently waving a hand at him, knowing that he would come to the next dream, and protect me from the "black Coleman."

- He is not crazy!

Sally looks at me with all his smile, and I'm so glad her that she was ready to kiss her, but she closed her gap.

- I'm so glad you Sally! And I also think he's not crazy!

How would I know if it were not for my mother! It was then she said that this Sarah Manning (his wife), poor Bo planted in a psychiatric hospital, but my mother and said:

- Walk up, and then planted the poor Bo in a psychiatric hospital on Oriental Road, of course, he did not need her. Poor, poor Bo! And I'm for it, as it is with Arizona! - Here and so did my mother, and I just remembered these words, and it is also confirmed:

- Yes! I know he's not crazy!

And another added:

- I very much want to eat! Did you bring me something? I did not eat, probably forever, and my stomach is very hungry, as well as ... I.

Now I know what to do!

I stood in the middle of the sidewalk, one - all alone.

Flew past the checkers, gleaming freshly washed yellow paint under the roasting rays. Tall black passed me in the headphones, which were drawn from the black wire and hid under a white T-shirt with the word "apartheid", bouncing and singing, "Hu - m - pee, poo - yes - bi - duuu!". By, rattling empty cans, drove a red van, rustling wheels. And the noise, "Hu - m - pi - poo - yes - bi - duuu !, Bd-zynn, tum-b, db-zyn, tum-b, shhh-uxx" after peace ward brought me back to reality, and it is - it really turned out exactly the way I did and left. Hallelujah! All it is! I felt a slight smile touched my lips, and I now know what I need to do - ME TO GIVE - the damn MONEY!

Return to the people, namely, to give the fund of the Indians of Arizona in Tempe! All those damn four millions inherited from Dave. He died, but the money he should have been of benefit, but the benefit is not for me, and the Indians. Let built on the money (yes, I've heard that building a skatepark in South Dakota, home to the Dakota Indians), so let the money build, another skatepark, or school, but I needed to Arizona, and I going to go there. Yes, I was going to go there. Always!

I went to the two hundred and second away at Oriental Road. Wind hit me in the face and blew my black hair, but I did not care what he does with me, because - he was too fresh and too playful. I was actually very good, and I'm probably the first time in my life said three times "black Coleman, Coleman black, black Coleman," knowing that he will not come to me at night, as arrows and tomahawk Indian, always ready .

I laughed, and from the speakers sounded:

> If there's a little man that lives in your heart
> with a bow and really tiny darts
> When he shoots you, you will fall in love
> Why? It's not for you to know

'cause you never had a microscope
One that could see so small
And if most scientists believe
That's why human love was made

Do you think they'd really tell you at all?

If a little woman lives in your brain
Singing to you all the time
Singing all your favorite songs
Singing how she's glad that you're mine
There's no way you could ever know
That she wants to meet the man in your heart
She's over all the ones in your feet,
that are keeping you from walking to me

Do you think they'd really tell you at all?

(Песня Benji Hughes - Do You Think They Would Tell You?)

Юлия Губанова

финалист

Юлия Губанова – руководитель переводческого агентства «The BEST», организатор мероприятий, создатель различных творческих проектов. Родилась в г. Москва, но всю жизнь прожила в г. Алматы. Получила инженерно-техническое и экономическое образование. После окончания института стала работать как переводчик в транспортной, а затем в геолого-геофизической компании. Представила перевод фрагмент романа «Тайны Ипекуаны».

THE LAST DAY OF THE WORLD CREATION

Tell me my love what is better to put to the dish named LOVE to make it really delicious, exciting, never annoying and always fresh and new as it was when we started dating

Recently I got ancient knowledge on creation of love. It just happened that I understood I knew everything about it. So the day when GOD created the First Man and his Woman was as long as Eternity. You know that God has plenty of time (at least two or three Eternities) so it was not necessary for him to be in a hurry.

And he was sitting and creating. It was quite easy to make the Man as he was after the image and likeness of God. He was big, courageous, masculine, fearless, full-hearted, strong, healthy, clever, wise, thoughtful, considerate to any petty details, generous and slightly jealous, and what was very important he was always ready to protect everything important to him. It's interesting that there are lots of Eve's pictures on Internet and almost no with Adam. That's why lets him look like this (I believe Michelangelo knew what to draw.

However, God spent a lot of time while creating the Woman. He wanted to make her in a way to excite Man's admiration, to be always different and not to give any opportunity his Man to be bored, she should be light as air, hot as fire, irreplaceable as water, tough as metal, twisty as tree branches and also warm and cozy as earth. She should be able to do everything to be a permanent source of inspiration for her Man. She had to be silent as backwater on a small river and be able to explode like a volcano flooding everything around with its flaming lava and covering everything around with ash of destruction. At the same time she should create beauty and comfort to make her Man wanted to come back to her all the time

And God was sitting and slowly sculpturing this piece of art, the most wonderful creation of all his life. He gave to the First Woman moon sadness, shining of stars to reflect beauty of her soul, cat gracefulness and tenderness, sun rays to make her eyes as bright as possible, strength and hardness of rocks that can withstand any windstorms, snake wisdom, spring variability and its ability to adapt to any conditions and create its own ones, candle light which is possible to blow up to the great fire and featheriness. There were some other ingredients but it was quite difficult for me to recognize them

Finally he managed to complete this thorough work. And she was lying before him very beautifully, and he was almost ready to breathe Life into her lungs when he realized: "O my God! She should be able to love! How can she understand that the First Man is HER FIRST MAN?" Certainly, he understood, that she, the First Woman, did not have any choice, but it was very important for him to make HER understand the Power of LOVE. So God invented the primeval memory which he introduced into Man's and Woman's brains. This was the memory of the Universe on LOVE with information about all men and women that allowed them to recall why they were created and find their second marvelous half

Only after this difficult operation God decided to vitalize the First Woman. She opened her eyes, embraced God and thanked him for the nascence. God one more felt delight about his creation and brought her to notice the First Man who impatiently waited for awakening of his BELOVED WOMAN with the bunch of the First Flowers

The First Day After the Last Day of the Creation

The First Woman graciously took the flowers, looked at the First Man haughtily and introduced herself: "Eve"

The Man blushing and stumbling pronounced trying to look and not to look at the First Woman at the same time: "Adam..."

So that was the story how they met

Eve pleased with an impression produced and Adam's reaction, turned sideways, nestled her face against the First Flowers and... fell asleep. Adam lit the fire and spent the whole night observing his love. From the very first minute he understood how much he loved her, how much he wanted to do something for her to see her happy eyes and smile. He looked at the incurves of her beautiful body with dancing reflections of fire and felt the great gratitude to his Father Creator for this wonderful present of all his life

God stood over Adam with pleasure and Eve with amazement. This creature seemed to be so unusual; he could not understand how it was possible for him to create her. She was very harmonious and balanced but she functioned in a way different to what he planned before. And also what she did to Man?! God was not able to suggest him anything what to do

Before falling asleep in morning Adam covered the legs of his beloved women with palm leaves to protect her from cold. After some time Eve woke up, stretched as a panther, found her flowers and put them into a jug after shaping it and filling with water. At this moment this place became cozier. Birds burst into song, and Eve started dancing and picking up berries for her first breakfast without paying any attention to Adam

Adam thought that everything was not so easy and how to concur the heart of his beauty. He was sure that she belonged to him but each time he managed to catch her glance he started doubting... Sometimes she gazed through him, sometimes there was a light but very strange smile upon her face, sometimes there was so much love and tenderness in her look (o, how he admired these looks) and sometimes she looked at him with negligence as if he was nothing for her

And then he got an idea! He made the first table of bamboo where she put first berries and fruits in leaves of different shapes and sizes and also her wonderful bunch of flowers. He tried to take her hand and kiss on her palm to say thanks for taking care of him. But she pulled it out and looked at him with indignation. He became confused, but she relented and even said her first "thank you" for the wonderful table made for her and after some thinking kissed on his cheek. Adam was near to become crazy from happiness. He closed his eyes tight and when he opened them she already disappeared with everything what was on the table

He did not take his chance to look for her but thought that it was a good time for him as a man to find a proper house for them to live. He started searching, and it was nice that the Eden Garden was a huge and unexplored place. On his way Adam made notes where he wanted to invite Eve and which places he liked most of all. He felt something rising and dropping inside of him only at a thought that he could bring her there and show this fantastic beauty. Eventually he found a little but very cozy cave. In mornings there was a lot of light coming through the hole in the rock and it was also convenient to enter there

He came back and saw her dancing and singing the First Songs on the river shore. He waited till she finished, came to her, took her hand and without saying anything lead her to the new place. He believed she could resist him but she with her woman intuition understood at that moment that he prepared something very important to her, so she bent her neck and followed him obediently. And of course she knew that all women of the world who would live after her would implicitly follow their men who knew their way

HISTORY ABOUT THE SERPENT

There were a lot of animals in the Eden Garden and Adam and Eve got know every animal very quickly. They had friendly relations with all of them. Even with the Serpent. Because there were no forbidden fruits in Eden, so the first people did not have any ideas on prohibitions. Eve tamed all the animals and even the Serpent came to them every morning for a cap of milk. And certainly there was no Satan who could wish to disturb the peace of people and spoil everything what God created

But I know what happened. In spite that Eden was quite a big garden, Eve and Adam explored it within very short terms. And she started be bored as she had very restless nature and she always needed new feelings and changes of situations. Then they asked God what to do. And God recommended them to go down to the Earth (at that time the Earth was a giant model of Eden) and explained that there they would have as many adventures as possible, till the end of their lives. The people were very inspired by this idea, but God informed them it would be easy to get down there but quite problematic to come back and when they were on the Earth it would be difficult for him, God, to provide as much support and help as in Eden. But Eve was so absorbed by this idea that she did not want to pay attention on these words and of course she persuaded Adam to go there

So, that is how they started to live on the Earth

Ленифер Мамбетова

Премия имени Марзии Закирьяновой

Ленифер Мамбетова – по национальности крымская татарка,
по образованияю преподаватель русского языка и литературы.
Родилась 19 марта 1957 года в узбекском городе Чирчик, недалеко
от Ташкента. Родители, будучи детьми, были насильственно высланы,
как и весь крымскотатарский народ, из Крыма в мае 1944 года.
Окончила филологический факультет Самаркандского
государственного университета, работала библиотекарем, методистом,
а затем преподавателем русского языка и литературы в Чирчикском
индустриальном техникуме.
В 2006 году с семьёй переехала в Крым. В Симферополе руководит
Центром обучения иностранным языкам «Лардан».
В 2014 году получала премию им. Марзии Закирьяновой за лучшую
женскую работу в третьем международном литературном конкурсе
«Open Eurasia».

Из сборника стихов

«Крымом моя Родина зовется!»

Памяти моего отца Иззета и мамы Макъсуде посвящается.

Я возвратилась, родина, к тебе,
И о судьбе своей уже не спорю.
Мне часто ночью видится во сне,
Как я бегу с отцом и мамой к морю.

Нам радуется крымская волна,
И нежно мамины целует руки.
Восторга и высоких чувств полна –
Ведь были вечность целую в разлуке.

В слезах отец поет «Гузель Крым»,
О самом дорогом для сердца крае.
Прошли года, растаяли, как дым –
Он помнил черный день в цветущем мае.

Я возвратилась, родина, к тебе.
Любви к тебе вовек я не растрачу.
Отца и маму вижу лишь во сне.
Ладонями закрыв лицо, я плачу...

19.02.09

Иллюстрация

Виталий
Бондарь

Победитель

Виталий Бондарь родился в г. Калинковичи, Беларусь. Художник-дизайнер, литератор. Закончил МГПИ им. Н.К.Крупской, Минский Институт Бизнес-Технологий (компьютерный дизайн). Лауреат международных и республиканских художественных конкурсов. Графические работы экспонировались в 17 странах мира. Иллюстрация к роману участника конкурса «Open Eurasia-2012» Рахима Каримова «КАМИЛА»

Татьяна Давыдова

II - место

Давыдова Татьяна - фрилансер в области дизайна и иллюстрации, свободный художник. Родилась, выросла, закончила школу и университет в Молдавии. Переехала в Германию в 2002 году. Окончила два высших учебных заведения по направлению искусство и дизайн. Помимо классических техник рисования (акварель, тушь, пастель, масло, наброски карандашом), владеет стандартным дизайнерским набором программ: фотошоп, иллюстратор, индизайн. С 2008 года является фрилансером. Иллюстрация к произведению участницы конкурса «Open Eurasia-2014» Витановой Елены «Танцы в нечетных дворах»

Лолли

/// - место

Lolly родилась 17 июля, 1996 года на Тернопольщине (Украина). В 12 лет она успешно организовала персональную выставку работ, которая состоялась в Ивано-Франковске. Воплотить это ей помогли знания, полученные в художественной школе.

Иллюстрация к произведению «Девочка с золотыми крыльями» участницы конкурса «Open Eurasia-2014» Golden Hope for Children

Cross

финалист

Cross - профессиональный живописец и график.
Закончил художественное училище (г. Кунгур) и Омский
государственный университет (художественно-графический
факультет). Работает в самых разных жанрах –
от иллюстрации до художественной анимации. Участник
многочисленных художественных выставок в Казахстане,
России, Германии, Франции. Член Союза художников
Казахстана.
Иллюстрация к рассказу участницы конкурса
«Open Eurasia-2014» Веры Гаврилко «Фрутелла»

Яся
Чорна

финалист

Яся Чорна - художник -иллюстратор. Работает в материале (маркеры, гелиевая ручка, тушь, перо, акварель, гуашь, акрил, темпера, пастель, масло, компьютерная графика). Занимается книжной иллюстрацией, дизайном книжных обложек, графикой.

Иллюстрацию к роману Натальи Девятко «Сокровища Призрачных островов» участницы конкурса «Open Eurasia-2014»

Алина Штраус

финалист

Алина Штраус – занимается копирайтингом пресс-релизов. Увлекается историей древнего мира, фэнтэзи, авторским кино, живописью. Любит театр и балет, Тоти Даль Монте и Сезарию Эвора, контртеноров и музыку эпохи барокко. Иллюстрация к роману «Зазеркалье» участницы конкурса «Open Eurasia-2014» Алины Штраус

Марварид

финалист

Marvarid - живет в Ташкенте. Имеет экономическое образование. Пишет фантастические и детективные рассказы и участвует в литературных конкурсах. Увлекается созданием коллажей.
Иллюстрации к фантастическому рассказу "Сердце Земли" участницы конкурса «Open Eurasia-2014» Галины Ширяевой

Анна
Сучкова

финалист

Анна Сучкова – 20 лет, учится на 4 курсе, специальность -
информационная безопасность. С раннего детства любит
творчество во всех его направлениях – литературу,
рисование, фотографию и музыку.
Иллюстрация к стихотворению Жулдуз Байзаковой
"И песней темного огня..." из сборника "Chants Of Dark Fire"

Анастасия Минаева

финалист

Анастасия Минаева - 34 года, занималась в ИЗО студии «Кок-айшык» у Ткачева Александра Романовича. Имеет неоконченное высшее образование по специальности дизайн рекламы.
Иллюстрация к роману Веты Ножкиной «Тайны Ипекуаны» участницы конкурса «Open Eurasia-2014»

Видеофильт

Масур Тураев
Евфрат Шарипов

Победители

Этот творческий коллектив был создан спонтанно, как гейзер. Работали в нескольких творческих проектах и в полнометражном фильме. Создали видеофильм в очень сжатых сроках, с большими ограничениями. Представили на конкурс фильм «Ольга», основанный на произведении участницы конкурса «Open Eurasia-2014» Theophania «Голос». Ознакомиться с работой можно на сайте конкурса: www.rus.ocabookforum.com

Ашот Даниелян

II - место

Филолог, переводчик-японист. С 2009 года задействован в проекте японского правительства по развитию человеческих ресурсов в Узбекистане в качестве переводчика-консультанта. Автор ряда очерков и краеведческих статей по Японии и Австралии. Финалист литературного конкурса для писателей из Средней Азии «Новеллазия 2014», в котором был представлен его сборник рассказов «Касаясь струн кото». Презентовал «The Music Box» – музыкально-документальный фильм, основанный на цикле стихотворений «Волнорезы», написанный им же. Ознакомиться с работой можно на сайте конкурса:
www.rus.ocabookforum.com

Эльдар
Насыров

III - место

23 года, по образованию юрист. Сейчас снимает рекламные ролики и музыкальные видеоклипы. Эльдар снял видеофильм «Откровение» по книге Дурнам Машуровой «Завещание матери», участвовавшей в конкурсе «Open Eurasia-2012». Работа была подана Давидом Машури. Ознакомиться с работой можно на сайте конкурса: www.rus.ocabookforum.com

Дмитрий Костюшкин

финалист

Родился в городе Самарканде в 1975 году. Закончил Самаркандский государственный институт иностранных языков, факультет английского языка. Сейчас является русско-английским переводчиком в Международном Институте Изучения Центральной Азии под эгидой ЮНЕКСО. Интересуется и занимается музыкой, живописью, фотографией и видео-артом.

Представил фильм «UHR GUT» , снятый по моему одноименному рассказу, участвующему в «Open Eurasia-2014». Автор рассказа Дмитрий Костюшкин. Ознакомиться с работой можно на сайте конкурса: www.rus.ocabookforum.com
www.rus.ocabookforum.com

Frau Koch

Родилась в 1986 году в Узбекистане, г. Наманган. В 2004 году переехала в Ташкент. Творческая деятельность: литература, перформансы, фотография и экспериментальное кино. Опыт общения с ЛГБТ-сообществом, неформальными движениями, художниками Ташкента , контраст с повседневной профессиональной деятельностью повлиял, но не предопределил характер ее творчества. Иные, связанные с вышеописанным, интересы: психология, философия, эзотерика, PR. «Завещание» – фильм, созданный на основе текста, который участвовал в литературном конкурсе OECABF 2013 в номинации «Литературный перевод» от Алексея Улько. Ознакомиться с работой можно на сайте конкурса: www.rus.ocabookforum.com

Кямал Гасанов

финалист

Является автором многочисленных романов (в соавторстве с Самуэлем Гилбертом), стихов, рассказов и пьес. Получил степень бакалавра в Береа Колледж в Кентукки. Работает в Центральном Банке Азербайджана. Фильм "Doğramac" является режиссерским дебютом Кямала Гасанова. Фильм снят по мотивам короткого рассказа "Shred a tear", участвовавшего в конкурсе «Open Eurasia-2014». Ознакомиться с работой можно на сайте конкурса: www.rus.ocabookforum.com

Юлия Эфф

финалист

Драматургия как жанр всегда была ей близка: в юности Юлия мечтала стать театральным режиссером. В фильме Юлия постаралась озвучить психологическую причину загрязнения окружающей среды, проблему взаимоотношений «родители-школа» и проблему воспитания младших детей старшими. Презентовала фильм, снятый по произведению Юлии Эфф «Круги на воде», поданному на конкурс «Open Eurasia-2014». Ознакомиться с работой можно на сайте конкурса: www.rus. ocabookforum.com

Сид
Янышев

финалист

42 года, окончил ташкентский Институт искусств (театральное отделение) и университет мировых языков (русский язык и литература). Профессиональный журналист. Автор публикаций в ряде местных и зарубежных изданий, член Центрально-азиатского ПЕН-клуба, победитель Международного литературного конкурса «Новеллазия». Представил на конкурс фильм «Когда я умер...», фильм был снят по мотивам новеллы «Наследство» Сида Янышева, представленной на конкурс «Open Eurasia-2014». Ознакомиться с работой можно на сайте конкурса: www.rus.ocabookforum.com

Умида Ахмедова
Олег Карпов

Умида Ахмедова – кинооператор, фотограф, заслуженный диссидент Республики Узбекистан.
Олег Карпов – Кинолог без определенных занятий.
Представили видеофильм «Вечное возвращение», основанный на рассказе участника конкурса Open Eurasia-2014» Андрея Кузнецова «Вечное возвращение». Ознакомиться с работой можно на сайте конкурса: www.rus.ocabookforum.com

Участники Фестиваля

Сауле Сулейман

участник

Родилась в 1970 году в городе Шымкенте.
Закончила филологический факультет Международного
Казахско-Турецкого Университета. кандидат филологических
наук, специалист в изучении латинского языка. Автор
научно-исследовательских работ «История изучения средневековых
латинских текстов», «Латинско-русские аналогии пословиц
и поговорок», а также многих научных статей по теории и практике
перевода.
Учредитель «Издательского дома БС»
Занимается благотворительной деятельностью, руководитель частного
фонда «Кулагер», организующего досуг для детей с ограниченными
возможностями.

Отрывок из рассказа

«Последний бой Кутбара или Созвездие Кочевника»

* * * * *

- Как назовем? - спросил Сахи внуков. Он приподнял рукой за загривок алабайчика, белого с черными пятнами.

- М-м-м-м-м, Акбар! - предложил Даурен.

- Почему? - удивился Сахи.

- Акбар - сын Кутбара! - объяснил своё мнение Даурен.

- А ты как думаешь, Али?

- А я, как брат. Мы ведь одно целое.

Сахи удовлетворенно кивнул головой и отпустил щенка.

- Пусть будет так.

- Ата, а наш щенок уже привык жить с Кутбаром? - начал расспрашивать Али.

- Первые два дня Кутбар избегал настырного щенка, а тот без конца лез к нему: то ли с расспросами, а может, искал в нем отцовскую заботу. Но вскоре они подружились. Когда Кутбар вставал, ваш Акбар рычал и хватал его за щиколотки. Кутбар спасался бегством, силу не применял. Но щенок не отставал и следовал за ним повсюду, впитывая в себя все его навыки и знания. Так и прижился.

- Здорово!

- Хороший вечер, уважаемый! - Бейларбей вышел на свет фонаря, прервав беседу Сахи с внуками.

- Надеюсь, он добрый для всех, - ответил Сахи.

- Впрочем, для наших собак важнее не вечер, а день завтрашний.

- Прошлое человеку ведомо, настоящее он может исправить, а будущее в руках только Всевышнего, - Сахи взял младшего внука за руку.

- А вот и Тавшан! Что ты здесь делаешь? - громко спросил Бейларбей появившегося из-за деревянного помоста помощника.

- Забыл поводок для Босяка... - промямлил Тавшан и выразительно посмотрел на хозяина. – Хорошо, что нашел. Завтра всё будет в норме. - Тавшан отвернулся и принялся чистить поводок Босяка.

- Увалень! Бестолковый! - Бейларбей обратился вновь к Сахи. - Пришли проверить любимца?

- Не только.

- Я тоже зашел проверить Босяка. Уделить ему внимание, поднять, так сказать, боевой дух. Чтобы завтра он чувствовал мой дух в себе!

- В груди каждой собаки - сердце её хозяина, - Сахи разговаривал и наблюдал, как Даурен зашел за деревянное ограждение и уже без страха подошел к Кутбару.

- Не буду спорить, не буду, - кивнул головой Бейларбей в знак согласия, продолжая разговор. - Хотя полностью уверен, что человек по сути своей - ничтожество, зря живущее на этой земле. И лишь единицы, - Бейларбей подозвал к себе Босяка свистом, и алабай выбежал из соседнего коридора, - единицы, кто обладает силой, властью, богатством, кто достоин жизни. Ради этой цели мы, - похлопал он себя по груди, - выводим лучшую породу, отбираем сильнейших. Таких, как он, - туркмен потрепал Босяка по загривку, - ради этой цели строим свои империи и этому учим детей.

Некоторое время Сахи молчал, потом посмотрел на щенка Акбара, что опять подбежал к его ногам, и ответил Бейларбею:

- Я не самый главный человек в степи. Я не самый умный старик в мире, но я уверен, что каждый человек приходит в этот мир не просто так.

- Каждый? - усмехнулся Бейларбей. - И этот? - кивнул он головой в сторону Тавшана. - Он же придурок?! Только небо коптит!

- Небо не закоптишь. На истинном никогда не будет пятен лишнего. Да. Я говорю о том, что и он - не зря, - посмотрел Сахи на Тавшана. - И я, и вы. И детей нужно воспитать правильным вещам. Поэтому человек должен смотреть в будущее и помнить прошлое.

- Зачем? Зачем возвращаться к прошлому? К устаревшему и умирающему? - Бейларбей презрительно скривил губы. - Чем плох новый мир? Техника! Прогресс! Развитие!

- Он не плох. Он прекрасен. И прекрасен он тем, что в нём сходятся две силы - добро и зло. Душа и металл. Идет испытание для каждого из нас.

- Металл?

- Главная задача человека сейчас - сохранить душу. И не только свою. Сохранить душу народа. А это возможно, только если мы им, - указал он на внуков, - покажем что такое «народ». И воспитать их надо так, чтобы, осознав себя в народе, себя в едином потоке, они смогли сделать его счастливым.

- Счастье? Расплывчатое понятие. Я думаю, каждый счастлив сам по себе. Невозможно сделать целый народ счастливым.

- Начинать надо с себя. Поэтому важно не упустить молодых.

- А чем Вам не нравится наша молодежь? - усмехнулся Бейларбей.

- А Вам она нравится? Посмотрите на наших детей в городе. Физически они слабы, нравственно - не имеют основ, душа их практически превратилась в ничто. И в этом наша вина. Каждого из нас. Я не отторгаю молодых и невоспитанных. Это наши дети. Я пытаюсь исправить то, что мы натворили.

- Это правильно, что Вы начинаете с себя, - едко заметил Бейларбей.

- К сожалению. Каждый из нас где-то промолчал, когда-то не сказал, что-то упустил, и появились армии отупевших детей, «зомбилер». Раньше в аулах таких считали помешанными. Дуана... А сейчас? Про наших детей в современных аулах отдельный разговор. Тут злую роль сыграла и экология, и безработица, и гибель того, что всегда составляло основу жизни казаха... Теперь, чтобы возродить наши аулы, надо возродить принципы жизни.

- Принципы?

- Я называю их правилами. Золотыми правилами. По ним жили наши предки.

- Просветите тогда уж меня, молодого! - бросил Бейларбей.

- Всё просто - чистота помыслов, правильное использование силы и преданность дружбе.

- О-о-о-о-о, как это избито!

- Научив наших детей принимать мир как друга, мы сделаем их сильнее.

- Сильнее?

- Я расскажу Вам. Правило дружбы, которому меня научил Кутбар. Правило дружбы

Однажды у мудреца спросили:

- Сколько видов дружбы существует?

- Четыре,- ответил он. Есть друзья, как еда: каждый день ты нуждаешься в них. Есть друзья, как лекарство: ищешь их, когда тебе плохо. Есть друзья, как болезнь: и они сами ищут тебя. Но есть такие друзья, как воздух: их не видно, но они всегда с тобой.

- Эх, старики, всегда говорят об одном и том же! Что у нас, в Ашхабаде, что здесь... Причем здесь дружба?

- Наши дети должны научиться преданности, дружбе, братству. Миру, в конце концов. Кутбар для них - пример гармонии души и мира.
- Сами себе противоречите. Вы же выводите лучших тобетов, очищаете породу?
- Я её возрождаю. Это разные вещи.
- Значит, вы хотите возродить прошлое. Чтобы люди в юртах жили, на лошадях ездили? Так, что ли? - поморщился Бейларбей.
- Кочевник - понятие чести. Нужно возродить в людях лишь, это и всё встанет на свои места.
- Ой, коке, хотите сказать, Вы такой чистый? Я про Вас знаю. Работник советской торговли! - насмешливо заметил Бейларбей. - Будь Вы помоложе, были бы «авторитетом». Ставки сделаны. Если Кутбар выиграет, то Вам тоже перепадёт. Хотите сказать, что Вы не возьмете деньги? Что они Вам не нужны?
- Нужны. Для питомника.
- Ой, слова, слова! Я же знаю. Собачьи бои проводят в крупных городах, на крайний случай, в областный райцентрах. Там, где есть собачники и клубы. А тут аким какого-то аула затевает бои... И хотите сказать, что это без Вашего участия? Скорее всего, Вы научили этого недопыру, как проведем бои здесь, в горах! Понимая, что здесь не будет равных соперников, и вы срубите бабло. Для себя. Если так, в этом случае, Вы переоцениваете силы Кутбара!
- Нда. До такого я не додумался... Я не ангел. И не учитель. И не духовник. Но Вы ошибаетесь. Я не сторонник боев за деньги. Я жизнь прожил так, что никто не упрекнет меня в подлости или недостойном поступке. Но, если уж в силах Кутбара принести победу и деньги, то они пойдут на развитие питомника.
- Хорошо. Наш спор разрешат они, - посмотрел в сторону Босяка Бейларбей, прекращая разговор. - Пусть завтрашний день решит: чей пес победит - на стороне того и правда.
- А есть выбор? - спросил Сахи.
Бейларбей пожал плечами. К Сахи подбежал Кутбар. Он обнюхал Даурена и Али, обошел детей и сел рядом у ног хозяина.
- Да, не только человек стареет, наши собаки тоже не отстают, - заметил Бейларбей, рассматривая Кутбара.
-Только коньяк с годами крепчает! - поддакнул Тавшан
- Скоро и вашего любимца постигнет та же участь. Вот только хорошие собаки свою смерть не показывают хозяину, - надев белый войлочный колпак, Бейларбей медленно направился в сторону двери.

Когда тени гостей исчезли, а на лунном белом снегу остались лишь следы, младший внук Али произнес:

- Ата, мне страшно!
- Не бойся. Разве номады боятся?
- Нет.
- Тогда пошли домой. Даурен, закрой дверь.

Сахи и внуки шли по тропинке от питомника к дому. И всю дорогу Али тихо повторял:

«Я - номад. Я ничего не боюсь... Я - номад. Я ничего не боюсь... Я – номад...»

Тихо падали снежинки. Луна спешила укрыться плывущими темными облаками, похожими на призрачные миражи. Из-под опушки лисьего малахая, что подарил чабан Муслим, было заметно лицо Али. В светло-карих глазах мальчика отразились звезды над аулом Аксоз.

«Я - номад. Я ничего не боюсь...»

Шолпан Бурабаева

Со школы пишет автобиографические рассказы, сочиняет стихи и рассказывает детям свои сказки. В 35 лет развернула корабль своей жизни на 180 градусов и стала успешным психологом.
Автор и ведущая семинаров «Как выйти замуж?», «Достигни цели!». Ведет духовные беседы «В чём смысл жизни?», «Почему мы болеем или Как стать здоровым!». Верит в Бога и Волшебство. И эта безграничная вера всегда в трудных и порой безвыходных ситуациях творила в ее жизни чудеса. Любит этот многогранный Мир, своих троих чудесных детей и лучшего на свете мужа. Помогая людям изменить свою жизнь и сделать её счастливой, успешной и здоровой, помогает и себе. Ведь Познание себя, обретения радости безусловной любви это для каждого из нас Путь длиною в Жизнь.

«Когда сбываются мечты?!»...

День обещает быть ясным и солнечным. За стеклом слышится что-то напоминающее щебетание птиц вперемешку с громкобасистыми звуками немногочисленных авто и скрежетом «любимых» тормозов. Всё бы хорошо, но а в душе ... полная слякоть и проливной дождь.

«Да... выглядишь просто...на все буквы именитой кириллицы», - протянула я, глядя на себя в малюсенькое зеркальце, испытывая при этом чувство огромной, просто необъятной жалости к себе и своей, извините, хреновой жизни.

А что ты испытывала в день своего школьного выпускного вечера?! Думаю, в большинстве случаев самые тёплые воспоминания, радостный прилив нежных чувств, незатейливый восторг, и присущее тебе тогда осознание своей красоты, силы и молодости. Да ... думаю, у многих защемило в районе нижнего правого предплечья, и стало шумно «выплёскиваться» желание вернуться назад в свое счастливое детство.

Что ж, классно! Да, простите меня за мою назойливость, но, всё ж спешу описать обуревавшие меня чувства в тот чудесный июньский денёк 1989 года. Чувство восторга, пожирающих меня эмоций, огня страсти и пламенеющей красоты и ... никаких сантиментов, только факты.

Напрягите, пожалуйста, во всю мощь своего бесценного, всеми любимого организма, своё правое мозговое полушарие, что есть, к счастью, всего лишь малая толика возможности повизуализировать и повоображать. Замрите на доли секунды...

Процесс начинается... Представьте стройную, гибкую как тростиночка нежную девочку семнадцати лет этак килограммов под 100 с талией подобно греческой долине, от лица и тела которой было не просто отвезти глаза. Во взглядах, устремленных на эту "божественную красоту" читалась ... явная, ничем не прикрытая, людская жалость и, как ни странно, брезгливость. Возможно, это было симпатичная мордашка, но, к счастью, не для приветливых землян, которые на тот момент окружали меня на этой цветущей и счастливой планете.

«Чудненько... я толстая, страшная уродина»,- заключила я, после успокоительного осмотра себя в зеркальце, идя дальше дожёвывать свою любимую плюшку с джемом. Если честно, это был кайф пожалеть себя, затем налопаться чего-нибудь вкусненького, на ходу успокаивая внутреннее чувство самокопания и вины легендой, что всё равно на хрен я никому не нужна. Удобно для меня, но, чёрт побери, не для моей потрясающей жизни, уникальность, которой я осознала потом, чуть позже.

И, Слава Всевышнему, что это произошло.

Но, правда вся в том, что в этот чудесный денёк жить-то мне ни капельки не хотелось...

«Селяви», - с загадочным видом закивали мои дорогие Ангелочки и замерли, с надеждой подглядывая на меня. Я думаю, они верили в меня, и они не ошиблись. Ангелы ведь не ошибаются.

Таким вот замечательным образом произошло мое яркое вступление на тернистую, но удивительно счастливую (никакой иронии) дорогу моей уникальной, скажем так, осознанной взрослой жизни.

«Что ж, считается...», - заключила я и отошла от своего любимого отражения.

Кира
Нуруллина

участник

Закончила Карагандинский экономический университет, факультет «Менеджмент». Переехала в г.Астану, там работала и жила три года. На данный момент живет в г. Алматы. Практически все свободное время пишет фантастические рассказы. Свою первую книгу придумала в 16 лет, написала и закончила спустя 8 лет. Сейчас дописала вторую книгу из этой серии, и принялась за написание третьей и последней книги из трилогии. Любит сочинять истории, а так же читать другие произведения для развития и чтобы скоротать свободный вечерок. Мечтает попасть в число участников и финалистов конкурса.

Синопсис фантастического романа

«Катрина».

Катя простой подросток с вполне обычными проблемами: родители, школа и платоническая любовь. Друзья и знакомые обожают ее за веселый нрав и оптимистический настрой, которым она всех заражает. Она борец по своей натуре, но не приемлет насилия в любой его форме. Кажется, жизнь у такого человека должна быть безоблачной. Так оно и было, до того как Катя повстречала на своем пути Минеру.

Минера – величайший воин. Своенравная, эгоистичная, себялюбивая любительница острых ощущений. Она яркий представитель величайшей расы – таркитов. Которые вместе с китарами, злейшими врагами, попали на Землю, после гибели своей родной планеты – Виларкии. Вражда между этими расами не имеет границ, и кажется что их неприязнь друг к другу заложена на генетическом уровне. Хотя кроме внешних отличий, они во много схожи: они все являются практически чистой энергией, их основной рацион питания – мясо, и они не могут существовать в земной атмосфере – поэтому чтобы выжить они вселяются в людей.

Человек, в которого вселяется виларкиец, перестает быть хозяином своего тела и своей судьбы. За него теперь решает виларкиец. Он становится сильнее, быстрее и выносливее чем все люди. Но если виларкиец долго находится внутри человека, организм человека уже не может существовать без энергии виларкийца. Поэтому можно считать, что человек, в которого вселяется пришелец, перестает существовать.

Но когда Минера вселилась в Катю, по каким-то необъяснимым причинам, ее разум исчез. Она лишь наградила Катю своей энергией и ужасным всепоглощающим голодом, от которого даже самые близкие люди стали для Кати самым желанным деликатесом.

Помимо внутренней борьбы со своими желаниями и своей новой натурой, Катя, до этого не зная о существовании виларкийцев и об их истории, втягивается в тысячелетний конфликт между таркитами и китарами. Уничтожив свою планету, они ничему не научились, и продолжали противостоять друг другу. Но на Земле они столкнулись с проблемой - виларкийца сложно убить в теле человека, повышенная регенерация не дает возможности серьезно ранить противника. А в самый опасный момент виларкиец просто может выйти из тела, оставив человека на растерзание врагам.

Но несколько веков назад китары изобрели способ уничтожения таркита внутри человека быстро и без каких-либо серьезных последствий для тела. Такие люди, получив энергию виларкийца, уже не могли себя называть «людьми». Так как стали еще сильнее и непобедимее чем виларкийцы. Они научились использовать свою энергию, преобразовывая ее в различные способности. Такие как: телекинез, телепортация, способность искривлять пространство, пирокинез и многое другое. Они основали клан и нарекли себя оборотнями. Но за то время, что виларкиец находился в их теле, оборотни стали ненавидеть их вне зависимости от расы.

Поэтому оборотни придумали законы, при которых нельзя было убивать людей. За такое преступление, виларкиец наказывался перевоплощением в оборотня, что, по сути, является смертью для виларкийца. Кажется равноправная участь за людоедство. Но оборотни не так просты и благородны, какими пытаются казаться. Ведь с каждым наказанным виларкийцем у них появляется новый сильный собрат. Да и наказывали они только таркитов и китар. А среди своих собратьев людоедов всегда прощали.

Когда в Катю вселился таркит, она стала разрываться между своей старой жизнью и жизнью таркита. Она бы без колебания выбрала свою прежнюю жизнь, но ее останавливали две причины. Во-первых, это голод, который ей не дает нормально жить. И она решается отправиться к таркитам, чтобы научиться контролировать голод, а также узнать побольше о том существе, которое живет в ней. А во-вторых, она повстречала таркита по имени Шрам. Он околдовал ее с первого взгляда, правда она сама себе не хотела в этом признаться. И после сложной человеческой платонической любви, она боялась, что и он не ответит ей взаимностью. А он боялся, что перед ним Минера, которая всегда отличалась своей страстью играть с жизнями окружающих.

Но Катя, втянувшись в жизнь таркитов, не подрассчитала своих внутренних сил, и однажды голод сломал ее. И тогда ее постигло наказание за людоедство, после которого она перестала ощущать гнетущего чувства присутствия таркита. Но теперь она принадлежала другой расе. А в мире, где каждый обращает внимание на твою принадлежность к определенному роду, это означало, что быть со Шрамом ей не посчастливится.

И тогда Катя переключается на свою новую жизнь. Она знакомится с оборотнями и их привилегированной армией. Ей показалось что, наконец, она нашла свое место – защищать людей от таких существ. Да и воспринимали ее как Катю, человека подвергшегося воздействию виларкийца.

Но ее все равно тянуло к Шраму. Его зеленые глаза были словно свет в конце тоннеля. И поэтому на фоне всех противоречий и запретов, межрасовых конфликтов и стереотипов зарождается любовь между Катей и Шрамом.

Но тут Катя узнает всю скрытую правду об оборотнях, об их законах, и об их благородных поступках. И она взбунтовалась. Одним своим поступком Катя подорвала устоявшиеся традиции. Что невообразимо разозлило старейшин оборотней, и они отняли у Кати самое дорогое, что было в ее жизни – семью.

Сломленная и раздавленная своим горем, Катя находит в себе силы, чтобы отомстить за своих родных. Она отправляется на смертельный поединок со всей привилегированной армией оборотней. И когда, казалось, что ее жизнь вот-вот оборвется, к ней на помощь пришел Шрам со своими друзьями. Катя смогла отомстить за своих родных.

Но после битвы, Катя не чувствует облегчения. Она понимает, что врагов у нее еще очень много, а дорогой ей человек остался всего один. И невзирая на всю свою любовь и привязанность, Катя расстается со Шрамом, исчезая в предрассветных лучах солнца.

Мария Кельберг

участник

Журналист по образованию, работала в республиканских и городских печатных изданиях, а также много лет в рекламном бизнесе. Писать детские сказки начала давно, в качестве личного увлечения. В 2015 году серия сказок отдельными книжками будет опубликована в Турции (на турецком языке). Первая уже издана в мае 2014 г.

Отрывок из сказки

«Жемчужина»

Даниэль, ловец жемчужин, вырос в бедной многодетной семье. Он был вторым после своей сестры ребенком в семье, поэтому с раннего возраста на нем было много обязанностей. Был он статным и красивым, а еще - отличным пловцом, потому что с детства обожал прыгать с утеса в море и мог, не уставая, часами нырять и плавать.

Он набирал побольше воздуха в легкие и нырял так глубоко, насколько хватало сил. Так день за днем он набирал форму, развивал свои легкие и мог без труда продержаться под водой 3-4 минуты. С каждым разом он опускался все глубже и глубже. Его очаровывала морская красота: жизнь под водой ему казалась намного интереснее, чем на поверхности.

Даниэль любовался косяками рыб, дельфинами, скатами, медленно плавающими по морскому дну, причудливыми ракушками и морскими звездами. Он не мог бы сказать наверняка, какие звезды ему нравились больше: на небе или под водой.

Однажды он наткнулся на жемчужную раковину.

А на следующий день за жемчужину на рынке выручил несколько золотых монет, и этих денег его семье хватило на целый месяц.

С тех пор Даниэль увлеченно стал искать жемчужины на морском дне, но ему везло не часто. Несмотря на это, он не сдавался с постоянным упорством каждый день уходил на море, как на работу, в поисках жемчуга.

Когда ему исполнилось 16 лет, прошла весть, что король Давид в честь дня рождения своей приемной дочери Изабеллы обещает большую награду тому, кто отыщет и принесет в королевский дворец самую красивую жемчужину. Она украсит шею принцессы в памятный для нее день, а ловец получит в награду мешок золота высшей пробы.

«Вот он, мой шанс, и пусть мне сопутствует удача!», - подумал Даниэль и сообщил о своем решении отцу.

- Сынок, тяжелое это дело - тягаться с опытными искателями

жемчуга. В море не останется и метра свободного – все захотят получить такую награду.

- У нас у всех одинаковые шансы, так почему я не смогу? Я же дольше всех могу находиться под водой, а значит, удача может улыбнуться именно мне.

И с первым лучом восходящего солнца ушел на море. Он нырял, пока хватало сил, до позднего вечера. И возвратился домой с пустыми руками. Так прошло три дня.

- Даниэль, не мучай себя. Смотри, как ты похудел, - сокрушалась мама. Не надо нам золота, лишь бы ты был жив и здоров. Брось эту затею.

Но Даниэль был упорным и не хотел сдаваться. День за днем он уходил на море, но удача, казалось, отвернулась от него.

«Но почему, почему? Как будет жить дальше моя семья? Неужели мы так и будем всю жизнь нищенствовать?!» - в отчаянии задавал себе вопрос Даниэль. В ту ночь ему приснился удивительный сон. В том сне он поймал прекрасного белого голубя, крылья которого мерцали розовым светом. «Чудеса...» - только успел во сне подумать Даниэль, как проснулся.

Ощущение от сна было удивительно легким, и в этом он увидел хороший знак. Как только начал светлеть восток, он тихо, стараясь никого не разбудить, отправился на море. Сегодня был последний день, когда до вечера во дворце принимали от искателей жемчужины.

...В то утро Жемчужинке не спалось. Она все думала о словах старого осьминога и пыталась представить себе людей. Ей по-прежнему казалось, что все страхи очень преувеличены и что если бы она встретилась с человеком, то смогла бы с ним подружиться. Как только стало светлеть, она, как обычно, приоткрыла верхнюю створку своей раковины и стала смотреть туда, откуда всегда появлялся первый луч восходящего солнца.

А в это время с необычайным волнением Даниэль спускался все глубже и глубже в морские глубины.

Вдруг он заметил мягкий розоватый свет, идущий прямо с морского дна. «Что это?», - подумал он и вспомнил свой удивительный сон. Он напряг все свое тело и уверенно и сильно поднырнул. Заветная раковина лежала на морском дне, а из нее пробивался поток прекрасного розового света! И в ту же минуту солнечный луч прорезал синеву моря до самого дна, его свет был таким ярким, что Жемчужинка от неожиданности прикрыла глаза, наслаждаясь моментом. Но внезапно что-то загородило от нее солнце, и она почувствовала, что ее раковину накрыло чем-то мягким и теплым. Она даже не успела испугаться, а Даниэль, сомкнув руки лодочкой и крепко держа раковину, уже быстро поднимался на поверхность моря, думая только о том, чтобы ему хватило воздуха.

Когда он обессиленный выбрался на берег и раскрыл раковину, то на мгновение лишился дара речи. Никогда еще за все годы, проведенные на море, он не видел жемчужину такой сказочной красоты. Чистое розовое сияние, исходившее от нее, было таким сильным, что слепило глаза. Этот цвет был редкостью в этих местах.

«Да это же целое состояние! - прошептал Даниэль, не веря своим глазам. За одну жемчужину я заработаю столько, сколько моей семье даже не снилось!»

А Жемчужина тем временем, дрожа от страха и любопытства одновременно, пыталась рассмотреть своего похитителя. «Ах вот они какие эти люди, - подумала она, видя перед собой улыбающееся во весь рот лицо молодого юноши. Не страшные совсем, только такие огромные! Будет теперь о чем дома рассказать!» - сказала она себе и испугалась. А вдруг, она больше никогда не увидит маму и папу? Может быть, теперь на всю жизнь она останется здесь, на суше, и никогда не сможет вернуться?»

Но потом, вспомнив рассказ старого осьминога, она постепенно успокоилась.

Если отец осьминога смог вернуться, то почему же она не сможет? По крайней мере, ей намного проще – она может дышать воздухом, которым дышат люди. Так любопытство постепенно прогнало страх, и теперь Жемчужина думала только о том, что мечта ее сбылась – она встретила людей и приготовилась к приключениям.

- Папа! Мама! – закричал Даниэль прямо с порога. - Посмотрите, что я нашел!

- Боже мой, какая она красивая, сынок, - только и смогла вымолвить мама, увидев у него на ладони потрясающую жемчужину, - это и правда королевский подарок.

- Вот это да! Поздравляю, сын! Твои усилия не пропали даром, ты все-таки добился своего. Беги быстрее во дворец, а то не успеешь, - стал торопить его отец.

Во весь дух помчался Даниэль во дворец, еще не зная, какие испытания ждут его впереди.

Адольф
Арцишевкий

участник

Перевёл с казахского повести Акима Тарази «Аяз и Ораз», «Династия»; книгу повестей Бакхожи Мукаева «Белая птица»; повесть Тулека Тлеуханова «Наши отцы»; роман Калихана Искакова «Легенда о земле Беловодье»; пьесы Калихана Искакова и Шахимардена Кусаинова «Приказ остаётся в силе», Дулата Исабекова «Сети дьявола (Жизнь Михаила Булгакова)».

Стихи

***

Мой верный собеседник - тишина,
Когда ни суеты, ни прочей скверны,
Когда душа обнажена,
И словно струны скрипки нервы.

Но нет смычка. Лады перебирая,
Смотрю в зияющую тьму...
Бреду по кромке ада или рая -
Пока и сам я не пойму.

Я знаю: всё давно предрешено,
И время жизни безнадёжно тает -
Моё раздумье смысла лишено,
А я всё также - у порога тайны.

***

Когда затеплится звезда над косогором,
Мир затихает, погружаясь в ночь,
И лишь маяк своим бессонным взором
Пытается пространство превозмочь.

И мой бывалый, повидавший виды парус,
Пропитанный сомненьями тревог,
Преодолев извечную усталость,
К неведомому сделает рывок.

Дорогу мне слепой Гомер укажет,
Глухой Бетховен будет слушать ночь.
Давид с пращой послужит верной стражей,
Христос распятый сможет мне помочь.

Великая симфония Вселенной...
Ещё мгновенье - и Господь заговорит.
И новый день, как первый день творенья,
Полоской алой над землёй горит.

Фархат Тамендаров

участник

Родился в городе Алма-Ате, (Казахстан). В 1981году окончил Алматинский энергетический институт. Выпускник литературной школы г.Алматы. Собственный бизнес. Автор стихотворных сборников: «Солнца светлого сияние»; «Зеркало на ладони»; «Мгновение вдоха»; поэмы «Золотая роза Гулистана», посвященной детям. Публиковался в литературных альманахах г. Алма-Аты, « День поэзии » г. Москва,; «Литературная Азия», в журналах «НИВА»; «Простор», «Литературная Газета» г. Москва, газета « Дружные ребята». Лауреат международного конкурса переводчиков «Ак -Торна», г.Уфа, Россия, в 2013 году финалист третьего международного фестиваля «Open Central Asia Book Forum & Literature Festival » г.Лондон. В настоящее время живет в г.Алматы.

Отрывок из рассказа

«ИНЛОВИЙ»

Первое января нового года нового века. Сегодня особенно жарко, поэтому я затащил наши шезлонги под раскидистую пальму. Затем лёг и с удовольствием уставился на морской пейзаж. Что ни говори, а Мальдивы действительно рай на Земле. Бирюзовая вода, белый песок, островок, усыпанный кокосовыми пальмами, разноцветные рыбки, дельфины и ощущение непоколебимого покоя и человеческого счастья. К пирсу подходила красивая яхта, и я невольно залюбовался ею. « Да уж, – подумал я, - казалось бы, в свои сорок семь лет достиг многого: своя строительная фирма, дом, машины, дети учатся за границей, а вот на яхту не заработал...»

- Когда-нибудь, папа, я приеду на этот остров на собственной яхте. - услышал голос, лежащего рядом, моего одиннадцителетнего сына.- Вот увидишь.

- Что ж это похвально, Инко. Единственно, что ты должен заработать на неё сам.

- Вот это-то самое трудное..... - протянул он, - Было бы лучше, если сразу всё, как в сказке.

- Ты считаешь, что стремление к материальному благополучию есть цель жизни?

- А что ж ещё ? Да это самое главное, чтобы быть счастливым.

- Ну а как же любовь, семья, дружба, творчество?

- Семья главнее, но если жить в постоянной нужде, то счастливой семьи не получится.

- Иногда и в обеспеченной семье счастья нет. Главное мне кажется, мой мальчик, это любовь.

- Пап, а как вы с мамой познакомились?

- О, это было так давно, сынок. Но день был памятный, 24 декабря- сочельник. Они шумной девичьей компанией отмечали день рождения своей подруги в одном уютном ресторане. Случайно там оказались и мы с друзьями. Я пригласил твою маму на танец, так мы познакомились.

- И что ты сразу понял, что это она? Та, которая раз и навсегда.

- Нет, конечно. Это случилось чуть позже. Я ухаживал за ней пять лет, прежде чем сделал предложение.

- Целых пять лет?

- Если честно, то и всю совместную жизнь тоже.

- Эх, и везет же тебе, встретил такую красивую девушку. Вот бы мне так.

- Ну, тебе рано ещё думать об этом, но я верю, ты встретишь достойную женщину.

- Пап, а о чем ты думал, и чем занимался в мои годы.

- Честно говоря, трудно вспомнить, что ты делал в одиннадцать лет, но попробую. В те далекие годы, сынок, наша большая семья жила в одном из суровых северных городков. Зима по пять месяцев в году. Ну и как большинство моих сверстников я записался в секцию хоккея с шайбой. О, это очень мужественный и жесткий вид спорта. Не каждый выдерживает, но я продолжал заниматься. Даже, когда дворовые друзья начинали ухаживать за девчонками, устраивать посиделки с гитарами в теплых подъездах, я все ещё таскался с огромным тяжелым баулом за спиной, в котором была вся моя амуниция. Но я благодарен хоккею, ведь он научил меня не бояться столкновений, не отступать, не опускать рук перед неудачей, не подводить свою команду, всегда стремиться к победе и, не смотря на трудности, первым забросить шайбу в ворота.

- В наше время так уже не занимаются, а в основном сидят у компьютеров.

- Да, время другое, другие интересы, другой уровень жизни, но главное, сынок, чтобы мужчине состояться, ему просто необходимо пройти школу выживания в мужских видах спорта, и на арене и в жизни.

- Ну, я думаю у меня, пап, все ещё впереди.

- Конечно, у тебя впереди интересная и долгая жизнь, но знай, что зачатки человека успешного как раз формируются именно в твоем возрасте. Вот давай я расскажу тебе несколько историй, а ты сам сделаешь свой вывод.

* * * * *

На золотом крыльце сидели Пророк, Вождь и Король. Они пили душистый чай, вели непринужденную беседу, изредка поглядывая вниз на грешную голубую планету. Выглядели все трое по-разному. Первый был невероятно красивый молодой человек с вьющимися русыми волосами, одетый в белый широкий балахон. Голову его окружал золотой нимб. Второй был страшен и грозен. Все лицо усыпано маленькими оспинками. Большой нос, под ним густые седые усы. Над зачесанными назад густыми волнистыми волосами выпирали небольшие рожки. Он укутался в свой красный плащ так, как - будто ему было холодно. Третий полноватый, лысеющий мужчина, в очках, с отсутствующим взглядом, словно витал в соседних облаках, был одет в розовую тогу. Оставшиеся на голове неряшливые волосы украшал лавровый венок. Этот третий не лез в разговор двух антагонистов, вечно спорящих о добре и зле, свете и тьме, добродетелях и пороках. Он мыслями был далеко и вынашивал простую, но как ему казалось проверенную жизнью, истину: " В жизни мужчины есть два ключевых момента. Это одиннадцать лет, когда подросток совершает такие поступки и им овладевают такие мысли, которые в будущем помогут ему состояться в жизни. И сорок семь лет, когда мужчина должен иметь всё или ничего. Вот такая диалектика..."

Этих троих, так непохожих друг на друга, объединяло одно - имя Иосиф. Когда-то, много лет назад, отец назвал сына Иосифом, совсем не предполагая, какая судьба ожидает обладателя этого имени.

Часть первая

Юсуф тихо спал на коленях отца в тени ветвистой чинары, растущей во дворе их большого дома. Старый Якуб нежно гладил его кудрявую голову. Сегодня его любимому сыну исполнилось одиннадцать лет, и он решил отпраздновать это событие. Вдруг Юсуф заворочался во сне и неожиданно проснулся. Вид у него был не испуганный, а скорее удивленный.

- Что случилось, мой мальчик? - спокойно спросил отец.

- Вы знаете, отец, мне приснился странный сон. На синем небе одновременно появились солнце, луна и одиннадцать звёзд и преклонились предо мной, не смея поднять своих ярких глаз. Прошу вас, объясните этот сон - ответил сын.

- О, милый мой, это очень непростой сон и его послал тебе сам Всевышний. Ты станешь владыкой восточного государства, ты будешь посланцем бога на земле, и твои одиннадцать братьев будут служить тебе. Однако о том, что я сказал, никому не говори, и особенно братьям.

Отец ещё долго рассказывал сыну о его будущей жизни, о том какие добрые дела он должен будет совершить для людей, о чудесах, ожидающих его впереди. Но весь их разговор случайно подслушала приёмная дочь Якуба. Она тут же пошла и рассказала обо всём старшим братьям. Те, услышав это, страшно огорчились. Их обуяла черная зависть.

- Младший Юсуф станет падишахом, а мы будем ему прислуживать. Какой позор! - возмущались они, - надо что-то сделать, чтобы это не произошло.

И придумали они страшный план. Пошли к отцу и говорят:

- Отец наш мудрейший, просим вас отпустить маленького Юсуфа с нами на охоту. У него сегодня день рождения, давайте сделаем ему такой подарок.

- Я не могу его отпустить, - отвечал Якуб, - он ещё мал и на него могут напасть дикие звери.

- О, разве мы можем допустить это. Перебьём в округе всех волков ради него. Пусть он полюбуется красивой природой, красивыми птицами - уверяли сыновья.

Тут уже загорелся сам Юсуф и стал упрашивать отца отпустить его. Под таким натиском Якубу пришлось согласиться, но с условием, что вечером они вернутся к началу праздника. Братья сразу же, оседлав коней, отправились на охоту. Как только они оказались за холмами, где их никто уже не видел, тут же сбросили маленького Юсуфа на землю, затем привязали его руки к хвосту лошади и поскакали дальше. Наконец они доехали до старого заброшенного колодца. Это было жуткое место, голое и грязное, с колченогими, высохшими деревьями, от него по всей округе разносился смердящий запах. Здесь братья захотели расправиться с ним. Юсуф без сознания лежал в пыли, весь изорванный, окровавленный. Самый старший брат, Шамгун, уже занес над ним свою саблю, как тут вмешался один из братьев Яхуд и сказал:

- Послушай, Шамгун, бог не простит нам этого греха, если мы сделаем его своими руками. Смотри вот старый колодец, в котором водятся гадкие змеи, и вода в нем отравлена. Давай сделаем так, как - будто он упал туда нечаянно сам и утонул.

Грозный Шамгун задумался на мгновение и затем согласился. Другие братья тоже решили, что так будет лучше:

- Твоя правда, Яхуд. Не будем марать руки в его крови.

Они связали беспомощного мальчика и хотели сбросить в колодец, но тут он очнулся и заговорил:

- Братья, мои дорогие, не знаю, почему вы это делаете со мной. Ещё утром я был горд тем, что имею одиннадцать братьев, сильных и смелых, как львы, которые в любую минуту придут на помощь. И что же? Теперь вы оказались самыми страшными врагами. Что ж пусть вы меня сейчас убьёте, но имей я одиннадцать новых жизней, то все бы их снова отдал бы вам. Прощайте, мои любимые, пусть бог хранит ваши души.

Тронутый словами Юсуфа Яхуд бросился ему на помощь, но остальные отбросили его, и тут Шамгун сказал:

- Хорошо, давайте спустим его в колодец, от голода и холода он сам умрет через несколько дней.

Так и сделали злые братья. Спустив Юсуфа на самое дно, они острым ножом перерезали веревку.

Оксана
Алмазова

участник

. Родилась и живет в Республике Казахстан. По роду деятельности психолог, преподаватель вуза. Хобби - путешествия и чтение книг. Первые рассказы были написаны еще в младших классах.

В 2001 году ее впервые напечатали в литературно-художественном журнале «Простор». В магистратуре увлеклась фанфикшеном, написала диссертацию о личности фикрайтера и стала писать фанфики. Параллельно занималась собственным творчеством, выкладывала все в основном на Интернет-ресурсах. Выпустила 2 книги: роман «Десять» (2007) и сборник рассказов «Пчелка на отдыхе» (2009).

Постоянный автор фанфикшена (в сети выложен мой цикл фанфиков «Рики Макарони» и другие работы под псевдонимом «akchisko_san»).

Рассказ

«Проба стрелы»

посвящается проекту «Музыка ледника» (июль 2012)

Как и многие жители южной столицы, Тимур мог похвастаться тем, что в окно его комнаты видны горы. Прекрасный пейзаж, способный любого хоть ненадолго сделать богачом, постоянное обрамление города, место для пикников и проверки духа и тела на выдержку. И вот сейчас немногие знали, какая от гор исходит опасность. И Тимур Капустин, уходя на условленную встречу, механически скользнул отнюдь не героическим, весьма нервным взором по белоснежным пикам. Где-то там таял ледник.

«Ледник Туюксу тает ускоренными темпами, потому что пери перестали его удерживать, и он может вообще обвалиться», – объявил руководитель академии подполковник Султанов. Так специальный легион колдунов получил задание, и, в общем, не только легион. Попробовать достучаться до местных бессовестных пери теперь должны были все, включая стажеров-курсантов. Слухи быстро дошли и до первокурсников вроде Тимура: каждый попробует отослать стрелу с письмом, с подножия ледника дается только одна попытка. Ах да, Алматы оставалась ровно неделя до тех пор, когда ледник во всем своем великолепии со скрипом рухнет на головы беспечных горожан, сметет на совесть сделанную плотину и прокатится до Капчагая.

Тимуру от такой дикой ответственности сделалось скорее страшно, чем лестно. Кто он такой? Курсант-первокурсник из обычной семьи, который никому из близких не может рассказать, где учится. И началось-то с глупой мальчишеской шалости: классе в седьмом лазил он, помнится, по заброшенному частному дому под снос и... Провал. До сих пор Тимур не знал, что тогда случилось, но, кажется, наткнулся он на занятную магическую штучку. Так его и нашел старый хозяин дома – майор-колдун, ныне подполковник Султанов. И он же объявился в прошлом году, оборвав все сомнения выпускника Капустина относительно того, куда бы теперь поступить.

Тимур по сию пору помнил, как занервничал, когда на улице возле него притормозило авто с мигалкой. Оттуда вылез и подошел к нему солидный дядя в погонах. Разговор был короткий.

– Ты слишком много видел, – отрубил подполковник, и начисто отмел все возражения насчет того, что Тимур ничего не помнил. Его немедля отвезли на вступительные экзамены, где он, к своему удивлению, колданул вполне-таки сносно.

На профессию колдуна, да и на ее маскировку Тимур не жаловался, стипендию дали хорошую, что сняло почти все вопросы со стороны родителей. У него даже имелся вполне нормальный студенческий билет, где значилось, что он обучается по специальности «инновационные технологии»!

И он, конечно, старался, поскольку в знаниях элементарных колдовских вещей заметно отставал от товарищей. В основном в академию для колдунов попадали парни из предгорных поселков, у которых в предках непременно есть одна-две вот эти самые безответственные местные пери. Или знатоки вроде Василия, чьи опять же колдовские родители попали сюда во времена Союза, да так и остались. Вася-агай, как его частенько называли, к младшим товарищам относился покровительственно. Иногда это надоедало, иногда нет, а Тимура так он вообще охотно снабжал советами.

– Не пробуй ты стать тем, кем стать не сможешь, – морщился он. – Используй свои сильные стороны, мозги качай, раз не чувствуешь землю, не подражай тем, у кого традиции на пятьдесят поколений.

Легко сказать! Как раз такие окружали Тимура на курсе. Нет, те, кому магия внове, тоже иной раз поступали в академию, вот только они все выпустились как раз до Тимура.

С товарищами у него сложились хорошие отношения. Были, конечно, такие, кто снисходительно фыркал, видя его потуги не отставать от тех, у кого чары в крови. К примеру, Арман, брат Болата, лучшего друга Тимура. Болат глубоко уважал надменного и преуспевающего во всем старшего брата, души в нем не чаял, что Тимура порой раздражало. Но теперь он от души хотел, чтоб Арман попал в цель и спас город, не зря же он потомок пери. Хоть бы получилось у Армана, Василия или любого старшекурсника, которые сегодня пробуют свои силы у подножия ледника спасти город. Спасти город и снять с него, салаги, этот тяжкий крест.

Тимур доехал до стадиона и отправился дальше пешочком вниз. По пути он мог думать только о пери, и припомнил все, что знал о них.

Порой они спускались и оставались среди людей, как черт-те сколько «пра»бабка Болата, полюбившая легендарного батыра. Но обычно пери, как феям, эльфийкам и прочим прекрасным дамам, до простых смертных не было никакого дела.

В парке выше Никольской церкви, где договорились собраться курсанты, Тимур за руку поздоровался с Болатом, и в ожидании запоздавших поучаствовал в необременительном разговоре в стиле «как дела – нормально». Наконец все, кого ждали, подошли, и курсанты столпились вместе.

– Итак, братья, мы собрались здесь, чтобы обсудить Ок-жетпес местного разлива, – сурово объявил Галымжан, староста.

На их молодежное сборище никто не смотрел. В маленьком парке все скамейки, как обычно, оккупировали студенты из ближайших вузов и колледжей. По залитым солнцем аллеям сновали граждане разных возрастов и занятий. Напряжение Тимура, наконец, проявилось.

– Эти пери что, совсем оборзели? – поинтересовался он.

Некоторые закивали, но как-то так безнадежно. Выказали неодобрение вместе с бессилием, так сказать.

– Пери недавно сражались с дэвами, – принялся терпеливо разъяснять Даурен, – из-за этого тогда еще был звездопад.

– С дэвами? Ты не врешь? – перебило его сразу несколько голосов. – А откуда дэвы?

– А черт его знает, может, с Афгана или Египта, где там у нас теперь неспокойно, оттуда и засылают нечистую силу вместе с террористами, – ответил староста.

– Ну, наши пери на своей территории, ясно, всех дэвов размазали, – вклинился Даурен.

Курсанты гордо закивали, ведь этому правилу их научили в первую очередь: конфликт «резидент-захватчик» практически всегда закончится в пользу резидента. И у людей, и у животных, и у магических существ так. Поэтому на чужую территорию соваться себе дороже.

– Теперь наши пери празднуют и поют, совсем запустили наблюдение за ледником, – продолжил Даурен. – Они отвечают за всю воду в горах, за горные потоки...

– Это я знаю, – отмахнулся Тимур, подавляя сердитость на товарища. Уж не настолько он был несведущ в самых элементарных вещах.

Староста махнул рукой, выказывая нетерпение и досаду.

– А люди-то что! Слышали? Делегацию собрали. Еще записывают музыку ледника! А это пери поют, причем загул у них конкретный.

Тимур нахмурился. Ледник ведь не только музыку издавал, он еще и скрипел. И скрип этот как раз говорил о том, что он тронулся и едет, и снесет всем крыши рано или поздно. По недосмотру загулявших героических пери.

– Если уж нам, кто вообще без диплома, дают попытку, надежные способы исчерпаны, – проворчал кто-то со стороны.

– Попытку-то нам дадут, но вот какая фигня, братаны, – глубокомыслие на обычно веселом лице Болата делало его еще более комичным, и как-то совсем не настраивало на серьезный лад. – Нужна особенная стрела.

Ситуацию вкратце он обрисовал так. Особенная стрела, которой можно попасть в вершину горы, находится, так сказать, вне зоны доступа, но такая заколдованная игрушка определенно когда-то существовала специально для такой цели – стрелять по горам. Следует либо найти спрятанную старинную стрелу, утерянную во времена нашествия монголов, либо по старым книгам попытаться воссоздать свою.

– А не то, братаны, ждет нас всемирный позор, – продолжая удерживать всеобщее внимание, предрек Болат. – Вася-агай, знаете, проговорился? Оказывается, эти по обмену из Белоруссии тоже будут пробовать, если у нас не выйдет. А еще позовут всех, с России, с Киргизии, с Узбекистана, Вася сказал, бред полный.

Группа курсантов словно взорвалась и загалдела на все ряды. Тимур тоже считал, что идея бредовая: если потомок пери или кто местный не достучится, толку нет. Но и пробовать колдуны будут до последнего.

– Только девчонкам нашим пока не разрешают стрелять! – усмехались первокурсники. – Они, ясно, злятся, но лучше пусть злятся они, чем пери. Ведь пери девок терпеть не могут...

Так, поговорив, разошлись как будто ни с чем. Но у Тимура появилась идея. Или, просто чтоб не ехать домой психовать, он предложил Болату:

– Давай-ка поищем про эти особенные стрелы. Без них ведь никуда?

– Дело не в стреле, а в батыре, – гордо ухмыльнулся Болат, но компанию составил.

Чуть выше парка приютился маленький домик-музей, обычно все ходили мимо него; впрочем, особые чары способствовали тому, чтоб входящих как бы не замечали. Ведь на самом деле, курсанты из академии магической обороны частенько заглядывали сюда. Здесь, в небольшом здании музея, находился вход в подземную библиотеку. А также другой, не вполне нормальный музей, и Тимур с Болатом сначала отправились туда.

Обычно доступ первокурсникам в эту кладезь знаний был ограничен. Ввиду критического положения, сегодня разрешалось всем и все, смотритель – старичок в потертом камзоле, даже все двери отпер. Тем более что никому больше, кроме Тимура и Болата, не пришло в голову заглянуть сюда в поисках ответов. Колдуны, особенно молодые – народ деятельный, в нервах терпения на зубрежку не хватает. Но даже Болат поначалу сдержал замечания, когда им вдруг открылась кладезь истинных чудес.

В комнатке вдоль коридора, оказывается, были аккуратно расставлены все местные и дружественные артефакты: сапоги-скороходы, скатерть-самобранка, психоделический кобыз, две потертые волшебные лампы и порошок для исчезновений. Угроза городу и близким как будто даже отодвинулась в сознании, Тимур вертел головой, понимая, что вновь его пустят сюда нескоро, если вообще в этой жизни.

– Эта домбра – та самая, которую залили свинцом? – ткнул он пальцем.

– Ага, напоминание нам всем, чтоб не болтали много и держались подальше от плохих новостей, – проворчал Болат. – Думаешь, начитаешь что? На поиски стрелы отправлены разведчики, повсюду обещали помогать.

Тимур очнулся от созерцания чудес и счел слова друга откровенной ерундой.

– Как можно искать непонятно где? Во все дыры заглядывать? Можно долго по всему миру шариться, и найти попутно много всего интересного, но это не решит нашу проблему. Надо сделать самим, и ответ может быть в книгах.

Так, едва не повздорив с другом, Тимур отправился читать. Болат ушел, бормоча, что готового рецепта волшебной стрелы все равно не может быть, придется импровизировать, а это все равно, что искать везде подряд.

Везде подряд поначалу и вышло. Просмотрев за полчаса все начальные пособия по приготовлению снадобий и налаганию чар, Тимур забраковал их. И вот на глаза ему попался солидный том, новый, на котором по-современному, без твердого знака было вытеснено: «Книга Велеса».

Тимур о ней слышал и читал о том, что существуют сомнения в ее подлинности. Он планировал добраться до нее прошедшей зимой, но не случилось. А теперь открылась она в его руках как будто сама собой, курсант присел, и его затянуло...

И Тимур до вечера корпел над книгой. Он бы, наверное, и дальше сидел, если бы вдруг не заявился Болат.

– Ты чего вернулся? – проворчал Тимур, с неудовольствием отрываясь от книги.

Друг плюхнулся на стул напротив, вопроса он как будто не слышал.

– Хана. Арман промазал. Конкретный недолет, – объявил он.

Определенно, не ожидал он такого. Эта детская вера во всемогущество старшего брата всколыхнула в душе Тимура угрызения совести. Он тут увлекся чтением, совершенно забыв, для чего все это. Вот-вот ледник сорвется, и тогда городу действительно хана.

Болат потянул книгу на себя.

– Про голубей читаешь? Птички мира типа? Ну и зачем? – потребовал он.

Ни за что на свете Тимур бы не признался, что в этом нет никакого проку.

– Голубь – священная птица у многих народов, – назидательно произнес он. – Они летают и носят вести. А что, если?..

До церкви друзья спустились за несколько минут. Там постоянно стаями летали голуби. Конечно, они теряли много перьев.

– Собирай белые, – велел Тимур другу, и сам занялся тем же самым.

Банально насобирали перьев, вернулись в библиотеку. Началась напряженная гонка со временем. Тимур, как бешеный, стал искать состав волшебного зелья, перелопатил томов двадцать и нашел то, что его устроило.

– Вот не ждал, что ты способен меня так достать, – пожаловался Болат, послушно собирая ингредиенты из того, что с собой. За недостающими он же смотался в академию, разбудил всех дежурных, так что доваривалось зелье под пристальным вниманием библиотекаря и двух скептически настроенных сержантов прошлогоднего выпуска.

Но даже они застыли с открытыми ртами, когда намоченное в зелье перо засветилось.

– Так и должно быть, – гордо объявил Тимур, не подумав в тот момент, что ведет себя слишком самонадеянно и, строго говоря, ни в чем еще не может быть уверен.

Сержанты немедля бросились наперегонки – докладывать наверх. Библиотекарь хмуро удостоверился, нужны ли еще книги и, получив отрицательный ответ, принялся убирать свои сокровища обратно на места. Тимур же обмакивал перья, и многие из них светились – знак того, что их потерял легендарный Голубь Мира. Оказывается, в родном городе таких пруд пруди. Чудеса!

– И что, так и пойдет перо как стрела? – недоверчиво спросил Болат.

– Нет, не пойдет. Для стрелы нужен стручок камыша. Где у нас болото поблизости? – заявил Тимур, чем друга, похоже, смутил.

– Да камыш весь высох от такой жары! Сломается, – попытался воззвать к нему Болат.

Тимура подобные опасения не смущали.

– Стрела не должна быть прочной, она должна быть легкой. Если что, укрепим магически, – заявил он. – Надо срочно за камышом!

– На Сайран можно попробовать, или внизу где, – предположил Болат.

Решили смотаться поближе, на озеро Сайран, и не прогадали. Камыш, вместе с другими следами запустения, там имелся.

– Столько деревьев снесли! – и Болат непечатно выругался.

В сумерках синие горы, подернутые дымкой, казались полупрозрачными. Нереальными, как голограмма, с берега не поймешь, есть они там далеко или нет. И однако угроза, исходящая от скрипа ледника Туюксу, в своей кажущейся незаметности не становилась меньше.

В общем, друзья почти час шарились по заболоченному берегу, а затем всю ночь сначала пихали, а после просто привязывали перья к камышовым палкам, вполне-таки прочным. Утром оба стояли перед подполковником Султановым и докладывали о проделанной работе.

Светящиеся стрелы произвели на начальство сильное впечатление.

– А ты учиться идти не хотел, – попенял ректор Тимуру, чем порядком парня смутил.

– Стрелять будет Болат, – пробормотал сонный Тимур, он не думал об этом, но как-то вдруг само оформилось в сознании, что так надо. – Он потомок пери, и у него больше шансов.

Смущенную болтовню со стороны Болата насчет того, что это нечестно, подполковник потерпел для приличия и прекратил. Польза дела прежде всего.

Не успел Тимур опомниться – и вот они уже едут по горной дороге. Стрелы подполковник Султанов держал в специальном ящике у себя на коленях, чтоб, храни нас горные пери, не повредились в пути. К одной из них уже привязали записку на старом арабском: библиотекарь где-то начитал, что пери этот язык понимают.

Тимур и Болат покачивались на сидении, но вскоре взбодрились.

Утро в горах своей прохладой и свежей красотой способно разбудить кого угодно. То видны солнечные блики, то все погружается в тень. Все вокруг зеленело, стрекотало и дышало жизнью.

У подножия ледника дежурили со специальным оборудованием два почтенных мага-академика в тюрбанах и теплых ватниках – иначе бы они просто замерзли.

Болата сразу потянули в сторону, он только и успел послать взгляд, преисполненный отчаяния, в сторону доставившей его машины. Только тут Тимур начал понимать состояние друга, на которого возлагались большие надежды в деле, оказавшемся для старших безнадежным. А Болату уж показывали, куда вставать. Наблюдатели, один с биноклем, другой с подзорной трубой, выбирали точки обзора, чтоб видеть, долетит ли волшебная стрела.

«Какая гадость все-таки эти исторические моменты», – подумал Тимур.

– Если что, ты тоже попробуешь, хотя стрелок еще тот, – «обрадовал» Тимура Султанов.

Болат прицелился, было видно, что он боится повредить стрелу, и выстрелил поскорее. В тишине ее свист то ли в самом деле звучал четко, то ли Тимур его попросту вообразил. Но то, что он видел, пока мог: стрела летела вопреки всем законам физики.

А потом даже шевельнуться было боязно, хотя все понимали, что закончился этот треклятый исторический момент.

– Долетела. Но письмо от нее отвалилось по дороге, – доложил наблюдатель с биноклем.

Переживать, что из этого выйдет, не пришлось вовсе. Солнце будто сконцентрировалось, превратилось в кокон, и вот из него появилась прекрасная девушка.

Объяснить, в чем ее прелесть, Тимур не сумел бы. Безупречная фигура с, пожалуй, мультяшно тонкой осиной талией, свежая, как утренняя роса, сияющая кожа, иссиня-черные волосы в живописном беспорядке, и обжигающий взгляд. Подобрать слова, чтоб описать лик девы, Тимур сразу не смог, но он не сомневался, что узнает ее, если вдруг увидит еще раз.

Полковник прокашлялся, но дева явно ждала объяснений от офигевшего Болата. Надо отдать ему должное, тот, сбиваясь, все же заговорил о леднике, и обрисовал ситуацию вполне сносно.

Глаза Тимура привыкли, и теперь он различал, что за спиной прекрасной девы не солнечный свет, а золотые крылья.

– Ты хорошо поступил. Настоящий джигит! – похвалила пери. – Сейчас все исправим.

Она махнула рукой. Тимур, который стоял возле оборудования, сразу услышал, что скрипов стало меньше.

– Оттолкнула назад, стало лучше, – шепотом пояснил для Тимура маг-академик. – Ну, теперь пери вернутся и доделают все, как надо. А нам пора трогаться отсюда. Им нельзя мешать...

– Будешь дорогим гостем, – разлетелся над горами серебряный голосок пери.

Не успел Тимур ничего сообразить, как пери и Болат унеслись на вершину горы и растворились в ее белоснежном сиянии.

Остальные колдуны тут же, как ни в чем ни бывало, принялись деловито собираться. Погрузились в машину и двинули обратно.

Озадаченный Тимур рискнул поинтересоваться, что станется теперь с его другом, но его беспокойство, определенно, никто не разделил.

– Через пару дней будет дома, – усмехнулся подполковник Султанов.

Он, должно быть, позвонил с дороги, потому как новость опередила их. Во дворе академии Тимура обступили товарищи, едва он выбрался из машины на свет, и не отпускали, пока все не рассказал.

И его, в свою очередь, просветили. Даже посмеялись, сочтя его беспокойство за Болата надуманным.

– Пери в таких случаях хорошие. Они охотно становятся женами победителей, – объяснил Арман. Он от души радовался за братишку и гордился им. Тимуру даже неловко стало за то, что он считал Армана заносчивым и вредным.

– Ага, чаще всего – ненадолго, – добавил Василий. – И потом, энное время спустя, младенцев побрасывают.

У Тимура волосы зашевелились. Он представил, как отреагировали бы на такое счастье, случись оно, его совковые родители. И как бы это понравилось его потенциальной невесте, которая когда-нибудь будет. Нет, на такое почетное отцовство он не договаривался!

– Завидуешь? – неправильно понял Арман его замешательство.

– Иди ты на фиг! Меня за младенца из дома выгонят, – проворчал Тимур.

Остальных такая перспектива очевидно не заботила.

– Да прям! Апашка будет нянчить, – отмахнулся Галымжан. – Блин! Дружба победила, а Болатику досталось все веселье. А Капустина – подумайте! – не найдут в капусте!

Раздался дружный смех. И фантазия товарищей понеслась вперед, к мало приличным шуткам – это необходимо бывает и будущим, и настоящим героям, если здорово понервничать. «Хорошо, что не пришлось идти к пери», – вздохнул, пожимая плечами, Тимур. Его пока вполне устраивало любоваться горными вершинами издалека

400

Карина Сарсенова

участник

Популярная поэтесса, писатель, известный прозаик, сценарист, профессиональный психолог, меценат, Член Союза писателей России. Основатель и председатель жюри Евразийской литературной премии. Президент Евразийского творческого союза, целью которого является развитие и поддержка творческих и интеллектуальных качеств человека, с учетом этнического колорита.

Продюсирует эстрадные, академические, этнические, рэперские, рокерские проекты. Автор текстов для многих популярных песен. Кинодраматург и автор пьес. Создатель экспериментального театра мюзикла, Школы искусств, кафедры и курсов с акцентом на преподавание вокального и актерского мастерства.

Отрывок из романа

«Хранители пути».

Волшебной чистоты и силы, голос Мираса разливался над скованном потрясенным молчанием ресторанным залом. Слезы, обильно выступавшие на глазах сидевших за столиками мужчин и женщин, отражали щедрую игру света в богатом хрустале парящих над залом огромных люстр. В свою очередь отражаясь в хрустале, голос Мираса рассыпался мириадами сияющих невероятной красотой звуков и звучаний...

Закончив петь, Мирас улыбнулся в абсолютную тишину, обычно следующую за последним музыкальным аккордом. И усердно раскланялся именно в тот момент, когда зал взорвался оглушительными аплодисментами.

Выступая на бис, он бросил несколько взволнованных взглядов на дверь возле сцены. Оттуда должна была выйти Камилла, чей номер был следующим после его. В последнее время она была слегка не в себе... Мирас старался убедить себя, что виной тому он сам, его неумение обращаться с женщинами и строить с ними долгие и серьезные отношения... Но чем чаще он повторял эту мысль, тем отчетливее понимал: отнюдь не его привычки встали клином между ним и Кристиной, а тот инцидент в приемной Шалкара. Шалкар... Мирас не знал уже, что о нем думать. Раньше он казался ему очень конструктивным человеком, превосходным бизнесменом и отличным стратегом. Он не раз поддерживал Елену, без конца повторяющую о своей благодарности продюсеру. Действительно, Шалкар неоднократно помогал страждущим. Например, он оплачивал обучение начинающих певцов в консерватории. Проводил благотворительные концерты. Жертвовал деньги в хосписы. Да, он помогал людям. Но что-то во всем этом было не так... Что именно, Мирас никак не мог понять. И только после происшествия в приемной, когда Шалкар столь очевидно спровоцировал ревность между ним самим и Камиллой, чуть не рассорил Альфео и Елену- после этого события Мирас осознал небеспочвенность мучивших его подозрений. Как, оказывается, больно не знать, хорош человек или плох! Надо научиться доверять теплу или холоду, возникающими в сердце в ответ на деяния людей. До овладения этим умением неопределенность была и будет главным врагом для Мираса.

После инцидента он попробовал поделиться своими мыслями с Еленой, но прима настолько злобно набросилась на него, отстаивая дорогой ее сердцу добрый взгляд на Шалкара (или на идеальный образ самой себя, спроецированный ею на продюсера), что Мирас поспешил ретироваться. До чего странно ведут себя люди! Ни за что не изменят мыслей, даже не подвергнут их сомнению, если им выгодно придерживаться определенной точки зрения. Конечно, Елене было выгодно считать Шалкара добрым человеком. Поклоняясь ему, она обеспечивала постоянное здоровье сыну (Шалкар оплачивал дорогостоящее лечение хронического недуга), и ей самой кое-что перепадало, а именно статус первой певицы, примадонны шалкаровского продакшна.

А Камилла... Она просто проигнорировала его слова, заявив, что кто старое помянет, тому глаз вон, что давай все забудем и будем жить дальше... Короче, со свидания с ней он ушел, подозревая возлюбленную в страхе перед продюсером. А если она, девчонка смелая и боевая, боится Шалкара, значит, причина тому наверняка имеется.

- Уффф, вот и ты. – увидев в приоткрывшейся двери ярко раскрашенную поп-диву, едва не выдохнул он в микрофон. Но профессионализм взял верх, и парень сумел-таки грамотно и красиво закончить припев. До сих пор Мирасу было позволено петь вживую. Вот еще одна загадка Шалкара: никто не знал, почему после двух лет живых выступлений все певцы его центра переходили на исполнение песен под фонограмму. Кого бы Мирас не опросил по этому поводу, все, как один, отвечали, что Шалкару виднее. Просто невообразимое послушание. И оно воздействовало на новичков. Заканчивая второй куплет, Мирас вспомнил себя год назад. Сначала он пытался всюду сунуть нос, задавал кучу вопросов, спорил и иногда сопротивлялся. Его никто особо не наказывал. Так, несколько раз оштрафовали за мелкие нарушения. Справедливо, честно говоря. Но потом, незаметно для самого себя, он обнаружил, что желание отстаивать свою индивидуальность пропало. Он слепо выполнял все, что велел делать Шалкар или его заместитель, Геннадий Андреевич. И лишь однажды, месяц назад, он отказался выступать на каком-то благотворительном концерте. И вскоре случилась эта неприятная история в приемной... Так что же, выходит, его наказали? Или он ошибается?

По мнению артистов продакшна, кто никогда не ошибается, так это Шалкар. Но разве для человека не естественно ошибаться? Или в нем, в Шалкаре, нет ничего человеческого?

Красивая бледная молодая женщина, в изысканном бордовом платье, отчаянно билась в большом овальном зеркале, скованная его позолоченной гипсовой рамой. Кажется, никакого труда не стоило бы их разбить... Но возможно ли разбить границы, не знаю, что они достаточно хрупки?

- Нет, я не могу... Что мне делать? Что делать?

Электрический свет прыгал в разноформенных стеклянных флакончиках, строгой шеренгой выстроившихся на протертом до блеска лакированном трюмо. Выпархивая из-под прикасающихся к ним пальцев, искусственные световые зайчики разлетались в разные стороны, сновали по зеркальной глади и прятались в отражавшихся в ней испуганных карих глазах.

- Все пропало... Я не смогу... Опозорюсь... И всех подведу...

- Меруерт, вы готовы?- почтительно застыв на пороге, деловито поинтересовался симпатичный молодой человек с вдумчивыми черными глазами. - Ваш выход за Камиллой. Она уже заканчивает петь.

- Алихан, я ... не готова... - уронив голову грудь, поникшим голосом ответила зеркальная пленница.

- Что случилось? – переступив порог, юноша плотно прикрыл за собой хлипкую казенную дверь.

- Отмените мой выход... Пожалуйста... Я не готова. – не поднимая головы и нервно комкая дорогую ткань платья, глухо произнесла Меруерт.

- Как же так?!- искреннее чувство всегда способно пробить брешь в любой самозащите. Изумление, испытанное парнишкой было, без сомнений, искренним. - Невозможно!

- Что невозможно? – сбитая с толку экспрессией собеседника, посмотрела на него певица. - Отменить мой выход?

- Нет!- подойдя почти вплотную к ней, горячо воскликнул Алихан. - Невозможна ваша неготовность!

Ошарашенная, Меруерт погрузила себя и своего визави в томительно долгую паузу .

- Но почему... невозможно? – наконец осторожно спросила она.

- Вы же звезда! – глядя на нее без тени улыбки, заявил Алихан.

- Я?!- переняв эстафету искреннего изумления, потрясенно выговорила Меруерт. - Я звезда?

- Вы.- кивком головы подтвердил свои слова молодой человек.- А разве, кроме вас тут еще кто-нибудь есть? – наградив Меруерт ослепительной улыбкой, он с озорным видом заглянул в притулившийся в углу платяной шкаф.

- Зрители ждут вас, Меруерт. Они пришли специально послушать ваше пение. И знаете...- посерьезнев, он доверительно- долгим взглядом посмотрел в заинтересованные глаза Меруерт.

- Все боятся, что не справятся. Ну и что. Надо просто идти и делать свое дело.

Наклонившись и чмокнув певицу в порозовевшую щеку, Алихан проворно скрылся за дверью гримерки.

- Надо просто идти и делать свое дело ...- завороженно, словно в трансе, повторила она слова концертменеджера. - Делать свое дело...

Подняв голову, она спокойно посмотрела на себя в зеркало. Электрические зайчики весело запрыгали в ее посветлевшем взгляде. Улыбнувшись своему отражению, Меруерт грациозно поднялась со стула.

- Я пою. Я пою сегодня. – заявила она себе зазеркальной. – И с этим ничего не поделаешь.

В спертом воздухе гримерки витал особый, изысканно-пряный аромат ее духов – единственное свидетельство того, что в этой комнате совсем недавно дышала Меруерт. Световые блики чинно расселись по излюбленным ими стеклянным формам. Они отражались в глубоких карих глазах молодой красивой женщины, со спокойной уверенностью стоявшей в овальном зеркальном проеме. Но на этот раз тесные гипсовые рамы не сковывали, а поддерживали и подчеркивали ее превосходную стать и счастливую улыбку. Их золотой цвет гармонично сочетался с длинным, в самый пол, светло-голубым платьем...

Истинную цену себе человек узнает, решившись на что-то крайне важное для него. Как правило, в этом случае он оставляет позади одиночество с его сомнениями, страхами, иллюзиями и надеждами. И встречает неизвестность с ее... о да, вариабельностью, тревогой, заблуждениями и мечтами. Время, проведенное человеком на стыке данных реальностей: его прошлого и будущего, играет огромную роль в становление его настоящего. Ведь настоящее время не столь равнозначно мгновению, отпущенному нам здесь и сейчас, как оно кажется, о нет. Настоящее измеряется качеством, с которым мгновение прожито. Качественное, то есть максимально духовное, полезное для развития души, проживание одной секунды превращает ее в подлинное настоящее время – то время, что представляется действительно доступным ресурсом для обитающей в нем личности. И самое здесь главное – одно истинное настоящее порождает другое. Так что не стоит избегать всей гаммы позитивных и негативных эмоций и мыслей, настигающих нас: исследуйте и осознавайте их истоки. Знание своих скрытых мотивов помогает поставить правильные цели и грамотно их достичь.

Зал смотрел на нее, а она смотрела в зал, отражаясь в сотнях изучающих ее глаз. Сколько раз она удивлялась многообразию человеческих личностей и их поразительному сходству! Будто кто-то Свыше специально подбирал в чем-то схожих людей в эту жизнь... В ее жизнь... В этом зале...

Стоя на сцене под ослепительным софитным светом, она чувствовала себя живой и мертвой одновременно. Наверное, так всегда бывает, когда человек стоит на пороге своей судьбы... Или на одном из ее порогов... Не ощущая руки, не сознавая движений, Меруерт несколько раз подносила микрофон к губам, готовясь петь, и отводила его обратно. Напряжение, растущее в зале, обдавало ее волной раздраженного нетерпения. Ну же, Меруерт, ну же! Ты что, вышла здесь молчать? Хотя и молчать можно так громко, что окружающие услышат мелодию твоего сердца. Но для этого нужно уметь слушать его, то самое сердце. А Меруерт давно, слишком давно, не придавала ему должного значения...

Нервные смешки, раздающиеся в зале, с каждым отводом микрофона приобретали все большую отчетливость. Презрение, сгущающееся вокруг нее, темными пятнами разочарования в себе мелькало в ее глазах, мешало дышать. Головокружение и тошнота атаковали с двух сторон. Борясь с почти неодолимым желанием упасть в обморок и отключиться от происходящего, Меруерт вдруг осознала, что перешла некую границу в самой себе. Границу, к которой устремлялось все ее существо, преодолевая встававшие на пути преграды. Радостная легкость заполнила ее измотанную душу. Отпустив себя, она без усилий взлетела на неземную высоту созидающего звука.

Закрыв глаза, Меруерт начала петь.

Она стояла на сцене, в жарком свете софитов, а в реальности, доступной ее внутреннему взору, парила в сияющем голубоватом пространстве. Облитая струящейся светло-голубой тканью, она смотрела широко раскрытыми глазами на луч теплого золотистого света, пробивающийся к ней через однотонное голубоватое свечение. И чем радостнее становилось у нее на душе, тем более ярким золотом насыщался этот луч. Янтарно – медовый диск, проглянувший наконец его истоком, рассеял по голубоватому пространству сонмы золотистых искр. Разлетаясь, они раскрывались музыкой всех мастей: скрипичные, фортепианные, виолончельные, саксофонные мелодии парили вокруг Меруерт, подчиняясь исходящей от нее невидимой силе … Эта сила, удерживающая ее в бессрочном парение, складывала в единое целое множество человеческих голосов. Негромкие, одновременно звучавшие голоса, несли каждый свою индивидуальность, сохраняя гармонию незримо присутствующего хора.

Сергей
Добронравов

участник

Сергей Добронравов - живет и работает в Москве. Имеет второе .проф. образование: ВГИК, кинодраматургия.Писать стихи начал в 1997 году, прозу в 2003. Творчество: Стихи, рассказы, повести, сценарии, фото, графика.В 2013 принят в МГО СПРоссии, в 2014 в Межд.Гильдию Писателей (МГП), Германия.

Публикации: лит-худ.альманах "КИНОСценарий", 2010,11, конкурсные сборники МГО СПРоси 2013/14, интервью в журнале "Новый Ренессанс" (Германия) 2014/06, http://ingild. com/novyiy-renessans-2-16-2014/. Автор повестей "Оправдание Иуды, "Юность Ольги Мещерской", "Марта и Фехтовальщик", "ТАБО-ТАБО", и сборника стихов "Осень Райская Два".

«Блудодея»

...Но по-прежнему мирно горел светильник на столике. Захария, обронивший свитки и забывший о них, не видел ничего, кроме женщины. Он не верил тому, что открылось ему. Беззвучно шевелил он губами и что-то яростно доказывал сам себе. Проживший немного, никогда прежде не видал он взрослой женской наготы. Он впал в немыслие, застигнув момент обоюдной любви, он замер, скованный страхом и восхищением.

– Ревекка... – прохрипел из угла Цадок.

Не вставая, на карачках, торговец пополз к тахте...

А Захария уже открыто, по-мужски, любовался наготой Ревекки, безвозвратно повзрослев в эти мгновения. Парой жарких костров рябил светильник в его цепких, познавших числа, глазах.

– ...в заветной глубине сердца схоронила она бурный поток... с Цадоком же... не поделилась ни каплей! ...

...то, наверное, постиг Захария, бедный писец, тоскующий по уютной и чистой домашней любви, несбыточной для него, неимущего. Так глядел он на её, распахнутую, отторгнувшую стыд, наготу...

Но если бы он умл перевести в слова свою тоску по супружеству! По млеющему жару женских коленей, что распластала для законного мужа сладкая, душная ночь...

...по влажным словам со сбитым терпким дыханием, стекающим в темноте в ухо любимого вместе с горячей женской слюной...

Захария молчал. Грохотало в его сердце. Рушились скалы на тёмной его стороне, неподвластной чужому взору, и там, в пляшущем смерче, распадались миры...

Цадок, торговец шерстью и тканями, несносный хозяин Захарии, боднув своего писца под колени, отпихнул и достиг, наконец, тахты.

Захария, покачнувшись, сделал шаг в сторону, и смерч, унесший его, чтобы разрушить, принёс собранного обратно.

Тяжело дыша, опершись на край тахты, кряхтя, поднялся на ноги старый торговец и законный муж прекрасной Ревекки, дочери бедного суконщика Иохима, обменявшего старшую дочь на гибельную долговую расписку. Ревекка закрыла и защитила собою всех младших, и мать, и отца. И заточила в яму дочернего долга свою мятежную душу, не познавшую женской любви. Не достигнув тринадцати лет, похоронила она в той же яме своё жаркое тело...

И впереди, кроме сухой пустой черноты, Ревекка не ждала ничего...

Законный муж поднялся на ноги и стащил Ревекку за волосы с тахты. Браслет откатился по ковру, пропели подвески, застонала Ревека...

...и Захария, мгновенно склонившись, рванул вперёд, растопырив ладонь, схватил золотую добычу, сунул в рукав...

Цадок не заметил, до писца ли ему?

Глухо, злобно рыча, позабыв речь, он дёргал и таскал Ревекку за волосы, раскачивал из стороны в сторону, пытаясь распластать жену на полу...

Она молча и упорно выворачивалась из его рук...

И вывернулась, отпихнула! И собралась в жаркий комочек, вжавшись спиной в край тахты.

Цадок медленно приходил в себя...

Вот уже умерил дыхание, оправил одежду...

И чем больше он успокаивался, тем сильнее сжималась Ревекка. Приступ бесстрашия миновал. Затопило отчаяние. Из-под спутанных волос, закутанная в них по пояс, загнанным диким зверьком, попавшим в силки, она следила за каждым движением мужа.

Цадок рассматривал её с ненавистью.

И вдруг из этой ненависти выплеснула похоть, ненасытная, дикая сласть. Так плеснуло, что пошатнулся нестойкий в житействе Захария. Но Цадок не повернул к писцу головы.

Цадок ещё молчал. Руки его в старческих пятнах ещё немного дрожали, но крепко стиснутый беззубый рот уже превратился в узкую, спёкшуюся слюной, известковую щель.

Щель приоткрылась, и рабски вздрогнул Захария, узнав хозяйские интонации. Упал сверху вниз на сжавшуюся Ревекку надменный, трескучий голос:

– КТО ОН?

По полу разлилась стылая злоба, прокралась и втиснулась во все закоулки, смочила все ворсинки ковра, заползла под тахту, где не нашла ничего, выползла и лизнула шершавым, ледяным своим языком точёную лодыжку Ревекки.

Та вздрогнула и, подобрав под себя ноги, обхватила колени, прижав к груди. Сжала так, что побелели суставы пальцев. И стало ясно, что разодрать их, растащить, раздвинуть можно – только выломав. И задралась при этом рубашка Ревекки, открыв бедро, гладкое, как полированный кедр.

Захария прикипел взглядом к её бедру, пригвождённый, приговорённый этим мягким, матовым блеском. Он запахнул дыхание... никогда не забудет он этой ночи! В этот миг он постиг проклятие и блаженство брака. Он жалел Ревекку. Жалел Цадока, сына Нелева, купившего себе молодую жену шесть лет назад. Жалел себя. И любил всех!

Она не произносила ни звука. Законный муж приподнял бровь, вкрадчиво, угрожающе, удивлённо...

– Не ответишь?

Она глянула на Захарию, и только тут Цадок спохватился. Забормотал торопливо, и принялся выталкивать писца за дверь.

– Иди, Захария... иди!

Но Захария не слышал. Он не мог оторвать взгляда от сияния, исходившего от женского бедра. Цадок тормошил Захарию и втискивал ему в руки не особо полный кошель. Писец покачивался, как опитый сонным зельем. Остервенело Цадок затряс писца, и тот, наконец, пришёл в себя. Взглянул на кошель, отдёрнул руки, замотал головой.

– Нет! Нет!

Захария развернулся и, шатаясь, пошёл прочь. Вслед ему понёсся свистящий шепот. Достиг и ударил в спину.

– Захария!

Писца шатнуло, он дёргано обернулся.

– Молчи, заклинаю тебя!

Писец кивнул, и Цадок торопливо притворил за ним двери. Медленно обернулся, ощерил впалый рот.

– Говори...

По измазанному соком лицу Ревекки текли слёзы, оставляя после себя розовые дорожки. Она стиснула губы... и медленно, твёрдо покачала головой.

Цадок рухнул на колени:

– Ревекка! Заря моя! Услада моего взора... скажи его имя, только имя! И он исчезнет!

Ревекка молчала. Цадок подполз и стал цепляться за её руки, колени... Торопливо, заискивающе...

– Я дам своё имя сыну! Своё, слышишь?!.. Я знаю... моё начало иссякло... ты тоскуешь по мужской силе... только скажи... как его зовут? КАК ?!!

Старик вцепился в её намертво сцепленные кисти и надрывно сопел. Она молчала. Цадока затрясло. Он грубо дёрнул Ревекку.

Разлепились губы, спекшиеся любовью, и выплюнули ненависть и презрение:

– Это будет не твой сын! Не твой! У тебя никогда не будет от меня сына... только если этого захочет Господь... но Он не захочет...

Цадок отшатнулся, как стегануло плетью. Ревекка мстила наотмашь, сполна, в первый и последний раз, за всё, что не получила, заплатив собой по долгам отца. Цадок вскочил, бешено замахнулся, и Ревекка испугано прикрыла руками голову. Но почти сразу опустила руки. Она смотрела на него в упор, поддавшись вперёд, сжав свои маленькие кулачки.

И рубашка опять упала ей на бёдра, обнажив плечи, грудь и живот, измазанные гранатовым соком любви.

– И не смей на меня смотреть!

Жёстко улыбнувшись, Цадок медленно, с расстановкой, ударил её в живот ногой. Вскрикнув, Ревекка завалилась вбок. Цадок ударил в лоно. Она застонала от огненной боли. Ударил ещё...

...он бил, пока она не перестала стонать, и не замерла...

– Твой ублюдок умрёт сейчас. Ты переживёшь его на день...

Из угла её рта завилась тонкая багряная дорожка, удивительно напоминающая гранатовый узор. Цадок распахнул дверь ударом ноги, зычно крикнул в коридор, в тёмные фигуры, в людскую груду, скомканную страхом вины.

– Эй, кто там! Воды! Мириам!

От груды испуганно отделилась пожилая служанка.

– Заправь светильники! Почему в доме темно? – Цадок кивнул на Ревекку. – Умой госпожу... и переодень во что-нибудь... старое... Завтра Закон убьёт её.

Служанка торопливо исчезла и появилась с плошкой, трясущими руками она стала заливать в светильник нового масла.

А Цадок как-то сразу обмяк, обветшал...

Шаркающее он выплёлся из комнаты. Тёмные фигуры услужливо расступились и надменно сомкнулись за ним, за его навсегда разучившейся быть прямой спиной.

И как только он вышел, Мириам запричитала и упала перед Ревеккой на колени, и начала вытирать ей с лица кровь.

– Госпожа... я принесу твоё лучшее платье...

Ревекка с трудом поднялась. Она бы упала, если бы не плечо старой Мириам. Ревекка поднялась, и Мириам обхватила руками колени хозяйки...

– Госпожа, как тебе должно быть больно... Что же будет? Мне страшно!..

Ревекка гладила служанку по голове, утешая глухо и просто:

– Не плачь, Мириам... Я знаю, что будет... И не бойся... И не ходи за платьем... я останусь в этом...

Служанка заплакала. Ревекка вымученно улыбнулась:

– В этом, Мириам...

Мириам рыдала. Прелюбодея Ревекка разбитым ртом шептала ей слова утешения. Пойманная на грехе, она смотрела на свежо разгорающийся светильник, смотрела неотрывно, уже позабыв о старухе, для которой молодая хозяйка была единственным смыслом.

Язычок пламени становился всё ближе и ярче. Всё светлее становилось в комнате, и стало очень светло и бело, и уже нестерпимо для глаз, и ослепительный, раскалённый блик просочился в стеклянную стену. И внутренним своим сводом стена потекла ввысь, в горловину...

Ревекка задрала голову.

Полуденным, раскалённым зрачком полыхал зенит, из которого выпарило всю глазурь. Зазмеились хворостом трещины из белого пепла, сквозь них посыпался чёрный песок, ширились и распухали трещины, обрастая хлопьями сажи...

...и с оглушительным треском разорвали глазурь!

И песочный водопад засыпал Ревекку...

И снова стало темно. И стало чернеть.

Так черно, что багровые редкие сполохи в этой чернильной яме показались Ревекке языками щедрого и доброго пламени, когда мать первый раз поднесла её к очагу, грудную и спеленатую в чистую застиранную холстинку...

– Смотри, Иохим, смотри! Как нравится нашей девочке... Подбрось дров... пусть ей будет тепло... смотри, какие у неё реснички! Она будет первой красавицей в Капернауме... Какие сильные у неё ручонки, она будет лучшей хозяйкой... пожелай благоденствия своей дочери, мой любимый Иохим...

Но молодой суконщик, счастливый отец Ревекки, не услышал просьб своей юной жены. А может, он окончательно поглупел от домашнего счастья, щедро отсыпанного ему его Господом? Или был ещё так ослепительно молод, что ни одна светлая надежда в его душе не успела остыть и превратиться в белый и серый пепел?

Но Иохим уже твёрдо усвоил, что он – муж и отец, и прежде всего иного не должен забывать о своём авторитете.

И он погасил глупую и щедрую мальчишескую улыбку. И проворчал притворно-угрюмо, степенно вороша поленом очаг:

– Накрой ей лицо, Мария, вдруг искра обожжет её и... не пора ли её кормить?

Мария, спрятав улыбку, кивнула. И бережно прикрыла свободным концом пелёнки широко распахнутый взгляд Ревекки, не знающей ещё, чью речь она слышит. И не знающей, что это было речью. И что та состоит из слов...

Девочка не знала, что такое слова... но клочковато-протяжные звуки не таили угрозы, и Ревекка не испугалась, ибо прежде уже слышала их, просыпаясь в утробе...

Она ошалела от любопытства. Заворожённая, попавшая в этот мир впервые, забыв о голоде, она пялилась на гигантский пляшущий огонь и великана, кормившего его с руки.

И закопчённую балку, и потолок... Всё было огромным... И восторженно пискнула крошечная Ревекка.

Алина Штраус

Алина Штраус - писала всегда, но стихи. Прозой увлеклась не так давно. Хотя время от времени занималась копирайтингом релизов (art house и современная художественная литература).

Увлекается историей древнего мира, особенно античной, фэнтэзи, авторским кино, живописью и вообще искусством. Любит театр и балет, Тоти Даль Монте и Сезарию Эвора, контртеноров и музыку эпохи барокко, больших собак и вислоухих кошек.

Отрывок из произведения

«Зазеркалье»

ВЕЩИЙ СОН

12 апреля. Девушка переехала на Таганку (от греха подальше). Кольцо. Центр. Но нацисты были и здесь. Выше на этаж жил симпатичный парень лет 23-25, очень культурный и цивильный - банковский работник в застегнутом на все пуговицы хорошем классическом костюме при галстуке и с крохотной фашисткой эмблемкой. Рангом повыше. Идейный партиец. Унтерменшами занимается самое низшее звено. Сосед здоровался, открывал перед ней дверь и при случае помогал донести покупки из магазина. А члены его группировки «Новые арии» мочили армян, жидов и таджиков.

Власти не обращают внимания на их шалости, значит это кому-то нужно. Кровавый хаос Украины и Киргизии ничему не научил российское общество и предержащие элиты. Русское авось. ВВП боясь оранжевой революции гнобит любое свободомыслие... Теперь нас ждет кое-что похуже. Выстоим ли мы?

Ты не любишь мистику и штампы, но 24 мая в селе Андреевка под Славянском убиты итальянский журналист Андреа Роччелли и его переводчик Андрей Миронов. А француз Вильям Рогульон и шофер (интересно, как его звали) ранены. Тащиться в тмутаракань, чтобы тебя накрыло миной или артиллерийским снарядом в компании тезки под малюсенькой одноименной деревенькой, ее, небось, и на карте нет. Там есть церковь.

Это война. Для кого-то убийца и разлучница, для них же шанс начать с чистого листа. Не собираться, а наконец-то прожить в горе и радости, болезни и здравии, сегодня и навсегда. Только вернись.

04 августа. Проснулась ночью, сердце прихватило или нервы шалят, какое-то время не могла дышать. Не болен. Не ранен. Мертв.

Open Eurasia
Literature Festi

d Central Asia
& Book Forum

Дорогие друзья!

Содружество евразийских народов в области литературы и искусства растет. Межнациональные отношения на постсоветском пространстве уходят своими корнями в глубь веков, подкреплены богатыми историческими традициями. Наши народы, которым издавна присущи толерантность и миролюбие, взаимная комплиментарность, за долгий период общей истории и межэтнического общения смогли сформировать ментальную общность сознания и основу для открытого межкультурного диалога.

В последние годы наши культурно-гуманитарные связи динамично и очень продуктивно развиваются. Дружба народов - это не только добрые отношения между руководством евразийских стран, перспективы сотрудничества и стратегического партнерства. Это тысячи нитей, связывающие народы Евразии, взаимные симпатии, желание жить в мире и добрососедстве. Благодаря конкурсу, у нас появились новые возможности для совместного развития литературы, образования и культуры. Мы исходим из того, что сложение конкурентных преимуществ, имеющихся у наших стран в этой области, может стать залогом гуманитарного прорыва на всем Евразийском пространстве. Я хочу отметить, что издательство «Hertfordshire Press» стало инициаторами множества проектов, которые позволили создать благоприятные условия для взаимного обогащения различных культур и реализации духовных потребностей наших народов и конкурс «Open Eurasia», на мой взгляд - связующая нить, которая объединяет всех нас, не смотря на разное географическое и политическое положение, позволяет развиваться, знакомиться с самыми новыми произведениями, написанными в разных странах, участвовать в их обсуждении, а значит жить в общем информационном поле современной литературы. Наш конкурс дает возможность популяризировать его участников, их произведения становятся более востребованы среди публики, а победитель в категории «литературное произведение» получает возможность издать свою книгу в Великобритании.

Также хочу отметить заметный интерес со стороны литераторов разных стран к нашему конкурсу в 2014 году. Выросло не только количество участников, но и заметно расширилась география - более 20 стран мира.

Интеграционные процессы между Европой и Азией во многом обусловлены общими историческими и цивилизационными предпосылками. В свою очередь, это ставит перед нами задачу создания условий для интенсивного культурного обмена между странами Евразии. Наш конкурс служит созданию единого культурного пространства, консолидации и популяризации литературы во всем мире.

Конкурс «Open Eurasia» проходит в масштабах всей планеты и позволяет писателям, поэтам, иллюстраторам, режиссёрам заявить о себе сразу на весь мир, помогает сохранить и приумножить лучшие традиции мирового творчества.

Благодарю вас за интерес к нам, надеюсь на долгое плодотворное сотрудничество и желаю вам творческих успехов!

Энн Лари
Директор конкурса в рамках «Open Eurasia-2015»

Четвертый международный литературный фестиваль "Open Eurasia and Central Asia Literature Festifal & Book Forum" 2015

Невозможно не согласиться со словами выдающегося советского писателя: Книги окружают нас с самого детства – это и сказки, которые наши родители читали нам перед сном; учебники, страница за страницей открывающие нам огромный, безграничный мир знаний, и произведения классиков, сохранившие в себе информацию о жизни предыдущих поколений, заставляющие нас думать, анализировать, открывать для себя что-то новое.

После распада Советского Союза внимание многих государств было сконцентрировано на решении проблем, связанных с обеспечением экономической стабильности страны; вопросам пропаганды чтения и развития издательской сферы не уделялось достаточно внимания. Сейчас многие молодые авторы вынуждены самостоятельно искать возможности для публикации своих произведений, следствие этого – маленькие тиражи, низкое качество изданий. К сожалению, многие действительно хорошие произведения не имеют возможности дойти до своего читателя. В то же время литература – важный элемент на пути становления личности человека, формирования мировоззрения и повышения грамотности. Обеспечение учащихся современными учебниками является залогом качественного образования. В настоящее время книжный фонд многих школ и библиотек устарел и нуждается в обновлении. Книг не хватает, информация, представленная в них, не соответствует реалиям сегодняшнего дня.

Для выхода из сложившейся ситуации необходимы новые методики, успешно проверенные в лидирующих международных учебных заведениях. Одним из способов развития национальной литературы, а также популяризации национальных языков среди населения является перевод, адаптация и издание произведений писателей со всего мира.

Развитая национальная литература может быть визитной карточкой страны и одним из факторов привлечения международного внимания, как профессионалов, так и туристов.

Развитие национальной литературы способствует уменьшению конфликтов, укрепляет мир, дружеские отношения и взаимопонимание, так как знакомит людей с культурой соседних народов, их мировоззрением, обычаями и ценностями.

Много лет издательская сфера стран СНГ находилась в изоляции от международной индустрии. Общение писателей этих стран с коллегами со всего мира сведено к минимуму. Развитие такого общения обогатит литературную жизнь и поможет писателям постсоветского пространства занять свое место среди мировых бесцелеров.

В ноябре Британский Издательский дом Hertfordshire Press, проведёт четвертый открытый евразийский и центральноазиатский книжный Форум **(OECABF-2015)**. Цель форума - обратить внимание читателей и специалистов на прошлые и настоящие достижения современных писателей, а также познакомить их с представителями издательств, с читателями, библиотеками, образовательными заведениями и средствами массовой информации.

Форум будет включать в себя работу по двум направлениям:
1. Интегрирование международной учебной литературы;
2. Развитие и продвижение литературы и авторов в Евразии, Центральной Азии и за рубежом.

Цели и задачи форума:
- Создать платформу для общения авторов, читателей, издателей, образовательных учреждений и заведений;
- Привлечение партнеров для издания произведений зарубежных классиков и современных авторов на национальных языках;
- Интегрирование международной учебной литературы в различные национальные регионы;
- Развитие и продвижение евразийских и центральноазиатских авторов за рубежом;
- Привлечение внимания заинтересованных государственных органов регионов к проблемам развития издательского дела на территории стран постсоветского пространства, создание предпосылок для модернизации системы образования;
- Предоставление возможности участникам форума и авторам заявить о себе и найти партнеров.

Фестиваль полезен трём категориям участников: во–первых, для международных участников – возможность пообщаться друг с другом, посетить новые места, познакомиться с новыми людьми, рассказать о своем творчестве и поделиться опытом. Во–вторых, для местных авторов – возможность заявить о себе, пообщаться с читателями, перенять международный опыт и принять участие в конкурсе. В-третьих, для зрителей – фестиваль является настоящим праздником, где их вниманию представлены работы, как уже знакомых авторов, так и новых авторов из Европы, Центральной Азии и из-за рубежа.

В рамках литературного фестиваля вновь пройдет конкурс в категории видеофильм - «видео и экспериментальное кино Open Eurasia», в котором будут принимать участие фильмы, созданные на основе произведений, уже изданных в Hertfordshire Press, либо принимавших участие в OECABF 2012 - 2014, либо участвующих в OECABF 2015. Работы пяти финалистов будут показаны на фестивале.

Фестиваль носит некоммерческий характер и дает возможность принять в нем участие авторам из других стран.

В фестивале могут принять участие авторы литературных произведений на русском языке в возрасте от 18 лет, независимо от места жительства и гражданства, членства в творческих Союзах, разделяющие в своих взглядах цели фестиваля.

Желающие принять участие в фестивале должны заявить об этом в оргкомитет, представив заполненную регистрационную форму на участие в фестивале на сайте на электронный адрес:
bookforum@ocamagazine.com до 15 октября 2015 г.

В настоящее время у фестиваля нет возможности оплатить проезд и расходы всех авторов, но теплая и гостеприимная атмосфера обеспечена всем! Вопросы о льготном проживании решаются в переписке с организаторами.

Каждый утвержденный участник может выступить на фестивале. Регламент выступления – до 5 минут. Заявки с указанием темы выступления должны быть отправлены на электронный адрес:
bookforum@ocamagazine.com

В ходе фестиваля будут проведены литературные чтения, мастер-классы по поэзии, прозе и литературному переводу, скорочтению, встречи с международными издателями, круглые столы по проблемам книгоиздания и переводов, развития современной литературы, а также презентации книг участников фестиваля.

В рамках **Open Eurasia and Central Asia Book Forum & Literature Festival 2015** пройдет конкурс по четырем категориям: *«Литературное произведение», «Иллюстрация», «Художественный перевод» и «Видеофильм».* Авторы, переводчики, иллюстраторы, режиссеры из Евразии и всего мира приглашаются на конкурс с общим призовым фондом в $32.000.

Главный приз конкурса **"Open Eurasia and Central Asia-2015"** – это грант в размере $17.000, который пойдёт на издание книги победителя в Лондоне с последующей презентацией на Лондонской книжной ярмарке 2016 года. Дополнительно учреждены две премии:

Премия имени Немата Келимбетова в размере $10.000*** за победу в категории видео и экспериментального кино Open Eurasia and Central Asia;

Премия имени Марзии Закирьяновой в размере $5.000 *** за лучшую женскую работу в любой категории конкурса, которая пойдет на издание книги-победительницы.

На основании решения комиссии, а также мнения аудитории будет отобрано 12 победителей. Девять финалистов каждой категории станут лауреатами конкурса и получат сертификаты. Финалист, занявший 3 место, получит звание «Лауреат третьей степени», 2 место - звание «Лауреат второй степени» и издание в формате e-book в Лондоне, 1 место - звание «Лауреат 1 степени» и издание книги в Лондоне издательским домом Hertfordshire Press, а также участие на London Book Fair 2016 для писателя*.

Условия подачи заявки:

Литературное произведение

На конкурс принимается одна работа от каждого претендента, ранее не опубликованная на английском языке.

Работы принимаются на русском, английском, казахском, киргизском, украинском, узбекском, таджикском, туркменском и азербайджанском языках. Предпочтение будет отдано работам на английском языке. Конкурсные работы могут быть выполнены в литературных жанрах поэзии, короткого рассказа, романа или эссе на свободную тему.

После заполнения регистрационной формы на сайте конкурса **www.rus.ocabookforum.com,** необходимо выслать на адрес: *konkurs@gorizonti.com* с пометкой названия категории и Вашего имени в строке Тема, следующие документы:

синопсис и/или отрывок из произведения (до 1500 слов) для публикации на сайте,

полный текст произведения,

фотографию автора в хорошем качестве (размером не менее 1 Мб). На фотографии должен быть изображен только автор.

Последний срок подачи заявки – 15 сентября 2015 года.

Литературный перевод

На конкурс принимается одна работа от каждого претендента, ранее не опубликованная на английском языке.

На конкурс в данную категорию может быть заявлен перевод отрывка одной из книг, опубликованной издательским домом Hertfordshire Press или перевод отрывка работы одного из участников конкурсов OECABF прошлых лет и перевод отрывка работ, поданных на конкурс в этом году. Список работ прошлых лет и ссылки на них можно найти на официальном сайте конкурса и на страницы в Facebook.

После заполнения регистрационной формы на сайте конкурса **www.rus.ocabookforum.com**, необходимо выслать на адрес: *konkurs@gorizonti.com* с пометкой названия категории и Вашего имени в строке Тема, следующие документы:

отрывок из произведения (до 1500 слов) для публикации на сайте,

полный текст переведенного произведения,

фотографию автора в хорошем качестве (размером не менее 1 Мб). На фотографии должен быть изображен только автор.

Последний срок подачи заявки – 15 сентября 2015 года.

Иллюстрация

На конкурс принимается одна работа от каждого претендента.

В данную категорию может быть заявлена иллюстрация к одной из книг, опубликованной издательским домом Hertfordshire Press или иллюстрация к одной из работ участников конкурсов OECABF прошлых лет, а также поданных на конкурс в этом году. Список работ прошлых лет и ссылки на них можно найти на официальном сайте конкурса и страницы в Facebook.

После заполнения регистрационной формы на сайте конкурса **www.rus.ocabookforum.com**, необходимо выслать на адрес: *konkurs@gorizonti.com* с пометкой названия категории и Вашего имени в строке Тема, следующие документы:

иллюстрацию в формате Jpg, разрешение 300 точек на дюйм,

фотографию автора в хорошем качестве (размером не менее 1 Мб). На фотографии должен быть изображен только автор.

Последний срок подачи заявки – 15 октября 2014 г.

Видеофильм

На конкурс принимается одна работа от каждого претендента, основанная на литературном произведении в одной из трех категорий:

1) Произведения, опубликованные издательством HertfordshirePress.
2) Произведения, участвовавшие в конкурсах OCABF 2012, 2013, 2014.
3) Произведения, поданные на участие в OECABF 2015.

Работы принимаются в любом жанре: видео-арт, игровое, документальное и экспериментальное кино на русском, английском, казахском, киргизском, узбекском, таджикском, туркменском и азербайджанском языках. В том случае, если фильм содержит речь на английском языке, обязательны субтитры на русском, если на иных вышеупомянутых языках – на английском. Желательная длина видеоролика не более 40 минут и не менее 5.

После заполнения регистрационной формы на сайте конкурса **www.rus.ocabookforum.com** , необходимо выслать на адрес: *konkurs@gorizonti.com* с пометкой названия категории и Вашего имени в строке Тема, фотографию режиссера в хорошем качестве (размером не менее 1 Мб). На фотографии должен быть изображен только режиссер.

Последний срок подачи заявки – 15 сентября 2015 года.

Отбор финалистов и победителя

Основываясь на онлайн голосовании читателей на официальном сайте конкурса и решении комитета, в состав которого входят организаторы конкурса и признанные эксперты в сфере издательства, литературы и кино, будут отобраны девять финалистов для литературного конкурса и десять видео – для показа в рамках Фестиваля. Они представят свои работы публике в рамках мероприятий фестиваля наряду с авторами, чьи работы уже изданы. Все финалисты получат сертификаты об участии в фестивале.

Победитель получит сертификат Лауреата Первой Степени и возможность опубликовать свою работу, а также провести её презентацию в Великобритании при поддержке издательского дома Hertfordshire Press.

*** *«Организатор» оставляет за собой право выбрать, на что будут направлены дополнительные премии премии:*
- Издание книги лауреата в печатном или электроном формате.
- Поездка на Лондонскую книжную ярмарку «London Book Fair»
- Поездка на фестиваль и форум OECABF
«Организатор» вычитывает из «Премии» при оплате «Премии» победителя деньгами. налог и административные платежи, в размере до 30 % от суммы премии.

Оргкомитет приглашает отдельных спонсоров для финансирования приезда зарубежных авторов, спикеров и покупке билетов на литературный фестиваль для учебных заведений.

Пакеты для спонсоров:

Platinum уровень - £ 10000 включает в себя:
Название компании / логотип в официальном каталоге OECABF 2015:
Размещение логотипа на обложке каталога OECABF 2015
(1/16 размера)
Размещение логотипа на каждой странице официального каталога OECABF 2015 (1/32 размера)
Размещение рекламы на внутренней обложке каталога OECABF 2015
Название / логотип на сайте Форума (ссылка) www.ocabookforum.com в разделе Партнеров,
а также в колонке баннеров спонсоров
Название / логотип над сценой во время проведения фестиваля
Размещение переносного стенда во время мероприятия в главном конференц- зале и на фестивале
Упоминание как Генерального спонсора на всех медиа и рекламных материалах
Участие на пресс-конференции вместе с организаторами
Отдельная презентация своей организации на Форуме в течение 30 минут
Предоставление слова на открытии Форума
Дополнительное участие 3х представителей компании на Форуме и фестивале
Оргкомитет приглашает отдельных спонсоров для финансирования приезда зарубежных авторов,
спикеров и покупке билетов на литературный фестиваль для учебных заведений.

Ранняя регистрация –25% скидка, £750 для международных участников, £75 для локальных участников

50 фунтов за дополнительного участника с одной компании

Gold уровень - £5000 включает в себя:

Название компании / логотип в официальном каталоге QECABF 2015

Размещение логотипа на обложке каталога OECABF 2015

(1/16 размера)

Размещение Вашей рекламы на внутренней обложке каталога
OECABF 2015

Название / логотип на сайте Форума (ссылка) www.ocabookforum.com
в разделе Партнеров,

а также в колонке баннеров спонсоров

Название / логотип над сценой во время фестиваля

Размещение переносного стенда во время мероприятия на фестивале

Упоминание как Спонсора на всех медиа и рекламных материалах

Участие на пресс-конференции вместе с организаторами

Дополнительное участие 2х представителей компании на Форуме
и фестивале.

Silver уровень - £1000 включает в себя:

Название компании / логотип в официальном каталоге OECABF 2015

Размещение Вашей рекламы на половину страницы внутренней
обложки каталога
OECABF 2015

Название / логотип на сайте Форума (ссылка) www.oca- bookforum.
com в разделе

Партнеров, а также в колонке баннеров спонсоров

Размещение переносного стенда во время мероприятия на фестивале

Упоминание как Спонсора на всех медиа и рекламных материалах

Дополнительное участие 1го представителя компании на Форуме
 и фестивале

Участие на форуме и фестивале для международных компаний –
£1000

Участие на форуме и фестивале для компаний из Кыргызстана,
Таджикистана, Казахстана,

Узбекистана, Туркменистана и Азербайджана - £100

Единый билет на все мероприятия литературного фестиваля – £10

Участие на сессиях форума для учебных заведений, благотворительных
организаций, представителей государственных органов – участие £50,
при регистрации до 1 октября – бесплатно (для одного представителя).

Оргкомитет

Nick Rowan, Писатель, главный редактор журнала Open Central Asia, UK
Hamid Ismailov, Писатель, глава BBC Central Asia, UK
Mark Akhmed Издатель Silk Road Media, UK
Alexadra Rey Art-director, руководитель Hertfordshire press, UK
Bolot Shamshiev, режиссёр, писатель, KG
Kairat Zakiryanov, Писатель, Президент Академии Туризма и Спорта
Казахстана, KZ
Александр Кацев, Профессор и заведующий Кафедрой Журналистики
Кыргызско- Российского Славянского университета.
Elena Bezrukova, руководитель образовательного центра "Елены
Безруковой", KZ

Исполнительный и Консультативный Комитет

Marina Bashmanova, Журналист, директор комплекса K2, KG
Guljamal Pirenova, Региональный менеджер Silk Road Media, Central Asia
Ann Lari, Директор Конкурса OECABF-2015
Christopher Schwarts, PR менеджер Silk Road Media, UK
Bella Kudabergenova, Глава представительства KhabarTV
в Великобритании, UK
Anastasia Noskova, Менеджер по маркетингу Silk Road Media, UK
Aleksey Ulko, Литературный критик, UZ

Медиа партнёры

Open Central Asia Magazine (UK)
BBC Central Asia (UK)
Khabar TV, KZ
Журнал Дорогое Удовольствие, KZ
Horizons, UK

Книжные чтения и презентации

В рамках Международного литературного фестиваля "Open Eurasia and Central Asia book forum and literature festival" британский издательский дом Hertfordshire Press провел серию книжных чтений и презентаций.

Бишкек:

Книжные чтения участников литературного конкурса «Open Eurasia and Central Asia book forum and literature festival».
7 декабря 2014 года в городе Бишкек, Британский Издательский дом «Hertfordshire Press» провел книжные чтения финалистов конкурса Третьего Международного литературного фестиваля «Open Central Asia Book Forum & Literature Festival».

Литературный вечер памяти Бегенаса Сартова "Вновь распустившиеся эдельвейсы"
24 апреля в библиотеке имени Чынгыза Айтматова, Британский Издательский дом "Hertfordshire Press" провел Литературный вечер, посвященный памяти первого кыргызского писателя научной фантастики Беганаса Сартова. В центре внимания был его неповторимый роман «Когда цветут эдельвейсы», на родном языке писателя и на английском языке.

Ташкент:

Книжные чтения участников литературного конкурса "Open Eurasia and Central Asia book forum and literature festival" в Ташкенте.

5 января 2015 года в рамках третьего Международного Литературного Фестиваля Британский Издательский дом «Hertfordshire Press» провел книжные чтения среди участников литературного конкурса всех трех лет в г. Ташкент.

Шымкент:

Книжные чтения участников литературного конкурса "Open Eurasia and Central Asia book forum and literature festival" в Шымкенте.

24-25 февраля впервые в Шымкенте прошли книжные чтения участников литературного конкурса OCABF, организованные британским издательским домом Hertfordshire Press и Издательским домом "БС" при поддержке консорциума "Сапар" и Международного клуба Абая (Казахстан, Алматы).

Аудиовизуальный творческий вечер "Электробрудершафты" с участием победителей международного литературного конкурса "Open Eurasia and Central Asia book forum and literature festival-2014".

8-9 мая 2015 года, в г. Шымкент прошел аудиовизуальный творческий вечер "Электробрудершафты" с участием победителей международного литературного конкурса "Open Eurasia and Central Asia book forum and literature festival-2014" Алексеем Улько и Ашотом Даниеляном.

Астана:

XXV Творческий вечер в г. Астана

7 апреля в г. Астана прошел двадцать пятый открытый вечер поэзии и кратких рассказов. В рамках вечера прошла презентация Открытого Евразийского и Центрально-Азиатского Книжного Форума и Литературного Фестиваля-2015.

Лондон:

Показ фильма "The Desert of Forbidden Art"

10 февраля 2015 года издательский дом Hertfordshire Press провел показ фильма "The Desert of Forbidden Art" ("Пустыня запрещенного Искусства") в рамках которого также прошла презентация книги-биографии об Игоре Савицком - основателе музея Савицкого в Каракалпакстане (Узбекистан). Музей им. Савицкого - это второй по величине музей авангардного искусства в мире.

The Desert of Forbidden Art ("Пустыня запрещенного Искусства") захватывающий, драматичный фильм известных американских документалистов Аманды Поуп и Чавдара Георгиева, рассказывает о выдающемся деятеле искусств, художнике, исследователе Игоре Савицком, которому удалось собрать и сохранить уникальную коллекцию произведений искусств. Авторы фильма поставили своей задачей показать историю жизни человека, который своим упорством и трудом смог сохранить целую эпоху авангардного искусства, которое могло быть навсегда потеряно из-за репрессий и политики советских властей.

Мероприятие посвящено празднованию юбилея Игоря Савицкого.

Показ фильма "Тополёк мой в красной косынке" – турецкой экранизации романа Чингиза Айтматова в Лондоне.

11 марта 2015 года в Лондоне прошел показ фильма "Тополёк мой в красной косынке" – турецкой экранизации романа Чингиза Айтматова. Яркая и честная проза Чингиза Айтматова вот уже более полувека пользуется неизменным успехом у читателей многих поколений.

В 1978 году по мотивам романа был снят фильм, турецким режиссером Атифом Йылмазом.

Cambridge Central Asia Forum (Центрально-Азиатский форум в Кембридже).

11 марта 2015 года, в г.Кембридж прошел Центрально-Азиатский форум, в котором принял участие издательский дом Hertfordshire Press. Данное мероприятие нацелено на сближение народов и демонстрирует богатую культуру и традиции региона. Hertfordshire Press представил на форуме книги авторов Центральной Азии и книги, посвященные данному региону на английском языке.

Беседа с автором книги «Friendly Steppes: A Silk Road Journey» Ником Рованом.

22 марта 2015 года, в Лондоне прошла беседа с автором книги «Friendly Steppes: A Silk Road Journey» Ником Рованом. Читателям была предоставлена уникальная возможность познакомиться с писателем. Ник Рован поделился впечатлениями о своих путешествиях по Центральной Азии, которые вдохновили его на написание этой книги.

Презентация первого альбома проективной графики «Projective Graphics» на английском языке казахстанских писателей Валентины Тихомировой и Елены Безруковой.

В апреле 2015 года в рамках Лондонской книжной ярмарки London Book Fair-2015 прошла презентация книги казахстанских писателей Валентины Тихомировой и Елены Безруковой. Елена Безрукова (Мусиенко) стала первым казахстанским писателем, принявшим участие на Лондонской книжной ярмарке (London Book Fair-2015). Лондонская книжная ярмарка проводится в 43-ий раз и является самой престижной книжной ярмаркой мира. Главным аспектом участия в данной ярмарке стала презентация книги Е.А.Безруковой и В.Т.Тихомировой «Проективная графика, Первый альбом. Книга была издана в 2014 году в Лондоне, британским издательским домом «Hertfordshire Press».

Презентация книги «Land of forty tribes» иранской писательницы Фариде Хеят.

12 мая в Лондоне состоялась презентация книги «Land of forty tribes» иранской писательницы Фериде Хеят, автора многочисленных работ на женскую тему в Азербайджане и Кыргызстане. Презентация прошла в центре Лондона, в историческом отеле Трафальгар с участием самого автора и многочисленных гостей. Автор поделилась своим опытом и секретами написания книги.

Беседа с автором книги «Vanished Khans and Empty Steppes» Робертом Вайтом.

10 июня в центре турецкой культуры имени Юнуса Эмре прошла презентация книги «Vanished Khans and Empty Steppes», а также беседа с автором Робертом Вайтом, который поделился со своим опытом, секретами написания книги и ответил на вопросы читателей.

Книга «Vanished Khans and Empty Steppes» была издана издательским домом Hertfordshire Press в 2014 году.

Словения:

Поэтический вечер крымской поэтессы Ленифер Мамбетовой в рамках 47 Международной конференции PEN.

С 6 по 9 мая 2015 года на горном озере Блед, расположенном в северо-западной части Словении, прошла 47-я Международная встреча писателей, организованная словенским PEN-клубом совместно с комитетом «Писатели за мир во всем мире». В рамках прошедшей конференции в городе Трзин был проведен поэтический вечер крымской поэтессы Ленифер Мамбетовой, творчество которой посвящено Крыму, а также трудностям и испытаниям, выпавшим на долю крымских татар в годы гонений.

8 мая в городе Трзин творчество Ленифер Мамбетовой представили мэр города Тони Пресак, который прочел аудитории стихи поэтессы на словенском языке, и Марат Ахмеджанов, издатель Hertfordshire Press, представивший их на английском и русском языках.

Каталог изданий

HERTFORDSHIRE PRESS

Igor Savitsky:
Artist, Collector, Museum Founder
by MarinikaBabanazarova (2011)

Since the early 2000s, Igor Savitsky's life and accomplishments have earned increasing international recognition. He and the museum he founded in Nukus, the capital of Karakalpakstan in the far northwest of Uzbekistan. Marinika Babanazarova's memoir is based on her 1990 graduate dissertation at the Tashkent Theatre and Art Institute. It draws upon correspondence, official records, and other documents about the Savitsky family that have become available during the last few years, as well as the recollections of a wide range of people who knew Igor Savitsky personally.

Игорь Савитский: художник, собиратель, основатель музея

С начала 2000-х годов, жизнь и достижения Игоря Савицкого получили широкое признание во всем мире. Он и его музей, основанный в Нукусе, столице Каракалпакстана, стали предметом многочисленных статей в мировых газетах и журналах, таких как TheGuardian и NewYorkTimes, телевизионных программ в Австралии, Германии и Японии. Книга издана на русском, английском и французском языках.

Igor Savitski: Peintre, collectionneur, fondateur du Musée (French), (2012)

Le mémoire de Mme Babanazarova, basé sur sa thèse de 1990 à l'Institut de Théâtre et D'art de Tachkent, s'appuie sur la correspondance, les dossiers officiels et d'autres documents d'Igor Savitsky et de sa famille, qui sont devenus disponibles dernièrement, ainsi que sur les souvenirs de nombreuses personnes ayant connu Savistky personellement, ainsi que sur sa propre expérience de travail a ses cotés, en tant que successeur designé. son nom a titre posthume.

ISBN: 978-0955754999   RRP: £10.00

Savitsky Collection Selected Masterpieces.
Poster set of 8 posters (2014)

Limited edition of prints from the world-renowned Museum of Igor Savitsky in Nukus, Uzbekistan. The set includs nine of the most famous works from the Savitsky collection wrapped in a colourful envelope. Selected Masterpieces of the Savitsky Collection [Cover] BullVasily Lysenko 1. Oriental Café Aleksei Isupov 2. Rendezvous Sergei Luppov 3. By the Sea. Marie-LouiseKliment Red'ko 4. Apocalypse Aleksei Rybnikov 5. Rain Irina Shtange 6. Purple Autumn Ural Tansykbayaev 7. To the Train Viktor Ufimtsev 8. Brigade to the fields Alexander Volkov This museum, also known as the Nukus Museum or the Savitsky

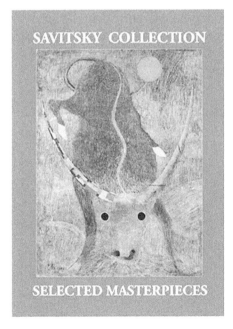
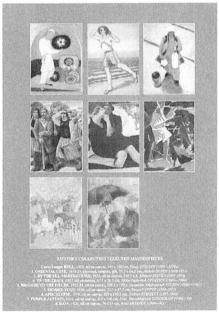

ISBN: 9780992787387
RRP: £25.00

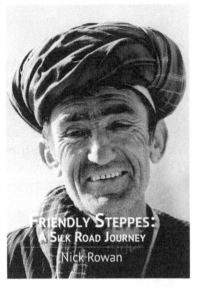

Friendly Steppes. A Silk Road Journey
by Nick Rowan

This is the chronicle of an extraordinary adventure that led Nick Rowan to some of the world's most incredible and hidden places. Intertwined with the magic of 2,000 years of Silk Road history, he recounts his experiences coupled with a remarkable realisation of just what an impact this trade route has had on our society as we know it today. Containing colourful stories, beautiful photography and vivid characters, and wrapped in the local myths and legends told by the people Nick met and who live along the route, this is both a travelogue and an education of a part of the world that has remained hidden for hundreds of years.

ISBN: 9780955754944
RRP: £14.95

Birds of Uzbeksitan
by Nedosekov (2012)

FIRST AND ONLY PHOTOALBUM
OF UZBEKISTAN BIRDS!

This book, which provides an introduction to the birdlife of Uzbekistan, is a welcome addition to the tools available to those working to conserve the natural heritage of the country. In addition to being the first photographic guide to the birds of Uzbekistan, the book is unique in only using photographs taken within the country. The compilers are to be congratulated on preparing an attractive and accessible work which hopefully will encourage more people to discover the rich birdlife of the country and want to protect it for future generations

ISBN: 978-0-955754913
RRP: £25.00

Pool of Stars
by Olesya Petrova, Askar Urmanov,
English Edition (2007)

It is the first publication of a young writer Olesya Petrova, a talented and creative person. Fairy-tale characters dwell on this book's pages. Lovely illustrations make this book even more interesting to kids, thanks to a remarkable artist Askar Urmanov. We hope that our young readers will be very happy with such a gift. It's a book that everyone will appreciate. For the young, innocent ones - it's a good source of lessons they'll need in life. For the not-so-young but young at heart, it's a great book to remind us that life is so much more than work.

ISBN: 978-0955754906

«Звёздная лужица»

Первая книга для детей, изданная британским издательством Hertfordshire Press. Это также первая публикация молодой талантливой писательницы Олеси Петровой. Сказочные персонажи живут на страницах этой книги. Прекрасные иллюстрации делают книгу еще более интересной и красочной для детей, благодаря замечательному художнику Аскару Урманову. Вместе Аскар и Олеся составляют удивительный творческий тандем, который привнес жизнь в эту маленькую книгу

ISBN: 978-0955754906
RRP: £4.95

Buyuk Temurhon (Tamerlane)
by C. Marlowe, Uzbek Edition (2010)

Hertfordshire based publisher Silk Road Media, run by Marat Akhmedjanov, and the BBC Uzbek Service have published one of Christopher Marlowe's famous plays, Tamburlaine the Great, translated into the Uzbek language. It is the first of Christopher Marlowe's plays to be translated into Uzbek, which is Tamburlaine's native language. Translated by Hamid Ismailov, the current BBC World Service Writer-in-Residence, this new publication seeks to introduce English classics to Uzbek readers worldwide.

ISBN: 9780955754982
RRP: £10.00

Under Wolf's Nest
by KairatZakiryanov
English –Kazakh edition

Were the origins of Islam, Christianity and the legend of King Arthur all influenced by steppe nomads from Kazakhstan? Ranging through thousands of years of history, and drawing on sources from Herodotus through to contemporary Kazakh and Russian research, the crucial role in the creation of modern civilisation played by the Turkic people is revealed in this detailed yet highly accessible work. Professor Kairat Zakiryanov, President of the Kazakh Academy of Sport and Tourism, explains how generations of steppe nomads, including Genghis Khan, have helped shape the language, culture and populations of Asia, Europe, the Middle East and America through migrations taking place over millennia.

ISBN: 9780957480728
RRP: £17.50

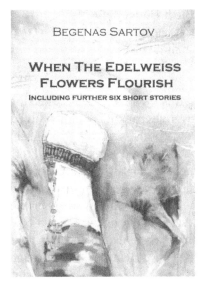

When Edelweiss flowers flourish

by Begenas Saratov
English edition (2012)

A spectacular insight into life in the Soviet Union in the late 1960's made all the more intriguing by its setting within the Sovet Republic of Kyrgyzstan. The story explores Soviet life, traditional Kyrgyz life and life on planet Earth through a Science Fiction story based around an alien nations plundering of the planet for life giving herbs. The author reveals far sighted thoughts and concerns for conservation, management of natural resources and dialogue to achieve peace yet at the same time shows extraordinary foresight with ideas for future technologies and the progress of science. The whole style of the writing gives a fascinating insight into the many facets of life in a highly civilised yet rarely known part of the world.

ISBN: 978-0955754951

Mamyry gyldogon maalda

Это фантастический рассказ, повествующий о советской жизни, жизни кыргызского народа и о жизни на планете в целом. Автор рассказывает об инопланетных народах, которые пришли на нашу планету, чтобы разграбить ее. Автор раскрывает дальновидность мысли о сохранение и рациональном использовании природных ресурсов, а также диалога для достижения мира и в то же время показывает необычайную дальновидность с идеями для будущих технологий и прогресса науки. Книга также издана на **кыргызском языке**.

ISBN: 9780955754951
RRP: £12.95

Tales from Bush House
(BBC Wolrd Service)
by Hamid Ismailov
(2012)

Tales From Bush House is a collection of short narratives about working lives, mostly real and comic, sometimes poignant or apocryphal, gifted to the editors by former and current BBC World Service employees. They are tales from inside Bush House - the home of the World Service since 1941 - escaping through its marble-clad walls at a time when its staff begin their departure to new premises in Portland Place. In July 2012, the grand doors of this imposing building will close on a vibrant chapter in the history of Britain's most cosmopolitan organisation. So this is a timely book.

ISBN: 9780955754975
RRP: £12.95

Chants of Dark Fire
(Песни темного огня)
by Zhulduz Baizakova
Russian edition (2012)

This contemporary work of poetry contains the deep and inspirational rhythms of the ancient Steppe. It combines the nomad, modern, postmodern influences in Kazakhstani culture in the early 21st century, and reveals the hidden depths of contrasts, darkness, and longing for light that breathes both ice and fire to inspire a rich form of poetry worthy of reading and contemplating. It is also distinguished by the uniqueness of its style and substance. Simply sublime, it has to be read and felt for real.

ISBN: 978-0957480711
RRP: £10.00

Kamila
by R. Karimov
Kyrgyz – Uzbek Edition (2013)

«Камила» - это история о сироте, растущей на юге Кыргызстана. Наряду с личной трагедией Камилы и ее родителей, Рахим Каримов описывает очень реалистично и подробно местный образ жизни. Роман выиграл конкурс "Искусство книги-2005" в Бишкеке и был признан национальным бестселлером Книжной палаты Кыргызской Республики.

ISBN: 978-0957480773
RRP: £10.00

Gods of the Middle World
by Galina Dolgaya (2013)

The Gods of the Middle World tells the story of Sima, a student of archaeology for whom the old lore and ways of the Central Asian steppe peoples are as vivid as the present. When she joints a group of archaeologists in southern Kazakhstan, asking all the time whether it is really possible to 'commune with the spirits', she soon discovers the answer first hand, setting in motion events in the spirit world that have been frozen for centuries. Meanwhile three millennia earlier, on the same spot, a young woman and her companion struggle to survive and amend wrongs that have caused the neighbouring tribe to take revenge. The two narratives mirror one another, and Sima's destiny is to resolve the ancient wrongs in her own lifetime and so restore the proper balance of the forces of good and evil

ISBN: 978-0957480797
RRP: £14.95

Jazz Book, poetry
by Alma Sharipova , Russian Edition

Сборник стихов Алмы Шариповой
JazzCafé, в котором предлагаются
стихотворения, написанные в разное
время и посвященые различным
событиям из жизни автора.
Стихотворения Алмы содержательные
и эмоциональные одновременно,
отражают философию ее отношения
к происходящему. Почти каждое
стихотворение представляет собой
законченный рассказ в миниатюре.
Сюжет разворачивается последовательно
и завершается небольшим резюме
в последних строках. Стихотворения раскрываются, как готовые
«формулы» жизни. Читатель невольно задумывается над ними и может
найти как что-то знакомое, так и новое для себя.

ISBN: 978-0-957480797
RRP: £10.00

13 steps of Erika Klaus
by Kazat Akmatov (2013)

The story involves the harrowing experiences of a young and very naïve Norwegian woman who has come to Kyrgyzstan to teach English to schoolchildren in a remote mountain outpost. Governed by the megalomaniac Colonel Bronza, the community barely survives under a cruel and unjust neo-fascist regime. Immersed in the local culture, Erika is initially both enchanted and apprehensive but soon becomes disillusioned as day after day, she is forbidden to teach. Alongside Erika's story, are the personal tragedies experienced by former soldier Sovietbek , Stalbek, the local policeman, the Principal of the school and a young man who has married a Kyrgyz refugee from Afghanistan . Each tries in vain, to challenge and change the corrupt political situation in which they are forced to live.

ISBN: 978-0957480766
RRP: £12.95

The Modernization of Foreign Language Education: The Linguocultural - Communicative Approach
by SalimaKunanbayeva (2013)

Professor S. S. Kunanbayeva - Rector of Ablai Khan Kazakh University of International Relations and World Languages This textbook is the first of its kind in Kazakhstan to be devoted to the theory and practice of foreign language education. It has been written primarily for future teachers of foreign languages and in a wider sense for all those who to be interested in the question (in the problems?) of the study and use of foreign languages. This book outlines an integrated theory of modern foreign language learning (FLL) which has been drawn up and approved under the auspices of the school of science and methodology of Kazakhstan's Ablai Khan University of International Relations and World Languages.

ISBN: 978-0957480780
RRP: £19.95

Shahidka/ Munabia
by KazatAkmatov (2013)

Munabiya and Shahidka by Kazat Akmatov National Writer of Kyrgyzstan Recently translated into English Akmatov's two love stories are set in rural Kyrgyzstan, where the natural environment, local culture, traditions and political climate all play an integral part in the dramas which unfold. Munabiya is a tale of a family's frustration, fury, sadness and eventual acceptance of a long term love affair between the widowed father and his mistress. In contrast, Shahidka is a multi-stranded story which focuses on the ties which bind a series of individuals to the tragic and ill-fated union between a local Russian girl and her Chechen lover, within a multi-cultural community where violence, corruption and propaganda are part of everyday life.

ISBN: 978-0957480759
RRP: £12.95

Howl *novel*
by Kazat Akmatov (2014)
English –Russian

The "Howl" by Kazat Akmatov is a beautifully crafted novel centred on life in rural Kyrgyzstan. Characteristic of the country's national writer, the simple plot is imbued with descriptions of the spectacular landscape, wildlife and local customs. The theme however, is universal and the contradictory emotions experienced by Kalen the shepherd must surely ring true to young men, and their parents, the world over. Here is a haunting and sensitively written story of a bitter -sweet rite of passage from boyhood to manhood.

ISBN: 978-0993044410
RRP: £12.50

The Turkic Saga
of Genghis Khan and the KZ Factor
by Dr.Kairat Zakiryanov (2014)

An in-depth study of Genghis Khan from a Kazakh perspective, The Turkic Saga of Genghis Khan presupposes that the great Mongol leader and his tribal setting had more in common with the ancestors of the Kazakhs than with the people who today identify as Mongols. This idea is growing in currency in both western and eastern scholarship and is challenging both old Western assumptions and the long-obsolete Soviet perspective. This is an academic work that draws on many Central Asian and Russian sources and often has a Eurasianist bias - while also paying attention to new accounts by Western authors such as Jack Weatherford and John Man. It bears the mark of an independent, unorthodox and passionate scholar.

ISBN: 978-0992787370
RRP: £17.50

Alphabet Game
by Paul Wilson (2014)

Travelling around the world may appear as easy as ABC, but looks can be deceptive: there is no 'X' for a start. Not since Xidakistan was struck from the map. Yet post 9/11, with the War on Terror going global, could 'The Valley' be about to regain its place on the political stage? Xidakistan's fate is inextricably linked with that of Graham Ruff, founder of Ruff Guides. Setting sail where Around the World in Eighty Days and Lost Horizon weighed anchor, our not-quite-a-hero suffers all in pursuit of his golden triangle: The Game, The Guidebook, The Girl. With the future of printed Guidebooks increasingly in question, As Evelyn Waugh's Scoop did for Foreign Correspondents the world over, so this novel lifts the lid on Travel Writers for good.

ISBN: 978-0-992787325
RRP: £14.95

Life over pain and desperation
by Marziya Zakiryanova (2014)

This book was written by someone on the fringe of death. Her life had been split in two: before and after the first day of August 1991 when she, a mother of two small children and full of hopes and plans for the future, became disabled in a single twist of fate. Narrating her tale of self-conquest, the author speaks about how she managed to hold her family together, win the respect and recognition of people around her and above all, protect the fragile concept of 'love' from fortune's cruel turns.

By the time the book was submitted to print, Marziya Zakiryanova had passed away. She died after making the last correction to her script. We bid farewell to this remarkable and powerfully creative woman.

ISBN: 978-0-99278733-2
RRP: £14.95

Discovery Karakalpakistan travel guide
by Anja Weidner(2014),
English

Karakalpakstan has its potential
off the much-frequented tracks of the
Silk Road: runs of pre-islamic civilization
in South Karakalpakstan, stunning art works
of banned Soviet artists in the Savitsky
collection in Nukus and the Today's visible
environmental consequences in Muynak
caused by the retreat of Aral Sea.

ISBN: 978-0-9930444-7-2
RRP: £5.95

Discovery travel guide Kyrgyzstan
by Ian Claytor
German, English, French, Japanese, Russian – separate editions

This is a guide to Kyrgyzstan, published in five languages: English, German, French, Japanese and Russian.

"There is something special about Kyrgyzstan…it gets into your blood, under your skin. I don't know exactly what it is, but there is something about this country that excites visitors-makes them want to extend their stay or at the very least to return", - *Ian Claytor (author).*

ISBN: 9780955754920
RRP: £5.95

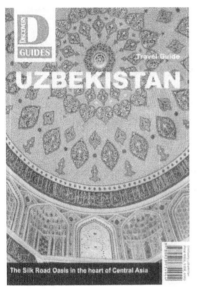

Discovery Uzbekistan
by Andrea Leuenberger
German, English, French, Japanesee,
Russian, separate editions

From the blue-tiled splendor of Tamerlane's
Samarkand to the Holy city of Bukhara,
boasting a mosque for each day
of the year, and beyond the desert-girdled
khanate of Khiva, Uzbekistan lays claim
to breathtaking architectural legacy.
Bound by sand and snow, fed by melt
water from the Roof of the World, these
fertile oases attracted the greatest travelers
and conquerors in history along the fragile
threads of the Silk Road.

ISBN: 9780957480704
RRP: £5.95

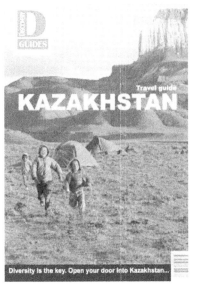

Discovery Kazakhstan
by Vitaly Shuptar and Dagmar Schreiber,
German, English, separate editions

Kazakhstan is the world's ninth biggest
country and one of great travel unknowns.
Travellers are captivated by the emptiness
and mystery of this vast country.
Around the fringes of the great steppes,
Kazakhstan presents a surprising array
of adventures. You can trek on foot or horse
in the spectacular Tien Shan or Altay
Mountains, watch flamingos on steppe lakes
or discover mysterious underground Islamic
retreats near the Caspian Sea.

ISBN: 9780955754937
RRP: £5.95

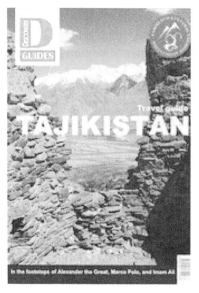

Discovery Tajikistan
by Vitaly Shuptar
Russian, English, separate editions

Usually Tajikistan is famous among tourists
due to its mountains. Indeed, there is hardly
anyone who has never heard about Pamir -
this legendary "top of the world". Tajikistan
and the mountains are inseparable notions,
however, it has to be pointed out that
it is also a country with centuries-old
history, rather varied ethnical picture
and very rich nature: in short, the country,
which has got unlimited traveling potential.
Look at Tajikistan with the eyes of our
authors and photographers as in this way
you can get the opportunity to feel the country's flavor and to be caught
by its charm forever.

ISBN: 9780955754968
RRP: £5.95

100 experiences of Kyrgyzstan
by Ian Claytor (2013)

Discovery Digest's colorful new title, exploring the 100 essential experiences of Kyrgyzstan covers everything from its cities to culture, horse games to holidays and authors to yurts. Told through personal experiences written by locals, each vignette brings the reader closer to understanding and interacting with one of Central Asia's most endearing and historic cultures. Nothing better prepares the reader for what to expect from Kyrgyzstan's nature or people, nor celebrates the unique heritage left from thousands of years of Silk Road history. This publication, filled with stunning photography, brings out the exhilarating flavours of the country's foods, spectacular scenery and warm-hearted people and delivers the urge to return time and time again and discover more of this wonderful corner of Central.

ISBN: 978-0957480742
RRP: £19.95

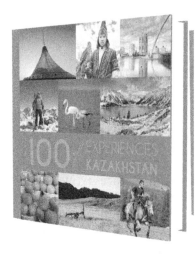

100 experiences of Kazakhstan
by Vitaly Shuptar, Nick Rowan and Dagmar
Schreiber (2014)

The original land of the nomads, landlocked
Kazakhstan and its expansive steppes
present an intriguing border between Europe
and Asia. Dispel the notion of oil barons
and Borat and be prepared for a warm
welcome into a land full of contrasts. A visit
to this newly independent country will
transport you to a bygone era to discover
a country full of legends and wonders.
Whether searching for the descendants
of Genghis Khan - who left his mark on this land seven hundred years ago -
or looking to discover the futuristic architecture of its capital Astana, visitors
cannot fail but be impressed by what they experience. For those seeking
adventure, the formidable Altai and Tien Shan mountains provide challenges
for novices and experts alike

ISBN: 978-0-992787356
RRP: £19.95

Dance of Devils , Jinlar Bazmi
by AbdulhamidIsmoil and Hamid Ismailov
(Uzbek language),
E-book (2012)

'Dance of Devils' is a novel about the life of a great Uzbek writer Abdulla Qadyri (incidentally, 'Dance of Devils' is the name of one of his earliest short stories). In 1937, Qadyri was going to write a novel, which he said was to make his readers to stop reading his iconic novels "Days Bygone" and "Scorpion from the altar," so beautiful it would have been. The novel would've told about a certain maid, who became a wife of three Khans - a kind of Uzbek Helen of Troy. He told everyone: "I will sit down this winter and finish this novel - I have done my preparatory work, it remains only to write. Then people will stop reading my previous books". He began writing this novel, but on the December 31, 1937 he was arrested.

Available on Kindle
ASIN: B009ZBPV2M

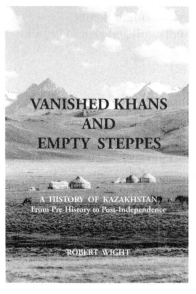

Vanished Khans and Empty Steppes
by Robert Wight (2014)

The book opens with an outline of the history of Almaty, from its nineteenth-century origins as a remote outpost of the Russian empire, up to its present status as the thriving second city of modern-day Kazakhstan. The story then goes back to the Neolithic and early Bronze Ages, and the sensational discovery of the famous Golden Man of the Scythian empire. The transition has been difficult and tumultuous for millions of people, but Vanished Khans and Empty Steppes illustrates how Kazakhstan has emerged as one of the world's most successful post-communist countries.

ISBN: 978-0-9930444-0-3
RRP: £24.95

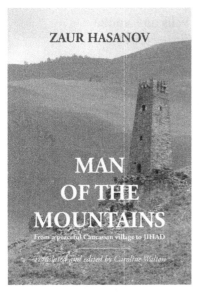

Man of the Mountains
by Abudlla Isa (2014)
(OCABF 2013 Winner)

Man of the Mountains" is a book about a young Muslim Chechen boy, Zaur who becomes a central figure representing the fight of local indigenous people against both the Russians invading the country and Islamic radicals trying to take a leverage of the situation, using it to push their narrow political agenda on the eve of collapse of the USSR. After 9/11 and the invasion of Iraq and Afghanistan by coalition forces, the subject of the Islamic jihadi movement has become an important subject for the Western readers. But few know about the resistance movement from the local intellectuals and moderates against radical Islamists taking strong hold in the area.

ISBN: 978-0-9930444-5-8
RRP: £14.95

Silk, Spice, Veils and Vodka
by Felicity Timcke (2014)

Felicity Timcke's missive publication, "Silk, Spices, Veils and Vodka" brings both a refreshing and new approach to life on the expat trail. South African by origin, Timcke has lived in some very exotic places, mostly along the more challenging countries of the Silk Road. Although the book's content, which is entirely composed of letters to the author's friends and family, is directed primarily at this group, it provides "20 years of musings" that will enthral and delight those who have either experienced a similar expatriate existence or who are nervously about to depart for one.

ISBN: 978-0992787318
RRP: £12.50

Finding the Holy Path
by Shahsanem Murray (2014)

"Murray's first book provides an enticing and novel link between her adopted home town of Edinburgh and her origins form Central Asia. Beginning with an investigation into a mysterious lamp that turns up in an antiques shop in Edinburgh, and is bought on impulse, we are quickly brought to the fertile Ferghana valley in Uzbekistan to witness the birth of Kara-Choro, and the start of an enthralling story that links past and present. Told through a vivid and passionate dialogue, this is a tale of parallel discovery and intrigue. The beautifully translated text, interspersed by regional poetry, cannot fail to impress any reader, especially those new to the region who will be affectionately drawn into its heart in this page-turning cultural thriller."

В поисках святого перевала – удивительный приключенческий роман, основанный на исторических источниках. Произведение Мюррей – это временной мостик между эпохами, который помогает нам переместиться в прошлое и уносит нас далеко в 16 век. Закрученный сюжет предоставляет нам уникальную возможность, познакомиться с историейи культурой Центральной Азии. «Первая книга Мюррей предлагает заманчивый роман, связывающий между её приемным городом Эдинбургом и Центральной Азией, откуда настоящее происхождение автора.

RUS ISBN: 978-0-9930444-8-9
ENGL ISBN: 978-0992787394

RRP: £12.50

Kyrgyzstan - 20 Years of Independence: Between scandals and corrupt elite
by Giorgio Fiacconi, 2012

The book chronicles not only the birth of an independent sovereign nation, The Kyrgyz Republic, and its struggle to come to terms with a forced separation from its communist parent, the former Soviet Union, a foundling seeking to establishment a new governmental constitution based on democratic principles and a quest for a national identity, but also the trials (at times literally!) of a businessman with a vision to see opportunities, with a bravery of his own conviction to invest considerable sums of money in a country at a time of great uncertainty economically. It's a story of love and hate, success and despair.

ISBN: 9789967265578
RRP: £29.95

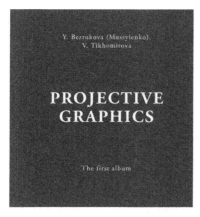

Projective Graphics
by Elena Bezrukova, Valentina Tikhomirova
2014

This album contains images of an aspiring new art movement known in Kazakhstan as "Projective Graphics". The images presented in the publication, called "graphelvas" are accompanied by conceptual and explanatory texts, as well as an appendix of works associated with the small, but up and coming movement. This album is intended for a broad audience.

Projective graphics is the one of the styles of contemporary visual art. It was born at the turn of XX-XXI centuries in the "School of ProjectiveGraphics." The school itself was developed as part of the system of artistic groups (symbolism, Dadaism, surrealism, conceptual art etc.), seeking to present the paintings of the deep world of emotions, moods, feelings, but not the reality. At first sight, the works resemble pencil drawings of children, but they hide deep philosophical meaning. The ease and simplicity of projective graphics are very deceptive.

ISBN: 978-0993044434
RRP: £12.50

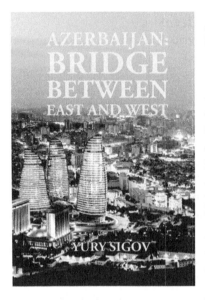

Azerbaijan: Bridge between East and West
by Yury Sigov, 2015

Azerbaijan: Bridge between East and West, Yury Sigov narrates a comprehensive and compelling story about Azerbaijan. He balances the country's rich cultural heritage, wonderful people and vibrant environment with its modern political and economic strategies. Readers will get the chance to thoroughly explore Azerbaijan from many different perspectives and discover a plethora of innovations and idea, including the recipe for Azerbaijan's success as a nation and its strategies for the future. The book also explores the history of relationships between United Kingdom and Azerbaijan.

ISBN: 978-0-9930444-9-6
RRP: £24.50

Kashmir Song
by Sharaf Rashidov
(translation by Alexey Ulko, OCABF 2014 Winner). 2015

This beautiful illustrated novella offers a sensitive reworking of an ancient and enchanting folk story which although rooted in Kashmir is, by nature of its theme, universal in its appeal.

Alternative interpretations of this tale are explored by Alexey Ulko in his introduction, with references to both politics and contemporary literature, and the author's epilogue further reiterates its philosophical dimension.

The Kashmir Song is a timeless tale, which true to the tradition of classical folklore, can be enjoyed on a number of levels by readers of all ages.

ISBN: 978-0-9930444-2-7
RRP: £29.50

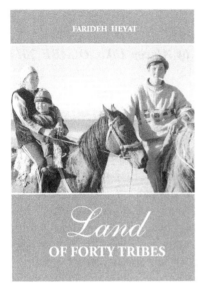

Land of forty tribes
by Farideh Heyat, 2015

Sima Omid, a British-Iranian anthropologist in search of her Turkic roots, takes on a university teaching post in Kyrgyzstan. It is the year following 9/11, when the US is asserting its influence in the region. Disillusioned with her long-standing relationship, Sima is looking for a new man in her life. But the foreign men she meets are mostly involved in relationships with local women half their age, and the Central Asian men she finds highly male chauvinist and aggressive towards women.

ISBN: 978-0-9930444-4-1
RRP: £14.95

Terror: events, facts, evidence.

This book is based on research carried out since 1988 on territorial claims of Armenia against Azerbaijan, which led to the escalation of the conflict over Nagorno-Karabakh. This escalation included acts of terror by Armanian terrorist and other armed gangs not only in areas where intensive armed confrontations took place but also away from the fighting zones. This book, not for the first time, reflects upon the results of numerous acts of premeditated murder, robbery, armed attack and other crimes through collected material related to criminal cases which have been opened at various stages following such crimes. The book is meant for political scientists, historians, lawyers, diplomats and a broader audience.

ISBN: 978-1-910886-00-7
RRP: £9.99

Upcoming Titles 2015

100 Experiences of Central Asian Cuisine by Danny Gordon
100 Experiences of Russia by Olesia Fedorova
The Tale of Aypi by Ak Welsapar (English PEN promote award)
Crimea is a name of my Homeland by Lenifer Mambetova
(OCABF 2014 Best Female Author)
Cranes in the Spring by Davlat Tolibshohi (OCABF 2014 Winner)
Nigara Khidoyatova **«Санъят енгил томоша эмас»**
The Great Melody by Tabyldy Aktan
(dedicated to Toktogul Satylganov)
Arkhat by Kazat Akmatov
Victors by Sharaf Rashidov
Dr.Zakiryanov Biography
Kurmajan-Datka by Bubaisha Arstynbekova
The wormwood wind. Poetry by Raushan Burkitbayeva-Nukenova

www.hertfordshirepress.com

Объявление

Британский Издательский дом Hertfordshire Press инициирует создание книжных клубов по всему миру. Нашей основной идеей является изучение и продвижение книг центрально-азиатских авторов, изданных Hertfordshire Press. Откройте для себя литературу Центральной Азии, познайте богатство ее культуры и соприкоснитесь с историей.

Мы привлекаем к сотрудничеству всех любителей литературы.

Hertfordshire Press рад предоставить маркетингово-информационную поддержку книжных клубов, оказать содействие в приглашении и приезде авторов, а также в проведении и организации различных конкурсов и викторин для участников.

Все идеи и предложения просим отправлять по нижеуказанным адресам.

Бишкек – Представительство в Кыргызстане
Пр.Манаса 40,
+996555206845
+996555306845
+996312474175
Email: guljamal@ocamagazine.com

Лондон – Анастасия Носкова
Suite 125,43 Bedford Street
Covent Garden London WC2E 9HA United Kingdom
Tel.:+44 7482619874
Email: noskova@ocamagazine.com
www.hertfordshirepress.com
www.ocamagazine.com

Lightning Source UK Ltd.
Milton Keynes UK
UKOW06n1028190615

253770UK00006B/39/P